21世纪高职高专规划教材——公共基础课系列

通用口才训练教程

关 彤 主 编

谢 华 张海鹰 何 泓 陈 倩 副主编

清华大学出版社

北京

内容简介

　　市场的竞争是人才的竞争,职场的竞争是口才的竞争。本书即是根据市场和职场对人才,特别是对有口才的人才的需要而编写的。本书遵循口才训练"精讲多练,上口为先"的原则,注重在内容上知与行的统一、实战上学与做的统一和体例上教与学的统一。

　　本书不仅是高职院校通识课口才训练教材,还是读者朋友必不可少的掌握口才知识和快速提升口才技巧的实用读本。

图书在版编目(CIP)数据

　　通用口才训练教程/关彤主编. —北京:清华大学出版社,2017(2022.2重印)
　　(21世纪高职高专规划教材.公共基础课系列)
　　ISBN 978-7-302-47175-2

　　Ⅰ.①通… Ⅱ.①关… Ⅲ.①口才学—高等职业教育—教材 Ⅳ.①H019

中国版本图书馆 CIP 数据核字(2017)第 118504 号

责任编辑: 张龙卿
封面设计: 徐日强
责任校对: 袁　芳
责任印制: 沈　露

出版发行: 清华大学出版社
　　　　网　　　址:http://www.tup.com.cn,http://www.wqbook.com
　　　　地　　　址:北京清华大学学研大厦 A 座　　　　邮　　编:100084
　　　　社 总 机:010-62770175　　　　　　　　　　　邮　　购:010-62786544
　　　　投稿与读者服务:010-62776969,c-service@tup.tsinghua.edu.cn
　　　　质量反馈:010-62772015,zhiliang@tup.tsinghua.edu.cn
　　　　课件下载:http://www.tup.com.cn,010-62770175-4278
印 装 者: 北京国马印刷厂
经　　销: 全国新华书店
开　　本: 185mm×260mm　　　**印　张:** 15.25　　　**字　数:** 346 千字
版　　次: 2017 年 7 月第 1 版　　　　　　　　　　　**印　次:** 2022 年 2 月第 3 次印刷
定　　价: 45.00 元

产品编号:040162-02

编委会成员

前　言

《世说新语·孟嘉别传》曾记载过这样一件事:"桓温问孟嘉:听伎,丝不如竹,竹不如肉,何也? 孟嘉回答说:渐近自然。"于是我们知道了古人欣赏音乐的心得,那就是"丝弦弹拨的曲子不如竹木吹出的曲子动听,而竹木吹出的曲子又比不上人的喉咙唱出的歌曲"。这段话告诉我们,人声是世界上最动听、最美妙的声音。因此,我们不能不重视声音的使用,而只有歌唱与口才最能体现声音的美感与魅力。

当今时代,信息量增大,信息流转加快,口语交际的机会增多,口语表达能力显得越来越重要。在口才课的教学实践和与同学交往中,我们发现,就口头表达能力来说,大概有10%的大学生较好,20%~40%的大学生处于中等,其余的大部分大学生几乎难以清楚地表达自己的思想。不难看到,今天的大学生大都不愿意或不敢当众讲话。他们无论是在课堂上答问,还是求职面试,往往思维拘谨、思路不清、吞吞吐吐、词不达意。这显然与当前社会的需要极不相适应,也与我们培养实用型人才的教育目的相悖。

为什么会是这种现状呢? 首先从中国的传统文化来看,自古以来,我们就不重视表达和交往。孔夫子说过"讷于言而敏于行",俗话说"病从口入,祸从口出",老子也有"邻国相望,鸡犬之声相闻,民至老死,不相往来"的思想。传统"言者不美,美者不言""沉默是金"的观念至今还弥漫在不少学生的心里,这使人们都有含蓄、谦虚的表现,导致他们即使面对自己口才不佳的事实,也有充分的理由自我开脱。

随着时代的进步,那种"祸从口出"的古训已不再被人们奉为神明,那种"君子欲讷于言而敏于行"的看法已逐渐被人们所抛弃,现在时代需要的是能做、能说、能合作的实用型人才。亲爱的读者,你想要尽情表达你的思想情感吗? 你想在事业发展的道路上争取机会、取得成功吗? 你想努力去说服对方并希望得到他真诚的帮助吗? 那你一定要懂得语言使用的奥妙,你一定得进行口才的基础训练,提高口才水平,同时你还必须懂得演讲的技能技巧,语言交流的规律规则。

没有口才就好像鸟儿失去羽翼,无法飞上天空自由翱翔一样。无数的事实证明,口才在生活与职场中可以起到凝聚人心、鼓舞士气、和谐情感、提升境界、促人成功的作用。所以,只要是具有积极向上精神的人,只要是具有理想和志向的人,只要是不想辜负美好年华的人,都应该学习口才,加强表达能力的训练。当代大学生应该是能言善辩者,如果还是笨嘴拙舌,那么我们就很难立足于信息高度发达和需要高品质沟通的社会。

对于大学生来说,口头表达能力的好坏直接影响到他们的择业前景。因此,在校大学生除学好知识技能外,练就一副好口才既是生活的需要,更是寻求就业机会的优势条件。

综观大学校园,不乏在团委、学生会、广播站或是班级活跃的佼佼者,大学生是 21 世纪的主人,将来要服务社会,做管理,做培训,做销售,做律师,做记者,做老师……不管做什么工作,离开了口才,只能是事倍功半。如今,口才作为一种关键职业能力,越来越受到人们的重视。口才训练课程作为高等院校一门重要的基础素质课程,越来越受到学校的重视和学生的追捧。

为此,有着共同志向的川渝 7 所高校的 8 位教师共同编写了《通用口才训练教程》,他们大都有着多年口才训练课程教学经验,无论是在口才基本理论还是基本技巧方面,都不乏编者的独特见解。本书由知名学者关彤担任主编,提出编写方向和思路,确定编写纲目和体例,统稿完成。各章的分工如下:

前言、第一章、第四章由四川长江职业学院关彤(高级职业指导师)撰写;第二章由重庆潼南教师进修学院谢华(副教授)撰写;第三章由四川旅游学院何泓(副教授)撰写;第五章由重庆城市管理职业学院熊发平(讲师)撰写;第六章由重庆房地产职业学院张海鹰(教授)撰写;第七章由西华师范大学陈倩(副教授)撰写;第八章由成都文理学院袁倩(讲师)撰写。四川大学文学与新闻学院硕士研究生徐萌萌校对了部分书稿。

制作 PPT 的分工如下:第一章、第三章由四川旅游学院何泓(副教授)完成;第五章由重庆城市管理职业学院熊发平(讲师)完成;第四章、第六章由四川长江职业学院程春芳(助教)完成;第二章、第七章由西华师范大学陈倩(副教授)完成;第八章由成都文理学院袁倩(讲师)完成。由陈倩提供模板。

本书力求做到并突出以下几点。

第一,科学性。在编写时,我们注意吸收近年来国内外最前沿的口才理论研究成果和先进的教育理念,结合编者多年的口才教学与改革经验,在教材编写体例和内容体系上都做了精心安排和一定创新。在编写体例上全书共分为四大训练模块,这四大训练模块基本涵盖了大学生在社会活动中所需要的基本口才训练内容;在内容体系上以切实提高大学生口语表达能力为目标,遵循口才训练的基本规律,由易到难、循序渐进,从普通话语音训练,再到通用口才训练。我们为每章设计了"本章核心内容"和"训练目标与要求",每一节则由"教学案例导入""本节知识要点""课堂实战训练"三大板块组成,构成了一个较为完整、合理的训练体系。

第二,人文性。演讲、朗诵、辩论、交际与推销既是口才的综合运用,又是当代青年重要的人文素养,它已成为现代人求职应聘、职场发展等必备的重要能力。我国的教育,由于专业分得太细、太早,急于培养有用之才,忽视丰富人的精神世界,加之以传授为主,内化不足,所以,培养出来的学生虽然具有一定的知识、技术或技能,但往往知识狭窄,能力畸形,缺乏较深厚的素养,特别是作为现代人的综合素养及人文素养。本书为弥补应试教育带来的人文缺失,教材所选的"教学案例导入""案例欣赏"和"案例评析"等内容大都具有丰富的人文资源,能潜移默化地对大学生进行有效的人文教育。

第三,趣味性。本书注重思想性和趣味性,并充分体现知识性和欣赏性。趣味性是一个艺术范畴,趣味性为思想性服务,可以增强教学效果;思想性决定趣味性,引领教学不至于低俗。本书采用了案例教学,每节的教学案例导入重在激发学习的兴趣;知识要点阐述力求简明实用,着重介绍口才的基本原则和技巧,几乎对每一个知识要点都配以经典有趣的案例。大量鲜活的实例不仅增强了教程的趣味性,同时也有利于大学生模仿借鉴,有利于帮助他们锻炼口才,增强学习兴趣,培养学习能力,提高学习效果。

第四,实训性。英国教育家夏洛特·梅森写过《教育是一种训练》一书,书中指出:"教育是一种训练。无论是对思想习惯还是对行为习惯,都必须进行系统的训练,都必须有目的地去培养。""课堂实战训练"包括朗读训练、案例讨论、情景应对、角色扮演等多种训练方式,一是可以通过丰富多样的单项和综合口语技能训练使学生把口才知识迅速转化成口才技能;二是便于教师课堂上的教学。我们就是希望通过通用口才的训练,使大学生朋友在论辩时机智敏捷,演讲时声情并茂,交际时舌下生香。

亲爱的大学生朋友,今天你们是桃李芬芳,明天你们就是祖国的栋梁,我们非常希望本书为同学们插上腾飞的翅膀,从而努力去搏击风雨,笑傲人间,创造事业的辉煌,获得诗意般的生活。

也许我们的努力还不够,也许我们的探索和研究还不够,因而,在许多方面可能存在疏漏甚至错误之处,但我们很愿意虚心接受大学生和社会读者、教师同行及相关专家的批评及建议,相信在各位的帮助下,我们在以后的改版工作中一定会取得更大的成绩来回报大家。请将意见反馈至 530025485@qq.com,谢谢!

编　者

2017 年 2 月

目 录

模块一 基础与表达能力口才训练

模块二 见面与交际情景口才训练

模块三 辩论与演讲综合口才训练

模块四　求职与在岗职场口才训练

模块一　基础与表达能力口才训练

第一章　基础口才训练

本章核心内容

　　创造好未来,必练好口才。列宁说过,"语言是人类最重要的交际工具。"现代社会注重口才,交朋友、谈恋爱、做生意,凡是需要与人打交道的地方,口才都起着举足轻重的作用。如果会说话,就能够博得对方的好感;如再能善于说服人,就更能证明自己的能力。无数事实证明,在当今社会,敢于表达并且善于表达更容易赢得成功的机会。

　　毛泽东早就告诫过我们:"语言这个东西,不是随便可以学好的,非下苦功不可。""宝剑锋从磨砺出,梅花香自苦寒来。"古今中外一切口若悬河、舌辩滔滔的演讲家,一切能言善辩、口才出众的雄辩家,一切口齿伶俐、善于应酬的交际家,都不是天生的,而是在后天的努力和苦练的基础上,靠自信、勇气、拼搏、锻炼造就而成的。

训练目标与要求

1. 训练目标

　　通过本章知识要点的学习和具体实训,使大家了解口才与口语、人才、成功的关系,认识到口才是生存的资本和成功的重要阶梯;使大家了解并掌握普通话语音,包括声母、韵母、声调、音节、变调、轻声、儿化等的知识,具有分析和辨别普通话语音的能力,能用普通话进行沟通交际,为学好其他章节内容打好语言基础。

2. 训练要求

　　认真阅读和领会教学案例与案例欣赏中的例文,积极思考并参与课堂实战训练,不断提高自己的心理素质和口语表达能力。

　　"训练为主,精讲多练,口耳并重,上口为先。"首先,学好普通话语音首先要发准声韵调,读准常用字,练习绕口令,这是"吐字归音"的有效捷径;其次,掌握语流中的音变规律,这是做到"字正腔圆"必不可少的条件。

第一节　口才基础概述

一、教学案例导入

语言的魅力

　　在繁华的巴黎大街的路旁,站着一位衣衫褴褛、头发斑白、双目失明的老人。他不像其他乞丐那样伸手向过路行人乞讨,而是在身旁立一块木牌,上面写着:"我什么也看不见!"街上过往的行人很多,看了木牌上的字都无动于衷,有的还淡淡一笑,便姗姗而去了。

这天中午,法国著名诗人让·彼浩勒也经过这里。他看看木牌上的字,问盲老人:"老人家,今天上午有人给你钱吗?"

盲老人叹息着回答:"我,我什么也没有得到。"说着,脸上的神情非常悲伤。

让·彼浩勒听了,拿起笔悄悄地在那行字的前面添上了"春天到了,可是"几个字,就匆匆地离开了。

晚上,让·彼浩勒又经过这里,问那个盲老人下午的情况。盲老人笑着回答说:"先生,不知为什么,下午给我钱的人多极了!"让·彼浩勒听了,满意地笑了。

"春天到了,可是我什么也看不见!"这富有诗意的语言,产生这么大的作用,就在于它有非常浓厚的情感色彩。是的,春天是美好的,那蓝天白云,那绿树红花,那莺歌燕舞,那流水人家,怎么不叫人陶醉呢?但这良辰美景,对于一个双目失明的人来说,只是一片漆黑。当人们想到这个盲老人,一生中竟连万紫千红的春天都不曾看到,怎能不对他产生同情之心呢?

(资料来源:节选自小学《语文》第六册)

二、本节知识要点

市场经济时代,由商品到货币需要口才,由谈判到双赢需要口才,由干戈到玉帛需要口才,由失败到成功需要口才,由失业到就业需要口才,由述职到升迁需要口才,由竞争到合作需要口才,由陌生到相知需要口才,由对立到友善需要口才……

纵观古今中外,口才是一切优秀人才必备的重要素质。在现代社会,更是当代人成功的必备基本能力之一。随着改革开放的不断深入,人际交往日益频繁,口才已越来越受到人们的重视。人们逐渐意识到口语表达、口才交际对自己的生存、生活、工作、事业的重要意义,明白"人脉"就是"钱脉",市场经济就是信息经济,信息经济就是"沟通和交际"的结晶。所以,从某种意义上说,重视口才就是重视成功,就是重视未来。

由于口才能全面地、综合地反映一个人的德、才、学、识,因此,一方面,人们借助口才以表现自我,实现自我;另一方面,口才作为了解一个人志向、才能的最直接、最有效的窗口,也成为衡量现代人智能高低的重要尺度。

(一)口才是口语的升华

1. 口语与口才密不可分

口语就是"谈话时使用的语言"(《现代汉语词典》)。在人类社会生活中,口语是第一位的交流工具。一个人可以不读不写,却不能不说不听。正常人的一生都在说话,通过口说、耳听迅速地传播信息,这远比文字语言更迅捷、更具体,针对性更强。

要明确什么是好口才,我们就必须从口语与口才的关系谈起。口语与口才是密不可分的,"口语是口才的基础,口才是口语的升华"。在这里我们不妨打这样一个比方,如果说口语交际是信息在人们心灵与心灵之间的一次"旅程",旅程的目的地是实现心灵的呼应与沟通,那么口才就是这些信息所搭乘的"交通工具","交通工具"越精良,这一"旅程"就会越顺畅、越快捷,就会满目叠翠流金,一路风光无限;反之,这一"旅程"就会变得艰难乏味,甚至中途"抛锚",无法继续进行。

有道是:"工欲善其事,必先利其器。"好口才是我们充分"享受"旅途欢乐的工具,我们很有必要使这个"工具"更加精良,从而顺利地完成信息传递之旅,实现顺畅沟通和交流——这就是我们锤炼好口才的内在动因,也是好口才的内涵。可以这样说,在任何特定的时间、地点说出的话别人能够领会其意,就是口语。作为一种能力,它以让人听懂为前提,但又有高低之分,高级的口语能力是一种表达才能,即"口才",口才是从一般性口语表达的发展、提高而来,是一种创造性的说话技巧和说话艺术。

2. 口语与口才不能等同

人们常有一种误区,"一个能说的人就有口才",这倒未必。其实口才是一种综合能力,不仅包括表达,还包括聆听、应变等多项能力。在口语交际中,凡是准确、精辟的口语表达,必以深刻、有条理的思想作后盾。想得好不一定能说得好,但说得好则一定要想得好。因为口语表达的新颖来自思维的创造性;口语表达的准确来自思想的清晰;口语表达的质量来自思想的深刻。

口才在《现代汉语词典》上的解释为:说话的才能。口才,是将广博的知识、丰富的联想力、敏锐的思考力快速地进行组合,使之言之有理,言之有物,言之有序,言之有文,并以有声、有形、有情的立体方式展现给听众,从而反映事物的本质,揭示事物的规律,达到传递真理、交流思想感情、促进社会文明进步的目的。

口才,也可以说是人们在交际过程中,凭借自己的知识和阅历,力求准确地表达自己的态度、见解和感情,以期充分发挥交际功能的口头表达能力。口才就是在社会交际中具有说话、交谈、论辩、讲课、讲演、主持等方面的口头表达的才能,它是一个人知识水平、思维能力、反应能力、表达能力的综合表现。世界上能说话的人很多,但有口才、会说话的人却不多。口才好,讲起话来有声有色,每每能够获得好的效果,演讲起来也能够吸引听众。

还有学者将口才更加明确地定义为:在口语交际的过程中,表达主体运用准确、得体、生动、巧妙、有效的口语表达策略,达到特定的交际目的,取得圆满交际效果的口语表达的艺术和技巧。

案例欣赏

"该来的怎么还不来?"

春秋时期,越国有一个人大摆筵席,宴请宾客。时近中午,还有几个人未到,他自言自语地说:"该来的怎么还不来?"听到这话,有些客人心想:"该来的还不来,那么我是不该来了?"于是起身告辞而去。这个人很后悔自己说错了话,连忙解释说:"不该走的怎么走了?"其他的客人心想:"不该走的走了,看来我是该走的!"也纷纷起身告辞而去,最后只剩下一位多年的好友。好友责怪他说:"你看你,真不会说话,把客人都气走了。"那人辩解说:"我说的不是他们。"好友一听这话,顿时心头火起:"不是他们!那就是我了!"于是长叹了一口气,也走了。

（二）口才是生存的资本

随着经济社会的迅猛发展，会说话在当今社会生活的各个领域正起着越来越举足轻重的作用，口才对于个人的重要性也已经被全社会认同。特别是在经济全球化和信息化深入发展的关键时期，对于每个人来说，好口才已成为不可或缺的重要资本。

1. 练好口才，使你赢得机遇

如今的社会，一个人的发展成功与否往往由我们的讲话能力所决定。现代的商品交换、商贸谈判、政治交往等，都需要通过语言的说服与沟通来完成，而说服力的核心是讲话能力，讲话能力的好坏关系到说服的成败。一个人的语言表达能力，是获得社会认同、上级赏识、下属拥戴、同事喜欢、朋友帮助、恋人和亲人亲密的必要条件！

只会做不会说在今天的社会会遇到很多困难。"投资口才等于投资未来""要想成才先练口才"已成为现代人的职场流行口号。好的口才是现代人职场生存与发展的资本。一个人的职场生涯能否成功，与口才有着直接的关系。如果在职场中能够拥有良好的口才，那就能赢得比别人更多的发展机会，甚至会使自己的人生与事业光彩照人。在职场中打拼，每个人都想获得成功，谁都不甘心碌碌无为地虚度人生，好口才就是成功的利器与法宝。

2. 练好口才，让你前途无量

口才是一种终身受用的特殊技能，是能让我们享用一辈子的财富！求职者轻松过关，推销者业绩倍增，职位的直线上升，谈判的无往不利，以及个人形象的树立、风采的展现等都离不开良好的口才。一切的人情世故，一大半体现在说话当中。说话能力的高低直接影响着事情的成败，甚至影响一个人的前途和命运。

口才的价值已经达到了不可估量的高度，好口才，将有助于人们走向成功之途。语言是提升自己社会适应能力的一种利器，一个好的工具会让我们获得更多的成果，赢得更好的未来。若能掌握一系列行之有效的说话技巧，在第一时间就说对话，那么将会得到截然不同的沟通效果与意想不到的满意收获！所以，口才的巨大威力与价值是人们所想象不到的，而你只有拥有了良好的口才，才可能在人生路上少走弯路。

3. 练好口才，为你锦上添花

掌握了把话说好的技巧，就可以把同样的事用巧言来说，把难办的事用妙语作答。练就好口才，就可以在职场中左右逢源、游刃有余、一帆风顺，甚至步步高升。反之则会处处受制、事事艰难。一个人要在复杂的职场中正确对待各种人和事，必然要学会"说话"，让上下左右都对你满意并刮目相看。若不深谙此道，则必然会处处碰壁，一事无成；而精于口才，则能在职场中潇洒自如，事事顺利。无论是初涉职场，还是在职场上打拼多年，唯有领悟到口才的真谛，才能为自己成功的人生锦上添花。

掌握高超的说话技巧、说话智慧，能够让你在各种场合下都轻松应对，找到打开财富之门的"金钥匙"。如果你想事业有成，那么，你必须拥有一流口才！因为只有拥有了好口才，你才能成为真正的赢家！

🎧 **案例欣赏**

早点店铺为何被兼并

两位下岗女工李某与张某为了谋生,同时在一家大学校园门口开了店铺卖早点,都是摊煎饼卖茶叶蛋之类的小营生。两人一左一右守着大学的大门,做的口味也差不多。可是一年之后人们惊讶地发现李某兼并了张某的店铺,开了一家规模较大的早点店,张某给李某打工谋生,李某当起了女老板。

这件事引起了学校一位老教授的极大兴趣,后来发现张某竟是败在一张嘴上。原来对顾客光临,李某都是问:"您要两个茶叶蛋还是一个茶叶蛋?"顾客的回答往往都是两个茶叶蛋,极少回答加一个茶叶蛋的。而张某却问:"您加茶叶蛋不?"得到的回答往往是不加茶叶蛋。这样下来李某的利润不就是张某的两倍吗?难怪张某要沦落到关门倒闭的结果。

案例评析:仅仅是因为问话方式的不同。李、张两个人经营的结果竟有天壤之别,所以说口才对经营实在是太重要了。口才的作用和价值非同小可,它是我们提高素质、开发潜能的关键途径,是我们驾驭生活、改善人生、追求事业成功的无价之宝。

(三)口才是成功的阶梯

人生有三大幸福:成功的事业、真诚的友谊、甜蜜的爱情,这些都离不开成功的口语交际,口语交际的方式将永久地存在于人们的生活当中,左右着我们的情感,影响着我们的生活。人生的美好:是人情的美好;人生的丰富,就是人际关系的丰富,愿成功的口语交际伴随大家走向生活的美好境界。

拥有好口才,就像拥有了成功的砝码,这也成为许多人孜孜不倦的追求。从一个人的讲话水平和风度来看,可以判断其学识、修养。因为口才不光是嘴上之才,更是一个人心理素质、文化素质,甚至综合素质的体现。

1. 交际离不开好口才

中国人很早就体会到公关口才的作用。有俗话为证:"一句话使人跳,一句话使人笑。"这是我们中国人对口才重要性的感悟。人际关系大师戴尔·卡耐基曾说:"一个人的成功,15%取决于专业知识,85%取决于口才艺术。"口才的确是人提高素质、开发潜能的重要途径,更是人驾驭生活、改善人生、追求事业成功的无价之宝。

人类的交际场,实际是人生生活的磨炼地。不会应酬,人们都会以为他是个呆子。人生在社交中度过,话语交流伴随着你生活的每一刻。你时刻在实践着话语交往,口才是生活的调味剂,是事业的推进器,是家庭的和谐曲,也是实现自我的凯旋曲。有了好口才,你将会愉快地工作,快乐地生活和交往。

2. 职场离不开好口才

当今社会,很多行业都需要好口才。事实上,随着社会的多元化发展,像管理、记者、导游、营销、服务、教师、主持人等职业越来越讲究口才的艺术性,口才已经成为人们生活中不可缺少的技能。好的口才可以使你获得别人的帮助、认可,受到他人的赞赏。

我们有理由相信:是人才者未必有口才,而有口才者必定是人才,而且是出类拔萃的人才！好的口才可使经商者顾客盈门，财通三江，而不是门可罗雀，债台高筑；好的口才可以使阖家欢乐，其乐融融，而不会举家郁闷，愁肠百结；好的口才如战鼓催征，雄兵开拔；如江水直下，一泻千里；如绵绵细雨，滋润心田。

3. 各界离不开好口才

一个优秀的演说家的魅力就在于他们将人们的心灵唤醒，使人不再沉默，达到扩大演说内容价值百倍的效果。古罗马杰出的政治家、哲学家和文学家西塞罗具有非凡的演说才能，他能把演讲的社会作用推广到惊人的程度，并凭着自己的一张利嘴跻身政界，成为罗马的检察官和执政官。18世纪的英国在工业革命之后发展很快，议会议员皮特有"第一张铁嘴"之称，其演讲仪态雄伟、声音洪亮、言辞激越、情感充沛，这种非凡的口才使他打败了一个又一个政敌，并赢得了支持和理解，一跃成为英国首相。

口才往往决定了一个人的成败，它是政界、商界、文化、宗教各领域争相学习的法宝，掌握了这个法宝，可以让孙中山、毛泽东、林肯、布什等人成为世界领袖，可以让马云、李彦宏、史玉柱、潘石屹这些企业家带领团队成为商界的巨人。拥有一对多的公众演说能力和现场行销能力，在最短的时间影响到最多的人，已成为我们立足现代社会、快速获取成功的必备技能！

📷 案例欣赏

克林顿靠口才成为"招财总统"

克林顿任总统期间的风流官司，不仅把两口子的积蓄消耗殆尽，而且欠了一屁股诉讼费。于是，他开始了靠一张嘴四处演讲来赚钱的生活，成为美国的"招财总统"。

2005年，克林顿来中国深圳走了一遭，在1个多小时的演讲中，克林顿轻轻松松赚得25万美元"出场费"，让人不由得感叹克林顿赚钱实在太容易了。

此前他就已走访了6大洲的30个国家，一般一场演讲收费在10万美元到30万美元，看路程远近和准备时间长短而定。比如，克林顿曾应里昂证券之邀，为该行亚洲投资研讨会作演讲嘉宾并在中国香港演讲了一场，立刻收入15万美元。

按字数统计的话，克林顿1小时假设演讲6000字，收费20万美元，则每字收费33.33美元，合275元人民币！据美国的媒体估算，克林顿卸任总统后的4年来仅仅依靠演讲，大概收入了近2000万美元。

（四）口才是人才的法宝

"口"与"才"缺一不可，有口无才，便是山中竹笋，嘴尖皮厚腹中空；有才无口，则为茶壶煮饺子，满腹经纶却倒不出来。我们通常夸一个人口才好，一般是夸奖他：有智慧，有才能，声音洪亮，讲话清楚，言语得体，风趣幽默。

要想"赢"是需要好口才的，"赢"字由"亡、口、月、贝、凡"5个字组成的，"亡"代表危机感；"口"就代表口才；"月"代表成功需要时间；"贝"代表财富、金钱、身心健康；"凡"是平凡，耐得住寂寞，有平凡之心。"赢"字当中，口在中间，起中流砥柱的作用。

1. 拥有好口才，独冠"三要"之首

几千年前，古埃及一位年迈的法老告诫即将继承王位的儿子麦雷卡："当一个雄辩的演说家,你才能成为一个坚强的人。……舌头是一把利剑,口才比打仗更有威力。"18世纪,法国资产阶级政治家、军事家拿破仑则认为:"一支笔,一条舌,能抵三千毛瑟枪。"可见,口才对一个人的生活和事业是何等重要。如果一个人口齿不清、词不达意,那么很难想象他能充分发挥出自己的聪明才智,对社会、对国家做出更大的贡献。

早在20世纪40年代,美国人就把"口才、美元和原子弹"看作是在世界上赖以生存和竞争的三大法宝。20世纪60年代以后,又改为了"口才、美元和计算机"。值得注意的是,虽然随着科学技术的迅速发展,"计算机"代替了"原子弹",而"口才"竟连续独冠"三要"之首,足见其作用和价值非同小可。

2. 拥有好口才,岂容奇耻大辱

我国春秋战国时期,君主崇尚口才,天下学者俊士更是趋之若鹜,蔚然成风。以在秦国推行连横策略而著称的游说家张仪,就颇懂得舌头的珍贵。他初到楚国当说客时,一天,碰巧相国家丢失玉璧,主人咬定他是窃贼,将其严刑拷打后逐出家门。回家后,妻子叹着气说:"你若不读书游说的话,怎么会遭到这样的奇耻大辱呢?"谁知张仪并无愠怒之色,却答非所问道:"你看看我的舌头还在吗?"张仪听说舌头还在,舒了一口气说"够"了,因为他懂得:舌头在,就有飞黄腾达之望。后来,他真的扶摇直上,当上了"一人之下,万人之上"的相国。

案例欣赏

伊索的舌头宴

古希腊曾流传着这样一则故事:著名的寓言大师伊索年轻的时候曾给一位贵族当奴仆。一天,主人设宴,宴请城中的风流名士。主人传下话来,让伊索准备最好的酒肴招待,伊索接到主人的命令后,四处收集各种动物的舌头,办了一个舌头宴。开餐时,主人大吃一惊,忙问:"这是怎么回事?"伊索笑着回答:"我尊敬的主人,您吩咐我为这些高贵的客人办最好的菜,舌头是引导各种学问的关键,对于这些名士、贵族们来说,舌头宴不是最好的菜吗?"客人听后,一个个都发出赞赏的笑声。主人也对伊索的机智表示赞许。次日,这人又吩咐伊索说:"明天给我办一次酒宴,菜要最差的。"次日,开席上菜时,依然是舌头。主人见状勃然大怒。伊索却不慌不忙地说:"难道一切坏事不是从人口里说出的吗?舌头既然是最好的,也是最坏的东西啊!"主人听后无话可说。

案例评析:虽然这则故事十有八九是人们编出来的,但却说明了一个道理,即说话对于人来说有着无法估量的作用。

3. 拥有好口才,不战屈人之兵

哪里有声音,哪里就有力量;哪里有口才,哪里就有了战斗的号角,就有了胜利的曙光!我国古代先贤们早就说过,"出言陈辞,身之得失,国之安危也。""一人之辩,重于九鼎之宝;三寸之舌,强于百万之师。""一言可以兴邦,一言可以误国。"我国春秋战国时期,晏子出使楚国,凭着生花妙口免受人格的侮辱,维护了国家的尊严;蔺相如就靠一张嘴完璧归赵,渑池立功,由一个谋士一下子成了宰相;三国时的诸葛亮凭着三寸不烂之舌,大败群儒;近有革命领袖宣传爱国救亡图存演讲风起云涌,不战屈人之兵,谋划临阵倒戈,战前的动员,士气的鼓舞,人文的凝聚,乾坤的扭转……这一切都要通过口才表现出来。口才在无形之中改变了历史的进程,推动了历史的巨轮滚滚向前。口才,无疑也是一种巨大的生产力!

4. 拥有好口才,职场如鱼得水

现代社会中,口才已成为决定一个人生活及事业优劣成败的重要因素。由一个人每天所说的话,可以判定他每天的工作生活情况;一个人每天的喜怒哀乐,往往由其言语来决定。口才好、说话流利,会使人委以重任。有了才干,即使没有口才,虽也可以达到成功的目的,但有才干兼有口才的人,他成功的希望更大。

拥有好口才,你就能在错综复杂的人际关系网中游刃有余,你就能于激烈的社会竞争中脱颖而出,你就能在斗智斗勇的谈判桌上侃侃而谈、屡出奇招;拥有好口才,你就能在针锋相对的辩论台前巧舌如簧、雄辩如虹,你就能在难以测定的情场中挥洒自如,胜券在握。也就是说,好口才就是成功的敲门砖。

案例欣赏

好口才成就杨利伟成为首飞

我国首次载人航天飞行成功之后,第一个进入太空的宇航员杨利伟便成了家喻户晓的新闻人物。航天部门领导说,之所以选杨利伟主要有3方面原因:其中之一是他的心理素质好,口头表达能力强,说话有条理、有分寸。杨利伟认为航天无小事,所以不管做什么事情,都尽最大努力做好,就连训练后的总结会、训练小结也是如此。在总结会上,杨利伟准备充分,积极发言,发言条理清晰,逻辑性强,态度从容。在最终确定3人为首飞候选人之时,3人各方面都十分优秀,难分高下,只是考虑到作为我国第一位进入太空的宇航员要面对全世界的瞩目、接受新闻媒体的采访、进行巡回演讲时,才最后定下让口才好的杨利伟首飞。

5. 拥有好口才,商界器重之才

中国著名青年演讲家、政商界领导者私人演说顾问柏君认为,表达(口才)就是生产力。可以通过有效的表达来实现一定的目的。这一点在中国的今天,像马云、李开复、俞敏洪等身上都淋漓尽致地体现了表达与演说可以创造的巨大价值。

的确,在当今资讯发达的信息时代,口语交际才能的作用之大,影响之深,其程度远远超出我们的意料。甚至2008年北京奥运会海选厨师,都要求口齿清楚,表达流畅。全球第一CEO,美国通用电气的杰克·韦尔奇在美国玉山科技协会第13周年的年会上,甚至提出了这么一个振聋发聩的观点:沟通的时代来临了。由此可见,"口才"作为一种表情达意、论辩是非、传递信息的重要工具,其对社会发展的重要作用越来越受到人们的极大重视。

6. 拥有好口才,展现外交魅力

在当代,我国开国总理周恩来在风云变幻的国际政治生活中善于辞令,才华横溢,不仅长了中国人民的志气,也大大提高了新中国的国际地位和声望。在这里引用一个例子:在中美准备建交之际,美国前国务卿基辛格曾对周恩来总理说:"我发现你们中国人走路都喜欢弓着背,而我们美国人走路大都是挺着胸！这是为什么?"只见周总理回答道："这个好理解,我们中国人走上坡路,当然是弓着背的;你们美国人在走下坡路,当然是挺着胸的。"说完,哈哈大笑。总理的这个回答,既有反唇相讥的意味,又带着半开玩笑的情趣,既不影响谈话的友好气氛,又符合当时说话的场景和说话者的身份。

可以毫不夸张地说,口才是一门语言的艺术,是用口语表达思想感情的一种巧妙形式。从个人角度来看,懂得语言艺术的人,往往善于准确、生动地表达自己的思想感情,办事往往圆满,进而一步步引导自己走向人生的辉煌。反之,不懂得语言艺术的人,不但自己会陷入困境,甚至可能会给所在的单位、部门造成难以估量的损失。因此,交际能力和表达能力成为现代人才的基本素质构成。

三、课堂实战训练

【训练一】 正确领会下面这句话的含义,请大家阐述一下。

一句漂亮话之所以漂亮,就在于所说的东西是每个人都想到过的,而所说的方式却是生动的、精妙的、新颖的。(布瓦格)

【训练二】 请同学轮流做自我介绍,每人不超过 2 分钟。

【训练三】 真正的能言善辩离不开机敏的才智和灵活的应变。结合下文,请你谈谈口才和口语的区别。

先动心后动口

林肯在从政之前是一名律师,所以他除了拥有令人敬仰的高尚品德外,还具有机敏善辩的口才。不过林肯从来不以与人争辩为能事,而总是能够以理服人、以情感人,这正是他的过人之处。

一次,作为参议员的林肯在不得已的情况下出席了在某城市举办的报纸编辑大会。大会主持人表示要让林肯在会上发言,于是林肯就用一种十分巧妙的方式表明了自己不合适出席这次会议的观点,他说:

"有一次,我在森林中遇到一位骑马的妇女。我站住让路,可她也停了下来,目不转睛地盯着我的面孔看,她说:'我现在才相信你是我见过的最丑的人了。'我说:'你大概讲对了,但是我又有什么办法呢?'她说:'当然你一生下来就这副丑相,是没有办法改变的,但你还是可以待在家里不要出来嘛!'"

林肯巧妙地用一个故事幽默地表达了自己的谦逊,同时也表明了自己的观点,而且还没有令邀请他出席大会的人感到尴尬。如果没有过人的机智,是不会达到这种效果的。

第二节 吐字归音训练

一、教学案例导入

声调和声调的用处

声调就是一个音节在发音时的高、低、升、降,也叫作"字调"。声调是音节结构中不可缺少的部分,它有区别意义的作用。例如:"shíshì(时事)""shìshí(事实)""shīshī(史诗)""shìshì(逝世)"等。这些音节的声母、韵母完全相同,但由于声调不同,就构成了不同的词语,表达了不同的意义。有声调是汉语的一大特征。普通话有4个基本声调,声、韵、调配合,共有1300多个音节。

声调的实际念法叫作"调值"。普通话声调的调值分为:一声、二声、三声、四声(即阴平声、阳平声、上声、去声),简称"四声"。要详细而准确地区分普通话的四声,一般采用五度标记法:先画一条竖线作为比较线,把它分成相等的四格五点,最下面的一点是1度,调最低;最上面的一点是5度,调最高。

具体地说,一声就是从头到尾都是又高又平,即从5度到5度,没有升降变化,如"飞机(fēijī)"。二声从3度上升到5度,声调由低逐渐升高,如"牛羊(niúyáng)"。三声先降后升,即从2度降到1度,再由1度升到4度,声调是拐弯的,如"美好(měihǎo)"。四声从最高降到最低,即从5度降到1度,如"胜利(shènglì)"。

标记这4种声调的符号叫作调号。一声、二声、三声、四声的调号,根据它们发音情况分别写成:ˉ、ˊ、ˇ、ˋ。为了记忆方便,以免写错,习惯上把四声归纳成4句话:一声平,二声扬,三声拐弯,四声降。

二、本节知识要点

语音是口语的物质外壳,是语义的托体,是语言中最活跃的因素。用标准的普通话与人进行交流,是现代人必备的文化素养之一,提高普通话口语水平更是大学生的共同愿望。由于普通话与其他地方方言之间的最大差异主要表现在语音方面,因此,学好普通话,关键是在语音方面的学习和训练。

吐字归音是我国古典唱法中对吐字法的概括,它是根据汉字字音特点,提出在吐字过程中各环节的发音要领。现代播音学界兼并发展了这种方法。吐字的技巧不仅关系到音节的清晰度,而且关系到声音的圆润、饱满。要吐字清楚,首先要熟练地掌握常用词语的标准音。

我们在小学时,都学习过拼音,都知道每个字都是由一个音节组成的,而一个音节我们又可以把它分成字头、字腹、字尾3部分,这3部分从语音结构来分,大体上可以说,字头就是我们说的声母,字腹就是我们说的韵母,字尾就是我们说的韵尾。

吐字发声时一定要咬住字头。有一句话叫"咬字千斤重,听者自动容"说的就是这个意思。所以我们在发音时,一定要紧紧咬住字头,这时嘴唇一定要有力,把发音的力量放在字头上,利用字头带响字腹与字尾。

字腹的发音一定要饱满、充实,口形要正确。发出的声音应该是立着的,而不是横着的;应该是圆的,而不是扁的。但是,如果处理得不好,就容易使发出的声音扁、塌、不圆润。

字尾,主要是归音。归音一定要到位,要完整。也就是不要念"半截子"字,要把音发完整。当然字尾也要能收住,不能把音拖得过长。

如果我们能按照以下练习的要求去做,那么你的吐字一定圆润、响亮,你的声音也就会变得悦耳动听了。

要在短短的时间内兼顾声韵调和吐字归音,必须从日常训练开始严格要求。

(1)出字——要求声母的发音部位准确、弹发有力。

(2)立字——要求韵腹拉开立起,做到"开口音稍闭,闭口音稍开"。

(3)归音——干净利落,不可拖泥带水。尤其是 i、u、n、ng 等做韵尾时,要注意口形的变化。

(一)声母训练

普通话共有 21 个辅音声母:b、p、m、f、d、t、n、l、g、k、h、j、q、x、zh、ch、sh、r、z、c、s。

普通话声母按发音部位可以分为 7 类。

(1)双唇音:b、p、m。

(2)唇齿音:f。

(3)舌尖前音:z、c、s。

(4)舌尖中音:d、t、n、l。

(5)舌尖后音:zh、ch、sh、r。

(6)舌面音:j、q、x。

(7)舌根音:g、k、h。

普通话声母按发音方法可以分为 5 种。

(1)塞音:b、p、d、t、g、k。

(2)擦音:f、h、x、sh、s、r。

(3)塞擦音:j、q、zh、ch、z、c。

(4)鼻音:m、n。

(5)边音:l。

普通话声母还有送气音和不送气音的区分。这种区分只在塞音和塞擦音中进行。

(1)不送气音:b、d、g、j、zh、z。

(2)送气音:p、t、k、q、ch、c。

清音和浊音的区分是指发音时声带颤动与否。普通话声母中只有 4 个浊音声母:m、n、l、r,其余的都是清音声母。浊辅音 ng 只做韵尾,不做声母。

拓展阅读

如何区分平舌音和翘舌音

舌尖前音(平舌音)z、c、s 和舌尖后音(翘舌音)zh、ch、sh。

1. 利用汉字偏旁类推的方法

例如:"章"(zhāng)是翘舌音:由此可类推"樟""彰""障""蝉",都是翘舌音;"成"(chéng)类推"诚""城";"支"(zhī)类推"枝""肢"……即以一个读音来记住一批相同读音的字。

2. 借助声母和韵母的配合规律来区别

普通话中 ua、uai、uang 3 个韵母只跟 zh、ch、sh 拼,不跟 z、c、s 拼,遇到这些韵母的字,声母肯定是翘舌音。例如:装(zhuāng)、窗(chuāng)、霜(shuāng)、拽(zhuài)、揣

（chuāi）、衰（shuāi）、抓（zhuā）、刷（shuā）。

3. 易混声母辨音练习

（1）平翘舌辨音练习

平舌音和翘舌音辨正：

z—zh　自治　尊重　增长　做主　杂志　再植　资助　自重　罪状　宗旨　遵照
坐镇　作战　总之

zh—z　制造　转载　追踪　振作　正宗　准则　种子　知足　职责　沼泽　种族
装载　正在　主宰

c—ch　蚕虫　操场　财产　擦车　促成　采茶　残喘　草创　磁场　仓储　辞呈
操持　错处　彩绸

ch—c　炒菜　冲刺　尺寸　陈词　差错　纯粹　初次　船舱　场次　春蚕　除草
揣测　陈醋　储藏

s—sh　松树　宿舍　算术　损失　三山　似是　丧失　诉说　琐事　素食　随时
所属　私塾　散失

sh—s　收缩　神速　哨所　殊死　申诉　疏松　山色　深思　上司　胜似　输送
生死　世俗　绳索

zh、ch、sh 和 z、c、s 对比辨音练习：

自愿—志愿　鱼刺—鱼翅　私人—诗人　仿造—仿照
粗布—初步　姿势—知识　新春—新村　宗旨—中止
资助—支柱　自动—制动　物资—物质　糟了—招了
近似—近视　搜集—收集　增订—征订　从来—重来
支援—资源　主力—阻力　木柴—木材　商业—桑叶
申诉—申述　摘花—栽花　午睡—五岁　八成—八层
树立—肃立　找到—早到　乱吵—乱草　山顶—三顶

（2）鼻边音辨音练习

鼻音和边音辨正：

n—l　农林　年轮　耐劳　哪里　脑力　奴隶　纳凉　奶酪　内涝　暖流　能力
凝练　逆流　年龄

l—n　岭南　辽宁　冷暖　留念　烂泥　连年　来年　老娘　林农　落难　历年
流脑　遛鸟

n、l 对比辨音练习：

无赖—无奈　水牛—水流　男裤—蓝裤　旅客—女客
脑子—老子　连夜—年夜　留念—留恋　浓重—隆重
南部—蓝布　烂泥—烂梨　牛黄—硫磺　大娘—大梁

（3）唇齿音和舌根音辨正练习

唇齿音和舌根音辨正：

f—h　凤凰　繁华　附和　防护　发挥　返回　妨害　放火　符号　愤恨　风寒
绯红　腐化　负荷

h—f　恢复　会费　活佛　荒废　划分　换防　豪放　合法　黄蜂　混纺　护法　焕发　和服　海防

f、h 对比辨音练习：

舅父—救护　公费—工会　附注—互助　仿佛—恍惚

防虫—蝗虫　斧头—虎头　飞机—灰鸡　非凡—辉煌

奋战—混战　复员—互援　方地—荒地　防止—黄纸

练习：找出自己在声母中存在的错误和缺陷，然后有针对性地进行训练易错音，见表 1-1。

表 1-1　声母自我诊断表

错　误	缺　陷
平翘不分	翘不到位；翘过了头；齿间音
鼻边不分	鼻音靠前；边音鼻化
f、h 不分	g、k、h 靠前；喉擦音
j、q、x 读作 g、k、h 或 z、c、s	尖音
bo po mo 读作 bao pao mao	其他

（二）韵母训练

普通话的韵母由单元音或复合音充当，共有 39 个。韵母可以分为韵头、韵腹、韵尾 3 个部分。在复合音韵母中口腔开度最大的元音是韵腹，韵腹前面的元音是韵头，韵腹后面的元音或鼻辅音是韵尾。有些韵母没有韵头，有些韵母没有韵尾，但不可以没有韵腹。单元音韵母就只有韵腹。

韵母按语音结构可以分为单韵母、复韵母和鼻韵母 3 类。

单韵母：普通话单韵母有 10 个。其中有 7 个是舌面元音：a、o、e、ê、i、u、ü。3 个是特殊元音：-i（前）、-i（后）和 er。

舌面元音的发音条件主要是舌位的高低（口腔的开合）、舌位的前后和唇形的圆展。舌位是指舌面元音发音时舌面隆起的最高点即最接近上腭的点。

复韵母：即复合元音韵母是由 2 个或 3 个元音音素复合而成的韵母。在复合音的发音过程当中，舌位的前后、高低和唇形的圆展要发生连续的移动变化。舌位的移动过程叫舌位的动程。复韵母又可以分为二合复韵母和三合复韵母。根据韵腹在韵母中的位置又可以分为前响、后响和中响复韵母。

二合复韵母共 9 个，其中前响为 ai、ei、ao、ou 共 4 个，后响为 ia、ie、ua、uo、ne 共 5 个。

三合复韵母共 4 个，都是中响为 iao、iou、uai、uei。

鼻韵母：在普通话中一种是带舌尖鼻音 n 的叫前鼻韵母，有 8 个：an、ian、uan、üan、en、in、uen、ün；另一种是带舌根鼻音 ng 的叫后鼻韵母，有 8 个：ang、iang、uang、eng、ing、ueng、ong、iong。

汉语传统语音学为了表达声韵的拼合关系，根据韵母开头的实际发音，把韵母分为开口呼、齐齿呼、合口呼、撮口呼 4 类，也叫四呼。韵母为 a、o、e、ê、er、i（前）、i（后）或以 a、o、 e 开头的韵母称开口呼;韵母为 i 或以 i 开头的韵母称齐齿呼,如 iou、iao、ie、ia;韵母为 u 或以 u 开头的韵母称合口呼,如 ua、uo、uai、uei;韵母为 ü 或以 ü 开头的韵母称为撮口呼,如 üe、ün、üan。按照传统语音学,韵母 ong 归入合口呼,韵母 iong 归入撮口呼。

普通话韵母总表见表 1-2。

表 1-2　普通话韵母总表

韵母	开口呼	齐齿呼	合口呼	撮口呼
单韵母	—i	i	u	ü
	a	ia	ua	
	o		uo	
	e			
	ê	ie		üe
	er			
复韵母	ai		uai	
	ei		uei	
	ao	iao		
	ou	iou		
鼻韵母	an	ian	uan	üan
	en	in	uen	ün
	ang	iang	uang	
	eng	ing	ueng	
	ong	iong		

（三）声调训练

1. 声调基本知识

声调是语音节中不可缺少的成分,它同声母、韵母共同构成普通话的音节。在不同方言区人们的对话中,声调是最显著的区别特征,也是不同方言区的人们之间理解词义的最大障碍。因此,声调也是学习普通话语音的重点和难点。描写声调的高低通常用五度标记法:立一竖标,中分 5 度,最低为 1,最高为 5,如图 1-1 所示。

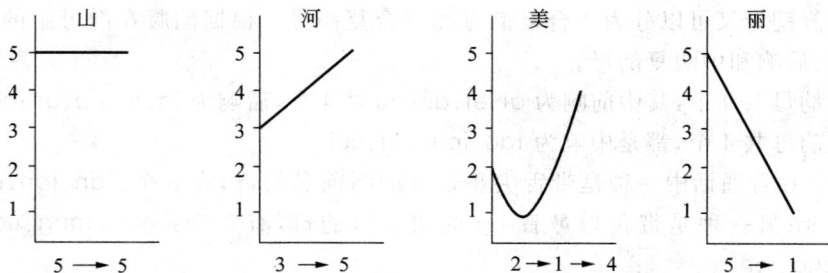

图 1-1　声调的五度标记法

普通话有 4 个声调。

（1）阴平（一声）：念高平,起音高高一路平。用五度标记法来表示,就是从 5 到 5,调值为 55 调。声带绷到最紧,始终无明显变化,保持音高。例如:

青春光辉　春天花开　公司通知　新屋出租

（2）阳平（二声）：念高升,从中到高往上升。起音比阴平稍低,然后升到高。用五度标记法表示,就是从 3 升到 5,调值为 35 调。声带从不松不紧开始,逐步绷紧,直到最紧,声音从不低不高到最高。例如:

人民银行　连年和平　农民犁田　圆形循环

（3）上声（三声）：念降升,先降后升曲折起。起音半低,先降后升,用五度标记法表示,就是从 2 降到 1 再升到 4,调值为 214 调。声带从略微有些紧张开始,立刻松弛下来,稍稍延长,然后迅速绷紧,但没有绷到最紧。例如:

彼此理解　理想美满　永远友好　管理很好

（4）去声（四声）：念高降,高起猛降最底层。起音高,接着往下滑,用五度标记法表示,就是从 5 降到 1,调值为 51 调。声带从紧开始到完全松弛为止,声音从高到低,音长是最短的。例如:

下次注意　世界教育　报告胜利　创造利润

普通话声调表见表 1-3。

表 1-3　普通话声调表

调类（名）	调值（实）	调型	调　号		例字
			拼音标调法	记音标调法	
阴平	55	高平	ˉ	˥	光
阳平	35	高升	´	ˊ	明
上声	214	降升	ˇ	ˇ	磊
去声	51	全降	ˋ	ˋ	落

2. 声调的练习

（1）按声调组合顺序练习两字词

阴阴——参加　西安　播音　工兵　拥军　东风　交通　磋商　周刊　参军　丰收　秋收　拉丁　非洲

阴阳——资源　坚决　鲜明　工人　飘扬　高潮　新华　新闻　欢迎　编排　宣传　江南　胸怀　加强

阴上——批准　发展　班长　听讲　黑板　刚果　灯塔　充满　争取　加紧　思索　艰苦　生产　施展

阴去——庄重　播送　音乐　拥政　方向　飞快　夸耀　规范　单位　通信　根据　经济　深入　声调

阳阴——国家　国歌　联欢　革新　南方　群居　承担　农村　平均　狂欢　节约　滑冰　容光　澄清

阳阳——国旗　直达　答题　滑翔　模型　流传　随时　随同　儿童　团结　联合

离别　停留　人民

　　阳上——华北　黄海　防守　平等　遥远　狭小　泉水　勤恳　寻找　难免　截止
民主　和好　驳倒

　　阳去——革命　豪迈　辽阔　雄厚　模范　同志　群众　财政　林业　盘踞　情愿
常用　局势　存放

　　上阴——广播　指标　统一　许多　广西　展开　北京　每天　纺织　转播　抢修
领空　整装　产生

　　上阳——指南　统筹　普及　解决　敏捷　谴责　抢夺　反常　表决　久别　紧急
解围　小学　朗读

　　上上——遣返　北海　表演　展览　广场　厂长　领土　领海　领导　鼓掌　打倒
感想　场所

　　上去——假设　左右　诡辩　挑战　舞剧　曲剧　本位　选派　想象　主要　广阔
紧迫　垮掉　访问

　　去阴——内因　列车　下乡　认真　办公　贵宾　外宾　矿工　象征　外观　地方
救灾　自发

　　去阳——自然　化学　措辞　特别　戒严　挫折　报名　电台　到达　会谈　上游
调查　地名　慰劳

　　去上——血管　耐久　二百　剧本　下雨　跳伞　问好　运转　下雪　外语　购买
末尾　恰巧　并且

　　去去——日月　布告　大厦　惧怕　画像　自传　破例　岁月　射箭　愤怒　庆贺
宴会　创办　浪费

　　（2）按声母顺序排列练习四字词

百炼成钢　波澜壮阔　排山倒海　喷薄欲出　满园春色　名不虚传　发奋图强
翻江倒海　大快人心　当机立断　谈笑风生　滔滔不绝　鸟语花香　逆水行舟
老当益壮　雷厉风行　盖世无双　高瞻远瞩　慷慨激昂　开卷有益　豪言壮语
和风细雨　艰苦奋斗　锦绣河山　千军万马　晴天霹雳　喜笑颜开　响彻云霄
朝气蓬勃　专心致志　称心如意　超群绝伦　暴风骤雨　鹏程万里　满腔热情
丰功伟绩　颠扑不破　天衣无缝　能者多劳　力挽狂澜　攻无不克　克敌制胜
横扫千军　继往开来　气壮山河　心潮澎湃　咫尺天涯　赤子之心　壁垒森严
普天同庆　目不转睛　赴汤蹈火　斗志昂扬　推陈出新　宁死不屈　龙飞凤舞
光彩夺目　快马加鞭　呼风唤雨　举世无双　群威群胆　栩栩如生　辗转反侧
出奇制胜　山水相连　日新月异　赞不绝口　层出不穷　四海为家　深情厚谊
人才辈出　再接再厉　沧海一粟　三思而行　生龙活虎　饶有风趣　责无旁贷
灿烂光明　肃然起敬　舍生忘死　如火如荼　自知之明　从容就义　所向披靡

三、课堂实战训练

【训练一】　请学生收集和讲演身边有关地方方言与普通话冲突而闹笑话的故事，并指出方言和普通话在语音与调值上的差异。

【训练二】 读准舌尖后音 zh、ch、sh 和舌尖前音 z、c、s。

振作　正宗　赈灾　职责　沼泽　制作　杂志　栽种　增长　资助　自制　自重
差错　陈醋　成材　出操　除草　储藏　财产　采茶　残喘　操场　磁场　促成
上司　哨所　深思　生死　绳索　石笋　散失　扫射　四声　宿舍　随时　所属

【训练三】 读准 n 和 l。

哪里　纳凉　奶酪　脑力　内涝　能力　来年　老农　冷暖　流脑　留念　牛奶
恼怒　扭捏　能耐　呢喃　男女　履历　理论　联络　流露　老练　拉力　岭南

【训练四】 读准 f 和 h。

发话　发慌　反悔　繁华　丰厚　复合　后方　化肥　洪峰　画符　花粉　混纺

【训练五】 绕口令练习。

b、p 发音——一平盆面,烙一平盆饼,饼碰盆,盆碰饼。

b、p 发音——八百标兵奔北坡,炮兵并排北边跑,炮兵怕把标兵碰,标兵怕碰炮兵炮。

c、ch 发音——这是蚕,那是蝉,蚕常在叶里藏,蝉常在林里唱。

s、sh 发音——三山撑四水,四水绕三山,三山四水春常在,四水三山总是春。

s、sh 发音——四是四,十是十,十四是十四,四十是四十,不要把十四说成四十,不要把四十说成十四。

声调变化——小石与小史,两人来争执,小石说"正直"应该读"政治",小史说"整治"应该读"整枝"。两人争得面红耳赤,谁也没有读准"正直""整治""政治"和"整枝"。

声调变化——山前有个颜远眼,山后有个袁眼圆,二人上山来比眼,不知是颜远眼的眼比袁眼圆的眼看得远,还是袁眼圆的眼比颜远眼的眼生得圆,颜远眼看看袁眼圆,袁眼圆瞪着颜远眼。

l、n 发音,声调变化——路东住着刘小柳,路南住着牛小妞。刘小柳拿着九个红皮球,牛小妞抱着六个大石榴。刘小柳把九个红皮球送给牛小妞。牛小妞把六个大石榴送给刘小柳。牛小妞脸儿乐得像红皮球,刘小柳脸儿笑得像开花的大石榴。

l、n 发音——门口有四辆四轮大马车,你爱拉哪两辆就来拉哪两辆。

l、n 发音——蓝教练是女教练,吕教练是男教练,蓝教练不是男教练,吕教练不是女教练。蓝南是男篮主力,吕楠是女篮主力,吕教练在男篮训练蓝南,蓝教练在女篮训练吕楠。

n、l 发音——牛郎年年恋刘娘,刘娘连连念牛郎。牛郎恋刘娘,刘娘念牛郎,郎恋娘来娘念郎。

l、n 发音——老龙恼怒闹老农,老农怒恼闹老龙。农怒龙恼龙更怒,龙恼农怒龙怕农。

sh、s、c 发音——我爱家乡山和水,山清水秀实在美,果树满山飘芳菲,池塘清清鱼儿肥,风送谷香沁心扉,丰收景象诱人醉,发自肺腑唱一曲,歌声绕着彩云飞。

h、f 发音——粉红墙上画凤凰,凤凰画在粉红墙,红凤凰,粉凤凰,粉红凤凰花凤凰。

h、f 发音——化肥会挥发:黑化肥发灰,灰化肥发黑;黑化肥发灰会挥发;灰化肥挥发会发黑;黑化肥发灰挥发会花飞,灰化肥挥发发黑会飞花。

c 发音——山前有个崔粗腿,山后有个崔腿粗。两人山前来比腿,不知崔粗腿比崔腿粗的腿粗,还是崔腿粗比崔粗腿的腿粗。

an、ang 发音——长扁担,短扁担,长扁担比短扁担长半扁担;短扁担比长扁担短半扁担。

长扁担绑在短板凳上,短扁担绑在长板凳上,长板凳不能绑在比短扁担长半扁担的长扁担上;短板凳也不能绑在比长扁担短半扁担的短扁担上。

【训练六】 用下词语练习吐字归音。

班房	畅谈	奔腾	诚恳	聘请	精心	边疆	两点	宽广	慌乱	顺从	农村
群雄	饭菜	海南	陪衬	纷飞	魔道	道破	九州	扫描	镣铐	刷牙	下滑
书画	跨国	决裂	灭绝	衰败	排外	累赘	配对	波折	器具	鼓励	发奋
支撑	相伴	边塞

笨鸟先飞	冰天雪地	单枪匹马	短兵相接	公而忘私	拐弯抹角	扭转乾坤
管中窥豹	走马观花	沧海桑田	从心所欲	壮志凌云	重整旗鼓	温文尔雅

【训练七】 四音同调练习。

（1）阴平

春天花开	珍惜光阴	江山多娇	声东击西	忧心忡忡
卑躬屈膝	加工车间	挖空心思	息息相关	居安思危

（2）阳平

牛羊成群	团结人民	儿童文学	和平繁荣
名存实亡	食言而肥	严格执行	轮船航行

（3）上声

远景美好	岂有此理	演讲辅导	产品展览	打井引水
处理雨伞	小手小脚	有板有眼	稳妥管理	指导小组

（4）去声

胜利万岁	废物利用	见利忘义	变幻莫测
竞赛纪录	浴血奋战	建校纪念	大上项目

【训练八】 难读易错词语练习。

猜想	才能	材料	财富	采摘	彩绸	餐巾	残骸	蚕茧	惭愧	沉重	绚烂
匆促	沧桑	苍穹	苍术	藏匿	操场	草丛	厕所	恻隐	测量	层次	插座
茶摊	茶匙	岔道	拆毁	抽噎	豺狼	搀扶	孱弱	禅让	缠绵	蝉蜕	蟾蜍
谄谀	根除	忏悔	颤抖	昌盛	猖狂	菖蒲	长城	尝试	归还	终年	场合
畅想	倡议	唱和	抄袭	钞票	超产	超载	巢穴	嘲讽	潮流	潮汐	吵闹
吵嘴	车床	车辆	完全	撤除	嗔怪	沉淀	沉溺	衬衫	瞠目	成长	呈献
承诺	惩治	城池	乘客	程序	澄清	吃惊	嗤笑	痴呆	驰骋	愚钝	持续
尺寸	齿轮	耻辱	叱咤	翅膀	充溢	充盈	冲撞	神往	崇敬	冲压	茶褐色

第三节　字正腔圆训练

一、教学案例导入

词义探幽　轻声词语

汉语普通话音节都有固定的一个声调,可是某些音节在词和句子中失去了它原有的声调,读成一种轻短模糊的调,这就是轻声。在普通话中,轻声音节一般位于双音节词或词语的后一音节,如"厚道、稀罕"等。在有轻声的多音节词语中,轻声音节一般也处在后面,如"糊涂虫、工夫茶",第二个音节读轻声;"泡蘑菇、翘尾巴",第三个音节读轻声;"黑不溜秋、稀里糊涂",第二个音节读轻声;"胳膊肘子、木头疙瘩",第二、第四音节读轻声。轻声是一种特殊的变调现象。普通话的轻声都是从阴、阳、上、去 4 个声调变化而来的,例如"哥哥、婆婆、姐姐、弟弟",其变调的"特殊"在于:根据前一个音节声调的调值,决定后一个轻声音节的调值,而不论后一个音节原调调值的具体形式。

普通话里有些词语,靠轻声与非轻声来区别词义和词性。例如"兄弟"指哥哥和弟弟,而把"弟"读轻声的"兄弟",却单指弟弟;"言语"指所说的话,而把"语"读轻声的"言语",却指开口、招呼;"运气"指武术气功的一种健身方法,而把"气"读轻声的"运气",却指幸运;"老子"指古代哲学家,而把"子"读轻声的"老子",却指父亲;"过去"是时间词,而把"去"读轻声的"过去",却指离开此地点向另一地点去;"东西"指方向,而把"西"读轻声的"东西",却指物件;"本事"指作品主题所根据的故事情节,而把"事"读轻声的"本事"却指本领。

普通话多数轻声词语,同词汇、语法有密切联系,并形成约定俗成的规约——结构助词"的、地、得",时态助词"着、了、过",语气助词"吗、呢、吧",名词后缀"子、头";方位词"上、下、里",表示复数的"们"等,都一律读轻声。例如"我的、勇敢地、喝得(好)、忙着、来了、看过、是吗、他呢、走吧、桌子、木头、墙上、地下、屋里、他们"等,末尾的音节一律读轻声。再如表趋向的动词,如"站起来、走进来"的后两个音节;叠音词和动词重叠形式,如"说说、想想、谈谈、溜溜"等的后一个音节也应读轻声。部分连绵词(如马虎、糊涂、唠叨、哆嗦)的后一个音节也应读轻声。

(资料来源:《今晚报》,2004 年 7 月 14 日)

二、本节知识要点

"字正腔圆"是指汉语(普通话)吐字归音技巧达到了艺术境界。"字正"应当包括字准、字真、字纯 3 方面;"腔圆"指的是声音运用的集中、圆润、灵活、自如。具体可以概括为准确:矫正方音、排除杂质、杜绝错别字。清晰:字头、字腹、字尾衔接到位、口齿清楚。集中:不追求声音多大,而追求自然集中。圆润:甜美、自如、润滑。流畅:不把字"咬死",绷得太紧也难听。字正腔圆的最高境界应是:颗粒饱满,光泽晶莹,轻快连贯,如珠如流。字字皆入听者之耳,字字滋润听者之心,说者轻松自如,听者愉悦欣然。

要使普通话达到"字正腔圆"的艺术境界,仅仅达到发音准确无误是不够的,还必须把握好普通话的语流音变。语流音变是指在说话的过程中,由于相连音节的相互影响或表情达意的需要,有些音节的结构发生程度不同的变化的现象。语流音变是有一定规律的,掌握这些规律,可使普通话说得自然和谐,亲切柔美,不生硬别扭。

普通话中的语流音变主要表现在变调、轻声、儿化、语气词"啊"的音变和词语的轻重音格式等几个方面。

(一)变调

在语流中,由于相连音节的相互影响,使某个音节本来的调值发生了变化,这种变化叫作变调。

1. 上声变调

上声在阴平、阳平、上声、去声前都会产生变调,读完全的上声原调的机会很少,只有在单念或处在词语、句子的末尾才有可能读原调。

(1) 上声在阴平、阳平、去声、轻声前,即在非上声前,丢掉后半段 14 上升的尾巴,调值由 214 变为半上声 211,变调调值描写为 214—211。例如:

(上声＋阴平)

百般　摆脱　保温　省心　警钟　火车

(上声＋阳平)

祖国　旅行　导游　改革　朗读　考察

(上声＋去声)

广大　讨论　挑战　土地　感谢　稿件

上声在轻声前调值也变成半上声 211。例如:矮子、斧子、奶奶、姐姐、尾巴、老婆、耳朵、马虎、口袋、伙计。

(2) 两个上声相连,前一个上声的调值变为 35。实验语音学从语图和听辨实验证明,前字上声、后字上声构成的组合与前字阳平、后字上声构成的组合在声调模式上是相同的。说明两个上声相连,前字上声的调值变得跟阳平的调值一样。变调调值描写为 214—35。例如:

(上声＋上声)

懒散　手指　母语　海岛　旅馆　广场

首长　简短　古典　粉笔　小组　减少

(3) 3 个上声相连的变调。

3 个上声音节相连,如果后面没有其他音节,也不带什么语气,末尾音节一般不变调。开头、当中的上声音节有两种变调。

① 当词语的结构是"双单格"时,开头、当中的上声音节调值变为 35,跟阳平的调值一样。例如:

手写体　展览馆　管理组　选举法　洗脸水　水彩笔　打靶场　勇敢者

② 当词语的结构是"单双格",开头音节处在被强调的是逻辑重音时,读作"半上",调值为 211,当中音节则按两字组变调规律变为 35。例如:

党小组　撒火种　冷处理　耍笔杆　小两口　纸老虎　老保守　小拇指

2. "一"和"不"的变调规律

"一"的变调规律:非去声音节前面变去声;去声音节前面变阳平;夹在重叠词中间读轻声;单念或在序数词中仍读本调阴平。

"不"的变调规律:去声音节前面变阳平;夹在词语中间念轻声;在非去声音节前面或单念时、在词句末尾时仍读原调去声,如表 1-4 所示。

(1) "一"在非去声前念去声,在去声前念阳平。例如:

一帆一桨一渔舟,一个渔翁一钓钩。

一俯一仰一场笑,一江明月一江秋。

表 1-4 "一"和"不"的变调规律

情 况	一	不
单独念	读阴平(不变调)	
阴平字前		读去声(不变调)
阳平字前	读去声(变调)	
上声字前		
去声字前	读阳平(变调)	读阳平(变调)

(2)"不"在去声前念阳平。例如：

不劝告　不正之风　不负责

(3)"一""不"夹在词语中间念轻声。例如：

试一试　看一看　忙不忙　跑不了

"一"的变调练习：

一般　一拍　一方　一边　一车　一刀　一吨　一根　一锅　一家　一筐　一道
一度　一丈　一寸　一粒　一辆　一个　一次　一去　一趟　一万　一亿　一架
一扇

第一　其一　统一　七一　八一

一把手　一把抓　一半天　一辈子　一场空　一程子　一点儿　一风吹　一锅粥
一清早　一身胆　一条龙　一条虫　一窝蜂　一系列　一元化　一元钱　一口气
一口锅　一览表　一揽子　一连串　一年生　一品锅　一品红　一般人　一神教
一条心　一团糟　一席话　一言堂　一元论　一点儿

一个劲儿　一股脑儿　一溜烟儿　一条藤儿　一股劲儿　一丁点儿　一面理儿
一头儿沉　一般见识　一本万利　一笔勾销　一臂之力　一差二错　一成不变
一触即发　一刀两断　一发千钧　一反常态　一鼓作气　一技之长　一箭双雕
一蹶不振　一来二去　一了百了　一落千丈　一马平川　一败涂地　一板一眼
一本正经　一笔抹杀　一步登天　一唱一和　一尘不染　一筹莫展　一蹴而就
一定之规　一帆风顺　一分为二　一哄而起

"不"的变调练习：

不安　不才　不吝　不等　不断　不犯　不恭　不管　不比　不测　不错　不选
不对　不凡　不苟　不光　不必　不曾　不单　不定　不乏　不妨　不够　不轨
不便　不成　不但　不端　不法　不忿　不顾　不过　不和　不仅　不堪　不良
不免　不行　不胜　不同　不暇　不幸　不朽　不用　不中　不会　不禁　不可
不成材　不成文　不连累　不道德　不得已　不规则　不送气　不成器　不大离
不得劲　不等号　不动产　不相干　不成话　不倒翁　不得了　不等式　不见得
不起眼　不像话　不要紧　不由得

不打自招　不共戴天　不管不顾　不哼不哈　不计其数　不见经传　不可开交
不可一世　不劳而获　不谋而合　不言而喻　不遗余力　不约而同　不知所措
不置可否　不上不下　不前不后　不大不小　不清不白　不动声色　不尴不尬

不寒而栗　不即不离　不假思索

3．形容词重叠式的变调

形容词重叠式的变调主要有以下3种。其变化规律一般是：

（1）AA式（一般不变，如"红红的"）。但当AA式加儿化尾时，重叠的第二个音节多变阴平调。例如：

好好儿（的）　早早儿（的）　慢慢儿（的）

（2）ABB式（B音节不是阴平调的变阴平调）。例如：

绿油油　沉甸甸　慢腾腾

（3）AABB式（第二个A读轻声，BB读阴平）。例如：

漂漂亮亮　结结实实　马马虎虎

应当注意的是，上述形容词重叠式的变调多用于口语。书面语或者口语说话慢的，可以不变调，在语气比较严肃或朗读政论性文章时，仍读原调，不变调。

形容词重叠式的变调练习。

（1）AA式

快快　大大　甜甜　浅浅　薄薄　短短　圆圆　密密　长长　满满　慢慢　红红
早早　美美　厚厚　亮亮　重重　浓浓　肥肥　暖暖　矮矮　软软　热热　白白

（2）AA儿（的）式

好好儿（的）　早早儿（的）　小小儿（的）　满满儿（的）　暖暖儿（的）
快快儿（的）　甜甜儿（的）　长长儿（的）　白白儿（的）　慢慢儿（的）

（3）ABB式

血淋淋　甜蜜蜜　血糊糊　白晃晃　白茫茫　白蒙蒙　白亮亮　黑洞洞
黑乎乎　黑压压　空荡荡　空落落　懒洋洋　喜洋洋　绿茸茸　绿油油
毛茸茸　火辣辣　香馥馥　热腾腾　笑吟吟　湿淋淋　湿漉漉　赤条条
赤裸裸　直挺挺　热辣辣　轰隆隆　亮堂堂　黄澄澄　乱麻麻　软绵绵
明晃晃　羞答答　沉甸甸　闹嚷嚷　暖洋洋　慢腾腾　乌油油　灰蒙蒙
孤零零　红彤彤

（4）AABB式

热热闹闹　整整齐齐　干干净净　老老实实　明明白白　欢欢喜喜
清清楚楚　规规矩矩　舒舒服服　扎扎实实　大大咧咧　和和美美
泼泼辣辣　孤孤零零　利利落落　清清凉凉　别别扭扭　鼓鼓囊囊
遮遮掩掩　模模糊糊　痛痛快快　漂漂亮亮

（5）A里AB式

糊里糊涂　马里马虎　慌里慌张

（二）轻声

一般来说，普通话每个音节都有声调。可是，在词和句子里，有些音节失去原有的声调，变成又轻又短的调子，这种又轻又短的调子就是轻声。轻声是四声之外的一个特殊声调。它来源于四声，实际上也是一种声调，只不过是一种变调而已。但是它又与一般的变调不同,一般的变调对词语的意义没有影响。而轻声,有时会改变词语的意义和词性。比如"利害","害"读轻声时,是形容词,是剧烈、凶猛的意思;"害"读四声时,是名词,是利益和损害的意思。再如"买卖","卖"读轻声时,是一个词;"卖"读四声时,是词组。汉语拼音方案规定,轻声不标调号。

轻声的发音容易掌握,困难在于如何判断轻声词。普通话的轻声词很多,大部分词是习惯性的,没有严格的规定,规律也不十分明显,主要靠经验读准。

在普通话里,轻声词的使用频率很高,是构成普通话语调的重要特征之一,也是普通话水平测试所要考查的重要内容。轻声能区别词性、区分词义,能使语言的节奏轻重有致、富于美感,因此,轻声是普通话学习的重点之一。

1. 轻声的作用

普通话中的轻声有区别词性和词义,以及使语流顺畅的作用。有区别词性或词义作用的,50多个,占轻声词的10%。举例如下。

买卖:动词	买卖:名词,指生意
花费:动词	花费:名词,指花的钱
地道:名词	地道:形容词,指真正、纯粹的
铺盖:名词,指被褥	铺盖:动词
冷战:名词,指不使用武器的战争	冷战:名词,指因冷而发抖
造化:名词,指造物主	造化:形容词,指有福气
大意:名词,指主要内容	大意:形容词,指疏忽、粗心
东西:名词,指方向	东西:名词,指物件
差使:动词,指差遣	差使:名词,指任务、工作
对头:形容词,指正确	对头:名词,指冤家
赏钱:动宾词组	赏钱:名词,指赏给的钱

2. 轻声出现的规律

除区别词性、词义作用的轻声外,语气词、助词、名词的后缀"子、儿、头"等、重叠名词、动词的后一个音节、表示趋向的动词、方位词或词素一般读作轻声。语流中的有些音节失去了原有的声调,念得又短又轻,这种音节就是轻声。轻声比较灵活,但还是有规律可循的。轻声的规律可分为规律性较强和规律性不强两种。

(1)规律性较强的轻声词。

① 助词和语气词一般读轻声。例如:的、地、得、了、着、过、呢、吗、啊……

② 名词、代词的后缀读轻声。例如:孩子、桌子、人们、上头、下面……

③ 叠字的第二个音节读轻声。例如:高高兴兴、痛痛快快、淅淅沥沥、爸爸、妈妈、舅舅……

④ 动词的某些结果补语。例如:停住、推开、关上……

⑤ 部分词语的衬字。例如:黑不溜秋、稀里糊涂、丁零当啷……

(2)规律性不强的轻声词。

普通话的轻声词以双音节的居多。有些词,读音的轻与重常无明显的界限,往往根据个人的语感、习惯，约定俗成。

一批常用的双音节词中第二个音节习惯上要读轻声。普通话中不少双音节词的后一音节习惯上念轻声，这些轻声词规律性不强。例如：

眼睛　窗户　女婿　媳妇　萝卜　耳朵　便宜　行李　骆驼　葡萄　玻璃　合计商量　招呼　明白　批评

轻声词语练习。

阴平：

肮脏	巴结	巴掌	扒拉	扳手	帮手	包袱	包含	槟榔	玻璃	苍蝇	差事
掺和	抽屉	出落	出息	窗户	聪明	撮合	奔拉	褡裢	搭理	答应	耽搁
叨唠	灯笼	掂掇	东西	兜肚	嘟噜	嘟囔	嘟哝	多么	多少	哆嗦	风水
风筝	干巴	干净	干系	甘蔗	高粱	膏药	疙瘩	胳臂	胳膊	跟头	工夫
工钱	公家	勾搭	估摸	姑娘	呱嗒	官司	归置	规矩	哈欠	花哨	叽咕
饥荒	家伙	奸细	将就	缰绳	交情	街坊	结巴	结实	精神	窟窿	宽敞
宽绰	亏得	拉扯	拉拢	啰唆	眯缝	摸索	拍打	篇幅	欺负	敲打	亲戚
亲事	清楚	山药	商量	烧饼	烧麦	身份	身子	生日	生意	牲口	尸首
师父	师傅	师爷	收成	收拾	书记	叔伯	疏忽	舒服	舒坦	摔打	说法
说合	说和	私房	思量	斯文	松动	松快	踏实	踢腾	提防	添补	挑剔
温和	窝囊	窝棚	稀罕	虾米	先生	消息	歇息	心思	薪水	腥气	兄弟
休息	烟筒	胭脂	央告	秧歌	吆喝	妖精	衣服	衣裳	冤家	冤枉	糟蹋
扎实	张罗	招呼	招牌	招惹	折腾	针脚	真是	支吾	芝麻	知道	知识
周到	庄稼	作坊									

阳平：

白天	荸荠	便宜	别致	财主	裁缝	残疾	柴火	长处	成分	除了	船家
嘀咕	格式	蛤蜊	蛤蟆	寒碜	合同	和气	和尚	核桃	横竖	狐狸	胡琴
葫芦	糊涂	滑溜	黄瓜	馄饨	活计	活泼	节气	觉得	咳嗽	来路	牢靠
累赘	篱笆	莲蓬	凉快	粮食	菱角	萝卜	麻烦	麻利	玫瑰	眉毛	门路
门面	迷糊	迷惑	棉花	苗条	名堂	名字	明白	模糊	磨蹭	蘑菇	难处
难为	能耐	泥鳅	年成	年月	黏糊	娘家	奴才	挪动	牌楼	盘缠	盘算
朋友	皮匠	皮实	枇杷	疲沓	琵琶	脾气	婆家	葡萄	人家	神甫	神气
神仙	什么	石榴	时候	拾掇	俗气	随和	随着	抬举	笤帚	停当	铜匠
头发	头里	徒弟	王八	王爷	鞋匠	行当	行家	行李	玄乎	学生	学问
牙碜	牙口	衙门	严实	阎王	姨夫	意识	油水	云彩	匀称	匀净	匀溜
匀实	杂碎	折磨	直溜	值得	妯娌						

上声：

摆布	摆设	本钱	本事	比方	扁担	补丁	打扮	打点	打发	打量	打磨
打手	打算	打听	点拨	点心	点缀	懂得	耳朵	火候	伙计	讲究	搅和
考究	口袋	苦处	喇叭	懒得	老婆	老实	老爷	了得	马虎	买卖	免得

（三）儿化

儿化又称儿化韵，是普通话和某些汉语方言中的一种语音现象，即后缀"儿"不自成音节而同前面的音节合在一起，使前一音节的韵母成为卷舌韵母。

儿化的作用：儿化在普通话中起着修辞和语法功能的作用，区分词性、词义，表示少、小的意思；表示喜爱、亲切或蔑视、憎恶等感情色彩。

1."儿化"的作用

"儿"连在别的音节后面作词尾时，就失去独立性，和前面的音节融合成一个音节，使前一个音节的韵母带上一个卷舌动作的韵尾，称为卷舌韵母即儿化韵。这种现象叫作"儿化"。大家别小看"儿化"，它在意思的表达上是有一定作用的。

（1）有些词儿化后表示喜爱的心情。例如：鲜花儿、女孩儿、好玩儿、山歌儿。

（2）有些词儿化后表示"小""少"的意思。例如：小孩儿、竹棍儿、门缝儿、一会儿。

（3）有的词儿化后表示喜爱的感情和亲切温和的语气。例如：您慢慢儿地说，我和你说说贴心的话儿，这朵花儿真好看，这儿真好玩儿，您慢慢儿走，这个小孩儿多可爱呀。

（4）有些动词、形容词儿化后变成名词。例如：盖（动词）——盖儿（名词） 画（动词）——画儿（名词） 尖（形容词）——尖儿（名词）。

（5）有些词儿化后意思变了。例如：眼（眼睛）——眼儿（"小洞"之意） 头（脑袋）——头儿（"负责人"之意）。

2.儿化韵的发音的两条基本规律

（1）便于卷舌的加 r。"便于卷舌"指的是韵母的发音开口度大，与卷舌不冲突。例如：

鲜花儿 大伙儿 唱歌儿 白兔儿

（2）不便于卷舌的就加 er。所谓"不便于卷舌"指的是韵母的开口度小，或是鼻韵母的韵尾，发音动作和卷舌发生冲突，就在主要元音后加 er。例如：

电影儿 金鱼儿 小鸡儿 手绢儿

儿化韵常常带某种特殊的感情色彩。例如：

红红的小脸蛋儿（喜爱的感情）

他是一位慈祥的老头儿（亲切的语气）

您可慢慢儿走（关心的语气）

儿化音练习：

那儿 哪儿 球儿 圈儿 馅儿 活儿 空儿 沿儿 爪儿 准儿

个儿 人儿 兜儿 玩儿 画儿 音儿 座儿 花儿 词儿 事儿

包干儿 冰棍儿 差点儿 大伙儿 干活儿 好好儿 好玩儿 金鱼儿 老头儿

聊天儿 没事儿 面条儿 墨水儿 纳闷儿 年头儿 玩意儿 小孩儿 心眼儿

烟卷儿 走神儿 一会儿 一块儿 一下儿 一点儿 有点儿 挨个儿 八哥儿

拔尖儿 白班儿 白醭儿 板擦儿 饱嗝儿 爆肚儿 被窝儿 奔头儿 岔道儿

唱片儿 串门儿 春卷儿 搭茬儿 打杂儿 单弦儿 旦角儿 刀把儿 刀片儿

豆角儿 豆芽儿 个头儿 够本儿 够劲儿 坎肩儿 口哨儿 裤衩儿 裤兜儿

快板儿 脸蛋儿 哪会儿 纳闷儿 奶嘴儿 泥人儿 拈阄儿 藕节儿 胖墩儿

刨根儿　跑腿儿　光棍儿　照片儿　针鼻儿　掌勺儿　找碴儿

豆腐干儿　铺盖卷儿　那么点儿　一丁点儿　一个劲儿　败家子儿　不得劲儿

闹着玩儿

（四）语气词"啊"的音变

语气词"啊"出现在句末或句中时，由于受到前面音节末尾音素的影响，其读音会发生变化。

"啊"的音变规律如下：

（1）前面的音素是 a、o（不包括 ao、iao）、e、i、ü、ê 时，"啊"读作 ya，同"呀"。

（2）前面的音素是 u（包括 ao、iao）时，"啊"读作 wa，同"哇"。

（3）前面的音素是 n 时，"啊"读作 na，同"哪"。

（4）前面的音素是 ng 时，"啊"读作 nga。

（5）前面的音素是 i（舌尖后元音）和 er 时，是儿化韵时，"啊"读作 ra。

（6）前面的音素是 i（舌尖前元音）时，"啊"读作 za。

"啊"的音变练习：

（1）ya（在 a、o、e、i、ü、ê 音素的后面时，不包括 ao、iao）

快打啊！

就等你回家啊！

夸啊！

大家快来吃菠萝啊！

都是记者啊！

好新潮的大衣啊！

日子过得真快啊！

快帮我解围啊！

你怎么不吃鱼啊？

这孩子多活跃啊！

（2）wa（在 u 音素的后面时，包括 ao、iao）

您在哪儿住啊？

他普通话说得真好啊！

还这么小啊！

屋顶还漏不漏啊？

看你一身油啊！

（3）na（在 n 音素的后面时）

这件事儿可不简单啊！

笑得真欢啊！

买这么些冷饮啊！

发音真准啊！

（4）nga（在 ng 音素的后面时）

小心水烫啊！

小点儿声啊!

行不行啊?

不管用啊!

(5) ra(在舌尖后元音 i、卷舌元音 er 的后面时,在儿化韵后面时)

没法治啊!

随便吃啊!

什么了不起的事啊!

他是王小二啊!

这儿多好玩儿啊!

(6) za(在舌尖前元音 i 的后面时)

烧茄子啊!

这是第几次啊?

他就是老四啊!

(五)词语的轻重音格式

读或者说一个词的时候,组成词的音节的轻重是有所不同的,这种不同也是有规律可循的,我们将这种规律称为词语的轻重音格式。

普通话的轻重音一般分为 4 个等级:重音、中音、次轻音、最轻音。重音即词的重读音节;中音即词中既不重读也不轻读的音节;次轻音即比中音略轻,比最轻音重的音节,其声调受影响,调值不够稳定,调型依稀可辨;最轻音即词中特别轻读的音节,也就是轻声音节。

1．单音节词语的轻重音格式

(1)绝大多数重读。

(2)用在动词后面表示趋向的词,用在名词、代词后面表示方位的词(或语素),一般读作次轻音。例如:进来、起来、出去、下去、地下、桌子上、屋子里、这面、那边。

(3)结构助词、动态助词、语气词,一般读作最轻音。例如:你的、高兴地、跑得快、坐着、睡了、学过、走啊、说吧、去吗、人呢。

2．双音节词语的轻重音格式

(1)中·重——前一个音节读中音,后一个音节读重音。例如:国家、伟大、雷锋、陆军、蝴蝶、人人。双音节词语绝大多数都是这种格式。

(2)重·次轻——前一个音节读重音,后一个音节读次轻音。例如:工人、手艺、老鼠、娇气、女儿、妻子。这类词不是轻声词,拼音时要标注声调符号。

(3)重·最轻——前一个音节读重音,后一个音节读最轻音。例如:椅子、石头、我们、妈妈、耳朵、衣服。这类词即轻声词。

3．三音节词语的轻重音格式

(1)中·次轻·重——重音在第三个音节。第一个音节读中音,第二个音节读次轻音,声调不太稳定,在会话当中会产生变调现象。例如:炊事员、西直门、打字机。大多数三音节词都是这种格式。

(2)中·重·最轻——重音在第二个音节。第一个音节读中音,第三个音节读最轻音。例如：胡萝卜、好家伙、老头子、小伙子、大家们、老乡们。

（3）重·最轻·最轻——重音在第一个音节。第二、第三个音节读最轻音。例如：姑娘们、朋友们、娃娃们。

4. 四音节词语的轻重音格式

（1）中·次轻·中·重——重音在第四个音节。第一、第三个音节读中音，第二个音节读次轻音。例如：二氧化碳、清清楚楚、慌里慌张、嘻嘻哈哈、一马当先、心明眼亮。绝大多数四音节词（包括四字成语）都是这种格式。

（2）中·次轻·重·最轻——重音在第三个音节。第一个音节读中音，第二个音节读次轻音。例如：如意算盘、外甥媳妇（儿）。

在普通话中，5个音节以上的语法结构，大多为短语和句子，可将其划分为双音节词、三音节词、四音节词，然后确定其读或说时的轻重音格式。

词语的轻重音格式练习。

1. 双音节词语的轻重音格式

（1）"中·重"格式居多。例如：

天津　北京　广播　关隘　人民　专家　配乐　田野　流水　认真
花草　索要　到达　奉承　白云　正确　远足　清澈　蓝天　决斗

（2）"重·中"（即"重·次轻"）格式。例如：

正月　战士　记者　作家　困难　书记　设施　合同　意义
知识　道理　农民　参谋　意志　现象　气氛　编辑　消息

（3）"重·轻"（即"重·最轻"）格式。例如：

丈夫　老婆　人们　东西　钥匙　萝卜　丫头　太阳　活泼
蘑菇　耳朵　傻子　甘蔗　提防　聪明　风筝　温和　功夫

2. 三音节词语的轻重音格式

（1）"中·次轻·重"格式居多。例如：

解放军　文学院　哲学系　邮电局　电信局　压力锅　西方人
日光灯　共产党　控制器　马兰花　展览馆　西红柿　播音员

（2）"中·重·轻"格式。例如：

老头子　大姑娘　巧媳妇　花骨朵　胡萝卜　老伙计　打牙祭

（3）"重·轻·次轻"格式。例如：

孩子们　朋友们　姑娘家　先生们　女人们　弟兄们　伙计们

3. 四音节词语的轻重音格式

（1）"中·次轻·中·重"格式居多。例如：

流行音乐　高等学校　驷马难追　逆水行舟　江山多娇
高楼大厦　时装表演　百炼成钢　成都地图　趾高气扬

（2）"中·轻·中·重"格式。例如：

糊里糊涂　拉拉扯扯　拖拖拉拉　上上下下　大大小小
吃吃喝喝　地地道道　欢欢笑笑　喜气洋洋

（3）"中·次轻·重·轻"格式。这类词汇口语居少。例如：

半大小子　拜把兄弟　闺女女婿　如意算盘

三、课堂实战训练

【训练一】 "一"的变调练习。

一呼百应	一见如故	一举两得	一孔之见	一劳永逸	一鳞半爪	一马当先
一脉相传	一毛不拔	一面之词	一鸣惊人	一模一样	一目了然	一年到头
一诺千金	一贫如洗	一气呵成	一穷二白	一日千里	一日之雅	一身是胆
一视同仁	一丝不苟	一天到晚	一网打尽	一望无边	一厢情愿	一衣带水
一语道破	一针见血	一朝一夕	一命呜呼	一目难支	一目十行	一念之差
一盘散沙	一曝十寒	一窍不通	一丘之貉	一日三秋	一如既往	一事无成
一手遮天	一塌糊涂	一团和气	一往无前	一文不名	一笑置之	一意孤行
一枕黄粱	一知半解	一泻千里				

【训练二】 "不"的变调练习。

不利	不妙	不忍	不时	不图	不详	不休	不厌	不已	不足	不济	不久
不快	不料	不怕	不如	不适	不畏	不消	不许	不扬	不只	不然	不见
不拘	不愧	不论	不平	不克	不爽	不惜	不行	不逊	不要	不致	不在

不前不后	不大不小	不清不白	不动声色	不尴不尬	不寒而栗	不即不离
不假思索	不可救药	不可思议	不毛之地	不学无术	不义之财	不足为训
不知所终	不着边际	不左不右	不好不坏	不多不少	不慌不忙	

【训练三】 儿化音练习。

中间儿	抓阄儿	照面儿	杂拌儿	早早儿	纽扣儿	爷们儿	一溜儿	一顺儿
走调儿	走味儿	做活儿	应名儿	影片儿	有门儿	这会儿	相片儿	小辫儿
小曲儿	烟嘴儿	白干儿	摆摊儿	沿边儿	腰板儿	咬字儿	鼻梁儿	病号儿
围脖儿	围嘴儿	线轴儿	打盹儿	打嗝儿	打鸣儿	死扣儿	送信儿	调门儿
顶牛儿	顶事儿	嗓门儿	傻劲儿	蝈蝈儿	开刃儿	蒜瓣儿	铜子儿	头头儿
老伴儿	老本儿	愣神儿	人影儿	人缘儿	走道儿	扇面儿	收摊儿	说头儿
透亮儿	起名儿	枪子儿	巧劲儿	窍门儿	绕远儿			

【训练四】 顺口溜——儿化音练习。

（1）出了门儿，阴了天儿，抱着肩儿，进茶馆儿，找个朋友寻俩钱儿；出茶馆儿，飞雪花儿，老天爷儿，净和穷人闹着玩儿。

（2）进了门儿，倒杯水儿，喝了两口运运气儿。顺手拿起小唱本儿，唱了一曲儿又一曲儿，练完了嗓子练嘴皮儿，绕口令儿，练字音儿，还有快板儿对口词儿，越说越唱越带劲儿。

（3）有个小孩儿叫小兰儿，口袋里装着几个小钱儿，又打醋儿，又买盐儿，还买了一个小饭碗儿。小饭碗儿，真好玩儿，红花儿绿叶儿镶金边儿，中间儿还有个小红点儿。

【训练五】 "啊"的音变练习。

（1）原来是他啊（ya）！

（2）还要上一个山坡啊（ya）！

(3) 我喜欢听你唱歌啊(ya)！

(4) 态度这么坚决啊(ya)！

(5) 别着急啊(ya)！

(6) 这水好绿啊(ya)！

(7) 这药真苦啊(wa)！

(8) 快来瞧啊(wa)！

(9) 天啊(na)，大家快来看啊(na)！

(10) 他真是个好人啊(na)！

(11) 这菜真香啊(nga)！

(12) 接着往下唱啊(nga)！

【训练六】 轻声练习。

衣裳	干净	先生	知识	消息	吩咐	容易	明白	毛病	黄瓜	眉毛	葡萄
活泼	云彩	随和	凉快	喜欢	毛糙	牡丹	脑袋	好处	打扮	打听	眼睛
比方	认识	母亲	队伍	想法	衣服	月亮	力气	故事	照顾	漂亮	快活
地方	记性	困难	事情	老爷	休息	耳朵	情形	头发	学生	知识	师傅
丈夫	结实	舒服	老实	便宜	麻烦	糊涂	精神	笑话	相声	委屈	参谋
嘱咐	称呼	和尚	佩服	宽敞	篱笆	机灵	稳当	吓唬	岁数	见识	柴火
合同	大方	衙门	翻腾	我们	咱们	什么	怎么	多么	本子	梳子	为了
得了	好了	爸爸	太太	姑娘	有的	似的	觉得	省得	免得	接着	跟着
觉着	里头	骨头	馒头	拳头	学过	听过	见过	躲开	离开	打开	放开
拦住	站住	盖上	关上	拿去	过去	送来	对吗	走吧	书呢	谁的	坏的
树上	落下	敲敲	拍拍	试试	逛逛	窗户	玻璃	萝卜	功夫	哆嗦	庄稼
芝麻	尾巴	骆驼	聪明	麻烦	嘴巴	胳膊	灯笼	粮食	行李	清楚	商量
明白	告诉	打听	粮食	部分	面积	动弹	蘑菇	干粮	窝棚	唾沫	斗篷

【训练七】 读准下列各组轻重对立的词，注意轻声在区别词义上的作用。

本事—本事	地下—地下	大方—大方	对头—对头	门道—门道	实在—实在
龙头—龙头	冷战—冷颤	东西—东西	包含—包涵	笔试—比试	地理—地里
电子—点子	服气—福气	利害—厉害	蛇头—舌头	近来—进来	面巾—面筋

【训练八】 朗读刘墉的《课不能停》。

纽约的冬天常有大风雪，扑面的雪花不但令人难以睁开眼睛，甚至呼吸也会吸入冰冷的雪花。有时前一天晚上还是一片晴朗，第二天拉开窗帘，却已经积雪盈尺，连门都推不开了。

遇到这样的情况，公司、商店常会停止上班，学校也通过广播宣布停课。但令人不解的是，唯有公立小学仍然开放。只见黄色的校车，艰难地在路边接孩子，老师则一大早就口中喷着热气，铲去车子前后的积雪，小心翼翼地开车去学校。

据统计，十年来纽约的公立小学只因为超级暴风雪停过七次课。这是多么令人惊讶的事。犯得着在大人都无须上班的时候让孩子去学校吗？小学的老师也太倒霉了吧？

于是,每逢大雪而小学不停课时,都有家长打电话去骂。妙的是,每个打电话的人,反应全一样——先是怒气冲冲地责问,然后满口道歉,最后笑容满面地挂上电话。原因是,学校告诉家长:

在纽约有许多百万富翁,但也有不少贫困的家庭。后者白天开不起暖气,供不起午餐,孩子的营养全靠学校里免费的中饭,甚至可以多拿些回家当晚餐。学校停课一天,穷孩子就受一天冻,挨一天饿,所以老师们宁愿自己苦一点儿,也不能停课。

或许有家长会说:何不让富裕的孩子在家里,让贫穷的孩子去学校享受暖气和营养午餐呢?

学校的答复是:我们不愿让那些穷苦的孩子感到他们是在接受救济,因为施舍的最高原则是保持受施者的尊严。

第二章 表达口才训练

本章核心内容

表达口才是人的智慧与聪明的外显,是经验与经历的结晶。智慧之人出语则梅香桂永;愚钝之人,说话就伤人害己,犹如六月飞雪,所以表达能力对个人的发展、对事业的成功有着至关重要的作用。

表达能力是以语言来表达自己的思想、情感,以达到与人交流目的的一种能力。本章主要针对口语表达方式、口语表达技巧和口语表达思维等方面对大学生进行培养和训练。其中,口语表达方式包括描述、复述、解说、评述、答问的类型和特征;口语表达技巧包括口语的停连与轻重、语速与节奏、语气与语调;口语表达思维包括思维的内涵、作用以及 5 种思维(逆向思维、纵深思维、多向思维、整体思维、创新思维)。

训练目标与要求

1. 训练目标

通过本章知识要点的学习和具体实训,使学生掌握各种口语表达方式、口语表达技巧、口语表达思维的知识特性和内在规律,从而使口语表达更加自然、生动、流畅和优美。

2. 训练要求

大家对所涉及的理论必须加强理解和记忆,对相关案例进行细致揣度与模仿。通过不断练习,反复实践,从而在工作和生活中养成良好的表达习惯,逐步提高表达能力。

第一节 口语表达方式训练

一、教学案例导入

舟曲泥石流灾难引发的评述

2010 年 8 月 8 日凌晨,甘肃省舟曲县因强降雨引发滑坡泥石流,堵塞了嘉陵江上游支流白龙江,形成堰塞湖,造成重大人员伤亡,使电力、交通、通信中断,严重的灾情让全国人民揪心,党中央国务院高度重视,胡锦涛总书记、温家宝总理对做好抢险工作做出重要指示,温家宝率国务院有关部门负责同志赶赴灾区指挥抢险救灾,救援行动迅速展开。

这几年来,我们的祖国和人民经历了许多灾难,汶川地震、玉树地震抢险救灾中创造的一个个生命奇迹至今仍历历在目,我们不仅为获救者顽强的生命意志所惊叹,亦为营救工作的卓有成效深感欣慰。今天,面对特大山洪泥石流灾情,如何科学排除险情、及时抢救生命、妥善安置群众、谋划恢复重建,又将是一次全面的考验。

尽管灾难深重、困难重重,但我们相信:党政军民的努力、共克时艰的合力,一定会让舟曲的灾难尽早成为历史。天灾的残酷磨灭不了我们万众一心的坚强意志,阻挡不了我们挽救同胞的坚定脚步。洪水和泥石流淹过的舟曲触目惊心,那里的一砖一瓦都是我们心之所系、情之所系。我们坚信,只要我们众志成城、自强不息,在党中央国务院的坚强领导下,在全国人民的紧急支援下,一定能赢得这场紧急救灾的最后胜利。

（选自新疆电视台《一周新闻评述》）

二、本节知识要点

人们在交际过程中,表达的方式总是多种多样的,或姿态示意,或眉目传情,或歌之咏之,或足之蹈之,但最多的则是以口语的方式予以表达。口语表达与书面语其实很相似,如《百家讲坛》栏目《永乐大帝》主讲人,中国明史学会会长商传,他的口语规范而简洁,如果录下他的口语,不加修改也是一篇锦绣文章。可见,规范的口语与文字表达并无二致。口语表达方式主要表现为叙述、描述、说明、议论、抒情、复述、解说、答问、评述等,其中描述、复述、解说、评述、答问是口语表达的主要方式。

（一）描述训练

1. 描述

不管在文学作品中还是在现实生活中,描述都是一种不可或缺的表达方式,它生动地反映着社会生活,描绘着世界的变化,包括人间的喜怒哀乐、恩怨情仇、春山秋水、海阔天空。

描述就是描写叙述。它是以生动形象的语言,将某种现象、过程或者结果,完整地以言语方式叙述出来的过程,同时在其中也表明了对客观事物的看法。

2. 描述的分类

描述在艺术地表达事物的形态、情态,以及事件的发生、发展,人物的形象、行动、心理活动过程中,由于对象的繁杂性,因而,在描述上也有着多种多样的分类。

（1）根据描述角度,可以分为直接描述与间接描述。

① 直接描述又叫正面描述,是观察者对描述对象的直接描摹,是观察者对所感所见的直接表达。主要描述的对象是人的肖像、语言、心理、行动或者活动的环境等。

案例欣赏

《呼啸山庄》（节选）

"看出来他不是在望着墙;因为当我细看他时,真像是他在凝视着两码之内的一个什么东西。不论那是什么吧,显然它给予了极端强烈的欢乐与痛苦;至少他脸上那悲痛的,而又狂喜的表情使人有这样的想法。那幻想的东西也不是固定的;他的眼睛不倦地追寻着,甚至在跟我说话的时候,也从来不舍得移去。我提醒他说他很久没吃东西了,可也没用,即使他听了我的劝告而动弹一下去摸摸什么,即使他伸手去拿一块面包,他的手指在还没有摸到的时候就握紧了,而且就摆在桌上,忘记了它的目的。"

（选自英国女作家艾米莉·勃朗特的小说《呼啸山庄》）

② 间接描述又叫侧面描述。即对所描述的对象不作直接的描述,而是借助于对媒介物的描述,来烘托所要描述的人或物或事,从而达到烘云托月的效果,并实现以"虚"写"实"的目的。如宋玉在《登徒子好色赋》里曾经形象地描述的"东家之子,增之一分则太长,减之一分则太短;着粉则太白,施朱则太赤"。宋玉并未直接写出描述对象的美丽,而是通过侧面描述对象的方式,表达出了东家之子的迷人形象。

案例欣赏

《绿》（节选）

"我曾见过北京什刹海拂地的绿杨,脱不了鹅黄的底子,似乎太淡了。我又曾见过杭州虎跑寺近旁高峻而深密的'绿壁',丛叠着无穷的碧草与绿叶的,那又似乎太浓了。其余呢,西湖的波太明了,秦淮河的也太暗了。"

（选自朱自清的散文《绿》）

案例评析：作者通过对绿杨、绿壁、西湖和秦淮河绿色的描述,给梅雨潭以侧面烘托,从而让这一景观显得更加优美,令人向往痴迷,这就是间接描述的力量。

（2）根据描述的详略,可分为艺术型描述与质朴型描述。

① 艺术型描述主要是运用修辞手法,如对比、类比、拟人、夸张、借代等描述对象,达到生动传神的艺术效果。

案例欣赏

《紫藤萝瀑布》（节选）

"每一朵盛开的花像是一个张满了的小小的帆,帆下带着尖底的舱,船舱鼓鼓的;又像一个忍俊不禁的笑容,就要绽开似的。""我抚摸了一下那小小的紫色的花舱,那里装满生命的酒酿,张满了帆,在这闪光的花的河流上航行。"

（选自宗璞的散文《紫藤萝瀑布》）

案例评析：这段文字,由帆而舱并引出花的河流,各比喻句之间不再是孤单独立的,而喻体间的某种联系又构成一种诗意的境界,扩展了想象的范围,增加了语言的内涵与张力。

② 质朴型描述属于简略型描述。它用质朴的语言,不更多地使用修辞与文学技巧,像文学描写中的白描一样,给听者以大致的轮廓。它不讲背景,只突出主体;它不求细致,只求传神;它不尚华丽,务求朴实。如鲁迅的《孔乙己》中的"孔乙己原来也读过书,但终于没有进学,又不会营生;于是愈过愈穷,弄到将要讨饭了。幸而写得一笔好字,便替人家抄抄书,换一碗饭吃。可惜他又有一样坏脾气,便是好喝懒做"。作者抓住他"没有进学""不会营生""好喝懒做"的性格特点,描述了孔乙己其人的本质特征。

案例欣赏

《山楂树之恋》(节选)

故事发生在 1975 年前后那段贫穷而饱含理想的时光:静秋是个漂亮的城里姑娘,因父亲是地主后代,家庭成分不好,"文革"时很受打击,静秋一直很自卑。静秋和一群学生去西村坪体验生活,住在村长家,认识了"老三"。老三喜欢上了静秋,静秋怕他欺骗她,起初常常躲避。英俊又有才气的老三是军区司令员的儿子,却是极重情谊的人,甘愿为静秋做任何事,给了她前所未有的鼓励。他等着静秋毕业、工作、转正。等到静秋所有的心愿都成了真,老三却得白血病去世了。

(选自艾美的小说《山楂树之恋》)

案例评析:《山楂树之恋》这部小说,其文字基本上属于质朴型描述,虽然没有特别的神采飞扬,没有特别的华丽典雅,但文字却像老朋友在月夜下与读者娓娓谈话一样,在无比喧嚣的人世间,在习惯了"浓妆艳抹"矫饰的红尘里,这样朴素的叙述,显得那样的难能可贵。

3. 描述的特征

(1) 抓住事物的突出特点。通过描述创造出具体形象,从而达到绘声绘色的效果,这样就会让人产生身临其境、如见其人的感觉。如下面这段话:"说时迟,那时快。那个摔倒在地上的运动员,手一撑,脚一踮,猛地爬了起来。左脚尖顶住起跑线,膝盖一弯,稳稳地蹲着。两手就像两根木柱插在地上,整个身体微微前倾,那架势,就像一只起飞的雄鹰。"短短的几句话,把赛场上运动员起跑的预备姿势描述得准确逼真,虽未见却似已见,实在生动传神。

案例欣赏

《百合花》(节选)

我回转身看见新媳妇已轻轻移过一盏油灯,解开他的衣服,她刚才那种忸怩羞涩完全消失了,只是庄严而虔诚地给他拭着身子,……等我和医生拿了针药赶来,新媳妇正侧着身子坐在他旁边。她低着头,正一针一线在缝他衣肩上那个破洞。医生听了通讯员的心脏,默默地站起身说:"不用打针了。"我过去一摸,果然手都冰冷了。新媳妇却像什么也没看见,什么也没听到,依然拿着针,细细地、密密地缝着那个洞。我实在看不下去了,低声地说:"不要缝了。"她却对我异样地瞟了一眼,低下头,还是一针一针地缝。

(选自茹志鹃的小说《百合花》)

案例评析:作者通过新媳妇对小战士那种由开始的不愿接触,到不畏惧,并去掉了曾经的羞涩的描述,通过对新媳妇一针一线地执拗地缝补着死去的小战士衣服上的破洞的描述,更深刻地表现了她对人民子弟兵真挚、圣洁的爱。

(2) 多使用修辞手法与声音技巧。

🎧 **案例欣赏**

《桂林山水》(节选)

"桂林山水真秀啊,像翠绿的屏障,像新生的竹笋,色彩明丽,倒映水中,每条岭都是那样的温柔,自山脚至峰顶,谁也不孤峰突起,盛气凌人。漓江的水真静啊,让你感觉不到它的流动;漓江的水真清啊,可以看清江底的沙石;漓江的水真绿啊,绿得仿佛是一块无瑕的翡翠。"

(选自陈淼的散文《桂林山水》)

案例评析:这一段话,充分运用了排比、比喻、拟人等修辞手法,让人听来顿生羡慕之心,渴望之情。运用声音技巧时,强调用重音来突出描述对象的特征。如"山朗润起来了,水涨起来了,太阳的脸红起来了"。这里要求将"朗润""涨""红"读成重音,这样山、水、太阳的不同特征就非常明显,让听者形成清晰的视像。

(3)运用象声词、双关语等,恰如其分地描述对象。象声词主要有以下分类。①单音节象声词:哗、哇、咚等。②双音节象声词:哗啦、呜哇、噼啪等。③重叠象声词,运用得当会增加描述的真实性与形象性。例如安徒生在《丑小鸭》中的描述"'噼,啪!'天空中发出一阵响声"这两个象声词很形象地刻画了两只公雁被猎人用枪打死掉落在地上的情形,烘托出丑小鸭惊恐的心理。

🎧 **案例欣赏**

《从百草园到三味书屋》(节选)

"……到半夜,果然来了,沙、沙、沙!门外像是风雨声。他正抖作一团时,却听得豁的一声,一道金光从枕边飞出,外面便什么声音也没有了,那金光也就飞回来,敛在盒子里。"

(选自鲁迅的散文《从百草园到三味书屋》)

案例评析:这里用了两个象声词:"沙沙沙"和"豁"。这是在写美女蛇出现的恐怖气氛中使用的,而这两个象声词的选用加重了恐怖气氛,十分传神。

(二)复述训练

1. 复述

复述在现实中运用特别广泛,军令的下达、会议的传达、信息的转达,无不需要复述这一语言表达方式。唐代诗人岑参的诗《逢入京使》:"故园东望路漫漫,双袖龙钟泪不干。马上相逢无纸笔,凭君传语报平安。"这首诗里,就明显喻示着京使回到都城后将复述岑参的话,以告诉岑参家人关于岑参的状况,其实这就是一种复述的暗写。

复述就是在理解、熟悉原材料的基础上,打破原来的知识体系或者语言,按照自己的理解,根据一定的要求,通过口头语把原有信息重新表达出来。

复述是培养思维力、记忆力、概括与综合能力的重要手段,它能把记忆、思考、表达三者有机地结合起来,使之融为一体,是极富创造性的语言表达方式。

2. 复述的分类

(1) 根据对原材料的复述的详细与简约,可分为详细复述和概略复述。

第一,详细复述就是将原材料的内容原原本本地重述出来。在详细复述时,要求语脉清晰,细而不乱,通俗易懂,让人一听就明白。详细复述可以推动富有表现力的书面语汇向口头语的迁移,丰富我们的口语。它也是对思维的条理性和记忆力的一种锻炼。

第二,概略复述类似写作中的缩写,它和扩展复述、变式复述都属于对原文字材料的一种再创作。概略复述的要领是:把握整体、理清线索、紧扣中心、舍去枝叶、保留主干、缩减篇幅、反映原貌。

(2) 根据复述的角色、角度、体裁的变换,可以分为定式复述与变式复述。

第一,定式复述主要是指在不改变原材料的角度、体裁、角色的基础上的复述。

第二,变式复述主要是指改变原材料的角度、体裁、角色而进行的复述。也有人将变式复述称为转述。

变式复述有 3 种情况。

一是变体裁复述:以杜牧的《清明》为例,"清明时节雨纷纷,路上行人欲断魂。借问酒家何处有? 牧童遥指杏花村。"它本是一种诗,如果改编成短剧如下。

时间:清明时节	环境:雨纷纷
人物:行人牧童	情态:欲断魂
语言:酒家何处	行为:遥指杏花村

二是变角色复述:本是第一人称,却变为第三人称,将"我"变成"他"。如李白的《梦游天姥吟留别》:"我欲因之梦吴越,一夜飞度镜湖月。湖月照我影,送我至剡溪。"如果改成第三人称复述则为:"他想正是因为这个原因(正是对高山无限的向往),把镜湖送入了他的夜梦。夜梦中,湖月照着他的身影,伴随他来到了剡溪。"这种复述,不仅改变了人称,而且还改变了体裁,这种变换人称复述,使得对象更加形象生动,增强了记忆的效果。

三是变顺序复述:即是议论性的材料可变换论证结构,说明性的材料则可以改成解说的角度,记叙性的材料可以变换顺序,还可安排插叙。

(3) 根据对原材料的忠实程度划分,可以分为原文复述与扩展复述。

第一,原文复述即是对原材料不加改变,只忠实于原材料的复述。

第二,扩展复述是在原材料的基础上,发挥自己的想象对原材料进行拓展,将原材料中没有完全表现出来的东西通过自己的想象表达出来。主要包括对说明性的材料,对细部进行扩展说明;对议论性的材料,增加议论层次和论据,作深入的剖析;对记叙性的材料的扩展复述,主要通过合理的想象补充细节。扩展复述对培养丰富的想象力具有很大促进作用,正如爱因斯坦所说的:"想象力比知识更重要,因为知识是有限的,而想象概括着世界上的一切,推动着进步,并且是知识进化的源泉。"

还有根据复述的内容范围来分类,可分为片段复述、整体复述、选择复述等分类方法。

3. 复述的要求

(1) 忠实于原材料的内容与要点。在复述过程中,可以省略或者改造,但基本内容不可变,要点不可以改。如写《逢入京使》作者岑参本来平安,身体健康,复述者偏要说岑参身体有病,状态不佳,本来与岑参在马上相逢,却偏要说在秦楼楚馆得见,这样岂不有违事实,有失公允? 这就不是复述,而是另有图谋了。

(2)完整、准确地体现原材料的中心与重点。唐代杜秋娘的《金缕衣》写道:"劝君莫惜金缕衣,劝君惜取少年时。花开堪折直须折,莫待无花空折枝。"假如要复述的话,就必须首先抓住杜丘娘这首诗的中心与重点在于提醒人们要珍惜大好的青春,不要空度韶华,她并没有主要去写折花之事,而是以花起兴,以花喻事而已。所以,我们要完整、准确地把握复述对象的中心与重点。

(3)条理清楚,反映各部分内容的内在联系。只有把握住内在联系,条理清楚,听众才能感觉到不突兀,才能准确把握事情的来龙去脉,以白居易的《琵琶行》为例,如果要复述,首先得介绍白居易当时的情况:"醉不成欢惨将别,别时茫茫江浸月。忽闻水上琵琶声,主人忘归客不发。"从而让人知道与琵琶女相逢的时间、地点、情况,而非是从别处带上船的。

(4)口语化,将书面语尽量改成口语。复述是一种口头表达方式,如果依然用书面方式,有时候会出现不伦不类的现象,特别是古代的故事与文字,因为年代久远,有些名词已经过时不再使用,而且对听众来讲十分陌生,就应该改为现代语言,比如,"出恭"——指上厕所,"东床"——指女婿,"贱内"——指妻子,等等。

(5)方言需改普通话。因为地区不同,所使用的方言千奇百怪,虽说的是同一事物,但语言表达方式也是很不同的。对照我国台湾与大陆的一些称谓,就知道一些大概了。比如:牵手——配偶,头路——职业,三八——女人疯疯癫癫、不太正常,呷酷——吃醋,奔驰——宾士,索尼——新力,等等,这都在我们讲话时需要加以注意的。

(三)解说训练

1. 解说

在我们的印象中,解说常见于风景名胜、博物馆等地,解说能够使听众或者观众增加理解力,并通过解说这种口语表达方式提高知识水平和认知能力。聆听一次好的解说就是一次难得的艺术享受。

解说是一种解释说明事物、事理的表达方法。它往往用言简意赅的语言,把事物的形状、性质、特征、成因、关系、功能等进行说明。

2. 解说的分类

(1)从功能上划分,可分为简明性解说和纲目性解说。

第一,简明性解说即是以不繁复、不冗长但又言之成理的语言进行的扼要解说。使用的方法主要有举例子、作比较、讲特征、作分解等。

案例欣赏

最耐寒的鸟

最耐寒的鸟并不是企鹅,南极的企鹅常年在零下四十度至零下七十度下生活。但它不是最耐寒的鸟,科学家对鸟类耐寒做了一个实验,在一个透明的、密封的便于观察的箱子里,放进了几种不同的最耐寒的鸟。一开始就把温度调到零下八十度,这时南极的企鹅几分钟就经受不了了。接着又把温度下调二十度,企鹅卧着不动了,但鸭子却嘎嘎地叫着,并蹒跚着行走,还用扁嘴去拱不能动弹的其他鸟类。由此看来,最耐寒的鸟类是鸭。

（摘自农博网）

第二,纲目性解说是提纲挈领地分点说明事物、事理的方法,可分为条目式、分列式、递进式等。

📢 案例欣赏

"国之瑰宝"解说词(节选)

脸谱就是京剧的代名词。指在人的脸上勾画各种线条、色彩,用以表现这个人的性格、品质、角色、命运等。

请大家仔细听,解说完后我们还要考考大家呢。

脸谱的色彩主要分为红脸、黑脸、黄脸、绿脸、蓝脸、白脸,不同的脸谱可以表现人物不同的性格特征。举例如下。

红脸:表示忠诚、有血性。

蓝脸:表现刚强、骁勇、有心计。

黄脸:表示智勇兼备。

绿脸:表示鲁莽。

黑脸:表示刚正不阿,富有正义感。

白脸:表示奸诈、凶恶或愚蠢。

（选自汪万忠的《国之瑰宝——研究性学习汇报》解说词）

案例评析:这就是纲目性解说中的分列式解说。对于听众来讲,它清楚明白,非常便于听众理解和记忆。

(2) 从形式上划分,可分为简约性解说和细致性解说。

第一,简约性解说是力求语词简洁扼要地解说事物与事件。简约不是简单摹写,也不是简陋肤浅,而是经过提炼形成的精约简省,富有言外之意。例如:

什么是经典,指具有典范性、权威性的万世之作。

什么是壮美,主要指的是雄壮美丽。

第二,细致性解说即注重细节,追求完整精确的解说。细致性解说对于把握事物的细微特征具有很好的作用。

📢 案例欣赏

重庆大足北山媚态观音像解说词(节选)

数珠手观音本是观音菩萨的一种,因其手结数珠印(数珠印,是以左手大拇指和无名指作圆孔状,孔中贯数珠,右手大拇指与无名指则掐数珠,此手印通于一切经咒)而得名。观音本该是法象庄严,而北山的这尊数珠手观音却有所不同。她头戴花冠,缨身披络,秀发垂肩,头部微微地侧向身体右边,身躯微微左倾,左手握着右手腕,右手拿着一串数珠,衣袂向上飘飞,赤足踏着两朵小莲花,神态天真腼腆,千娇百媚。即使已经过千年沧桑,依然不改其妙曼动人,独特的魅力使这尊高仅为一米多一点的小小神像成为北山石窟的魂。

(选自满星子《大足石刻——媚态观音传说》)

(3)从用语特点上划分,可分为平实性解说、形象性解说与谐趣性解说。

第一,平实性解说是一种极少使用修饰、修辞,主要以直截了当的方式,把事物、事理解释清楚,它使人感觉到质朴可靠,能够表现出真诚、踏实可信的情感。

🔊 案例欣赏

"神舟"6 号解说(节选)

"神舟"6 号飞船仍为推进舱、返回舱、轨道舱的三舱结构,整船外形和结构与原来相同,重量基本保持在 8 吨左右。飞船入轨后先是在近地点 200 千米、远地点 350 千米的椭圆轨道上运行 5 圈,然后变轨到距地面 343 千米的圆形轨道,绕地球飞行一圈需要 90 分钟,飞行轨迹投射到地面上呈不断向东推移的正弦曲线。轨道特性与"神舟"5 号相同。

第二,形象性解说常常在议论、说明、叙述时运用描述,而在描述中运用比喻、比拟、借代等修辞手法来进行解说。

🔊 案例欣赏

"一兜鞑靼花"(节选)

"一兜鞑靼花长在尘土飞扬的大道旁,它有三个枝丫:一枝被折断,上头吊着一朵沾满泥浆的小白花;另一枝也被折断,溅满污泥,断茎压在泥里;第三枝耷拉一旁,也因落满尘土而发黑,但它依旧顽强地活了下来,枝叶间开了一朵小花,火红耀眼。一朵小花捍卫自己的生命直到最后一息,孤零零地在这辽阔的田野上,好好歹歹一个劲地捍卫了自己的生命。"

第三,谐趣性解说是运用幽默、调侃、诙谐的口气进行解释说明的一种方法。这种方法富有吸引力,让人身心愉快,同时在笑声中获得对事物的正确认识。

3. 解说的要求

(1)尽量使用复合解说技巧与方法。

解说的方法种类很多,包括下定义、讲特征、作分类、用比较、作分解、打比方、列纲目、举数字等,不要只使用一种方法,这样容易让听众厌倦或者失去耐性。

🔊 案例欣赏

神女峰又闻猿声啼

提起巫山,首先想到的是神女峰。但神女脚下,巫山人与猕猴的故事却鲜为人知:从 30 只到 3000 余只,30 年时间,小三峡猕猴数量翻了 100 倍!为啥繁衍数量如此惊人?为发展旅游,再现"两岸猿声啼不住"的昔日胜景,巫山这个国家级贫困县,每年安排专人专款,为猕猴投"皇粮",小三峡全长 50 千米,如今共有 7 个投粮点。老黄说,因猕猴数量越来越多,每次投粮从最初的几十斤增至1000余斤玉米,投粮次数也从最初十天半月一次到每周两次。如今一年下来,县里要为猴群投放玉米10万余斤,为此,县里每年必须安排10万余元专款,保证小三峡猕猴粮。

(摘自《重庆晨报》)

(2)要恰当运用重音、停顿、语速等语言表达技能。

要求语速不可过快,用重音表示强调,用停顿给予听众思考时间并引起听众重视。特别是在解说激动人心的时刻,更需要运用重音、运用语速的变化来营造气氛,从而达到令人满意的效果。

案例欣赏

激情解说

在2008年8月17日的奥运会赛艇4人女子双桨比赛中,刘星宇的解说被评论为"黄健翔灵魂附体"。比赛中,当英国队率先接近1500米标记线,距离终点只有500米时,刘星宇突然提高音量,加快语速,大喊道:"中国姑娘加油! 中国队赶超上来!"刘星宇兴奋得失声嘶喊,像教练一样指导呐喊:"冲啊,姑娘们! 快啊,胜利就在前面了!"中国队胜利了,刘星宇哽咽,几乎哭了出来,几次激动得不得不停下来缓和心情,并反复提及历史:"中国姑娘赢了……整整24年,所有的中国赛艇人整整等了24年! 在这一刹那,让我们记住唐宾、金紫薇、奚爱华、张杨杨这4位姑娘。我们用最后500米的冲刺,历史被改写!"

(摘自《新闻晨报》)

案例评析:刘星宇在充满激情的解说中,分别使用了重音、停顿,加快了语速,达到了很好的解说效果,使人们跟随他的解说,进入了一个非常美好的体育境界。

(3)少使用专业术语或艰深的词语,尽量了解听众的接受度。

解说时,必须注意听众的知识层次和年龄结构,这样就不会盲目地使用专业术语,否则,将使受众如坠雾里烟云。我们应该追求平实的解说风格。平实是观众信任和关注于作品的"保险单",也是解说最成熟的表现。要使解说达到平实的境界,就应该采用最朴实的手法和真实的情感,以及翔实的语言去解说。用真实的情感,并使用听众最明白的话语,去换取观众的认同和回应。这样的解说才不会使听众产生距离感和排斥心理,才是成功的解说。

案例欣赏

什么是相对论

"相对论"对于一般的科学工作者来说,即使是搞物理研究的人,对这一科学理论,都不一定能完整、准确地表达。如何才能平实地让人们了解这一理论呢? 据说,爱因斯坦有一个形象的比喻来解说相对论:"什么是相对论呢? 形象地说,就是在心爱的姑娘身边,一小时如同一分钟;坐在滚烫的火炉旁边,一分钟如同一小时。时间长短相同,可是给人的感受却并不相同。"虽然是谐趣之语,却具有针对性,并能被人们接受。

（四）评述训练

《海峡两岸》是中国中央电视台中文国际频道（CCTV-4）关于台海新闻热点、台湾时事评论的一档节目，也是我国内地较少专门报道我国台湾地区新闻时事的节目，具有相当高的收视观众和收视率。该节目经常邀请一些台湾的学者教授来做事实评论，偶尔也邀请海峡两岸政府部门负责人进行专题讨论、专访，如台北大学教授郑又平，台湾时事评论员兰萱、张启楷、黎建南、台北市议员王鸿薇等，他们透着闽南味的普通话，听起来总是那样让人着迷，特别是他们各自的口语表达方式，或评论或叙述，或问答或描述，无不引人入胜，深得我国大陆民众的喜爱。

1．评述

评述多运用于对事情的优劣、走向、成败等进行的评论。

评述也可以称为述评或者评叙。评述是评论和叙述的总称。它以一种夹叙夹议、边叙边评的方式，去反映社会热点或国内外重大事件或其他社会事务、事件和问题的一种体裁，是一种以事实为基础的评论。

2．评述的分类

（1）根据所评述的对象，一般分为新闻评述、文化评述、体育评述、财经评述、人物评述等。

第一，新闻评述是新闻报道的一种，是指以夹叙夹议的表达方式，反映国内外重大事件与问题带评论性的新闻体裁。它是以事实为基础的评论，又是以评论为核心的新闻。从内容上分，新闻评述又可分为：形势评述、工作评述、事件评述、思想评述等。

第二，文化评述主要对文化现象、文学艺术流派、文学艺术创作者、艺术作品的评述。

第三，体育评述主要对体育赛事的过程及结果、体育经济、体育发展现状与趋势，以及体育名人、体育效应进行的评述。

第四，财经评述主要对全球经济、区域经济、股市走向、企业发展、经济模式、经济现象等进行的评述。

第五，人物评述主要对社会公众人物，包括历史的、现代的、各行各业中的人物进行的评述。

根据评述的针对性和范围划分，可分为重点评述和全面评述。

重点评述——抓住事物、书籍对自己印象最深的某一方面、某一动作、某一情节等进行评述，针对性强，重点突出，避免面面俱到、毫无突破。

全面评述——是对某一事物从不同的侧面、不同的角度进行详细的评述。

（2）评述的要求。

评述时观点鲜明，论据充分，论证符合逻辑。赞成什么、反对什么、强调什么、突出什么，不可含糊其词、模棱两可。

评述时要公正客观、实事求是、简明达意、以理服人，要具有准确性。

立论要有针对性，更重要的是要向社会负责，必须以社会公德和相关行业标准为基础，同时要担负正确的思想导向责任，以澄清思想，统一认识。

观点鲜明，论据充分，论证符合逻辑，运用不同的语调、语速，随着声音的流动，看到思想中的闪光点,语气中肯,以情感人,以声夺人,达到以情动人、以理服人的目的。

（五）答问训练

答问是日常生活中必不可少的,有了交流,就出现了问答;有了提问,就有了答问。答问是一种体现智慧的语言艺术行为,准确把握答问的精髓,对我们的工作和生活,乃至人生的发展,都有十分重要的意义。

答问就是回答他人的询问,即在人们的交流过程中,由于一方提出问题,另一方根据对方的提问而做出的对某种道理的解说,对某种现象背后的本质认识,以及对某种知识传达的一种交流方式。

1. 答问的分类

（1）根据答问的方式,可分为陈述性答问和描述性答问。

第一,陈述性答问主要是以理性的口吻,对事实加以说明和解说,回答时,情感具有冷静性和理智性,感情色彩不浓烈。

第二,描述性答问是以较为感性的语气和语调,以及比较艺术性的修辞方式,回答问者的提问。

（2）根据答问的直接程度,可分为直接智答与婉曲答问。

第一,直接智答就是直接回答问者的提问,而不是转弯抹角、遮遮掩掩。

案例欣赏

周总理巧答记者问

20 世纪 50 年代,在一次记者招待会上,一位西方记者不怀好意地问周总理:"中国有没有妓女?"周总理当即回答"有",随即又说"在台湾"。当时敌视我国的国家,不承认台湾是我国的领土,总理这正面巧答,颇显睿智,委婉而又明确指出台湾是我国神圣领土不可分割的一部分,与会记者先因总理的坦率而吃惊,后因这话的深刻内涵而钦佩,真是一箭双雕,使提问记者瞠目结舌。

第二,婉曲答问即不正面回答问者的问题,而以委婉迂回的方式进行作答。婉曲答问的特色就是在回答时都隐含有言外之意。

2. 答问的要求

（1）听清题意,明确要求

回答问题,首先要专心听清对方的提问,了解提问的意图;其次才能有针对性地解答。如果问题没有听清楚,就应该及时发问,把题意弄明白后再作回答。

（2）分清主次,言之有序

答问之前,要根据提问的内容仔细思考:哪些内容先说,哪些内容重点说,哪些内容简略说,做到有条有理,言之有序。

（3）区分对象,有的放矢

答问要区分不同的对象和场合,采用不同的方式和语言,做到有的放矢。如果在课堂上回答老师的提问,要端庄大方、声音洪亮、开门见山、简明扼要。如果回答长辈的问题,则态度要恭敬、谦虚。如果是同学、朋友之间的答问,则可随和自由些。

3. 答问的六大策略

(1)避实就虚

对敏感而又难以说清的问题,采取避实就虚的回答,似答非答,既变被动为主动,且又不无调侃对方之意。

📖 **案例欣赏**

姚明巧答记者

姚明,2002年成为NBA的首位外籍新秀状元。4年来,姚明在场上与对手比拼,场下还要与记者过招。场上,他挥洒自如,用精湛的球艺征服对手;场下,他谈笑风生,用如珠妙语应对记者。姚明答问的技巧充满智慧,令人赞赏。

记者:最伟大的球员总是努力提高他们的技术,你想提高什么技术?

姚明:我想学会各种技术,以便更好地帮助球队,任何能更好地帮助球队的技术我都要学习。

案例评析:按照一般的思路,姚明应该具体说说自己想提高什么技术,比如勾手投篮、后仰投篮、转身跳投等,但如果这样,就会啰啰唆唆,没完没了。姚明没有按照记者的思路回答,而是站在更高的角度来回答一个具体的问题,说"任何能更好地帮助球队的技术我都要学习",这样回答,避实就虚,涵盖面广,包容量大,显得滴水不漏。这种变化发展的观点,反映了姚明思想的深刻和应答技巧的成熟。

(2)诙谐放达

对较为轻松的问题,有时候可以让沉闷的答问场合增添友好气氛。诙谐的话语中透露出乐观豁达的人生态度。

例如,有如下古文:

> 刘伶恒纵酒放达,或脱衣裸形在屋中,人见讥之。伶曰:"我以天地为栋宇,屋室为衣,诸君何为入我中?"如问:"孔雀为何东南飞?"答曰:"因为西北有高楼。"

问用古诗,答也用古诗,可见答者的深厚文化底蕴,也会让听者莞尔一笑。

(3)妙语双关

在答问中,妙语双关之法,可以轻松地答出别人的提问,既能让对方知道,又能体现答者的智慧。

📖 **案例欣赏**

是狼是狗

清朝的纪晓岚和和珅当时分别担任侍郎和尚书职务,有一次两人同席,和珅见一条狗在桌下啃骨头,便问纪晓岚:"是狼(侍郎)是狗?"纪晓岚马上回答:"垂尾是狼,上竖(尚书)是狗。"

案例评析:这个故事,两人都是在骂人,但都含而不露,谑而有度。特别是纪晓岚,急中生智,巧用谐音,以牙还牙,令人称快。

（4）装聋作哑

在不好回答或者不能回答的问题,采取这一策略能让答问者化被动为主动,从而寻找战机出奇制胜,同时也避免了针锋相对局面的出现。

📖 **案例欣赏**

有一次,斯大林撤换了一位高级将领。被撤的将领向斯大林述职时,装作不经意地提起继任者生活作风不检点。斯大林只是装聋作哑。这位被撤将领仍不甘心,临走时再次提起,说斯大林同志,我们应该怎么对待这个问题? 斯大林说,你就眼巴巴看他玩得开心干吃醋吧!

（5）闪烁其词

闪烁其词就是不想告诉对方真正的内容或答案,而让意思含混不清,令对方摸不着头脑的一种问答方式。对于涉及机密的问题,如实回答和拒绝回答都是不可取的,巧妙的闪烁其词,不失为一种很好的办法。

📖 **案例欣赏**

米卢在担任中国国家足球队教练期间,举行了新闻发布会。

记者提出的第一个问题,问米卢首次到五里河体育场训练有何感受。对此米卢的回答显得不咸不淡,"感觉很不错,队员们在新球场上训练都很认真,兴致也很高,唯一遗憾的是祁宏、孙继海、魏新3名队员仍因感冒而缺席了训练。"随后一名电视台记者问米卢:"你以前都是坐在中间,为何今天坐在了边上?"

米卢盯着记者笑道:"那你为何站在中间呢?""我早就跑过来占据这个位置,为的就是获得一个拍摄你的最佳角度。"

又有记者问道:"你迟迟不定主力阵容,而大赛前越早确定主力就越有利于球队的磨合,对此你是如何考虑的?"米卢说:"你的问题有一部分很有道理,但另一部分很没道理。只要他们在训练中保持一种积极、向上、努力的态度,我觉得就很好了。"记者不服又问:"我说的哪一部分没有道理?"米卢笑言:"你应该明白哪些有哪些没有⋯⋯"

（摘自 2001 年 8 月 15 日《广西日报》）

案例评析:米卢的闪烁其词,既保守了排兵布阵的秘密,又回答了记者的提问,这样达到了较好的应对效果。

（6）以柔克刚

以柔克刚采取迂回的方式去回答别人的提问,林肯说过:"你不可能强迫别人同意你的意见,但却可以用温和而友善使他屈服,这是一种高雅的胜利,有时候比正面的回击更有效。"

47

第二章 表达口才训练

案例欣赏

"我是你的妻子"

英国维多利亚女王理事完毕,深夜回到卧房,见房门紧闭,她就敲起门来,房内,她的丈夫阿尔伯特公爵问:"谁?"她习惯地回答:"我是女王!"没有开门,她威严地答道:"维多利亚!"还是没有开门,她徘徊半晌,再敲。房内又问:"谁?"这次她温柔地答道:"我是你的妻子。"门开了,一双手把她拉了进去,她不仅敲开了门,也敲开了丈夫的心扉。

三、课堂实战训练

【训练一】 请用艺术的形式描述你所在学校的一个风景点,需要用 4 种以上的修辞形式。

【训练二】 指出下列语句中描述时修辞手法和在表达时所起到的作用。

(1)"重庆双江,这是一个非常美丽的地方,远远望去,在那明山秀水之间,散落地居住着很多农家,这样的景象,仿佛像画家笔下的水墨画,美丽而又清新。那里烂漫山花,是我深沉的情感;那里弯弯山道,是我缠绵的牵挂,因为山的那边啊,有我的亲戚,我的家。"

(选自报告文学《山那边我的亲戚,我的家》)

(2)"音乐创造出来的形象,比虹霓更美丽,比溪泉更婉约,比青山更绵邈。西洋小夜曲,如果用中国文化元素来比较,它应是乐器中的洞箫,诗词中的山水诗,它是吴歌,是西曲,是画派中的水墨丹青,是地理中的绍兴水乡,是园林中的姑苏拙政,是散文中的周作人、梁实秋,是花品里藏于幽谷的兰,是夜月下那清潭一汪,是深闺中透出的那缕烛影,那帘幽梦。"

(选自散文集《古渡凝愁》)

【训练三】 请运用多种解说技巧,对自己所在学校的图书馆进行解说。

【训练四】 请你用调侃或者诙谐的方式介绍自己。

【训练五】 请对下面的报道进行评述。

红网张家界 1 月 25 日报道　国际大片《阿凡达》中美轮美奂的"哈利路亚山"在哪里?在张家界!2010 年 1 月 25 日,张家界"南天一柱"(又名乾坤柱)正式被更名为《阿凡达》"哈利路亚山",当天数百名土著居民及海内外游客见证了更名仪式。

"南天一柱"为张家界"三千奇峰"中的一座,位于世界自然遗产武陵源风景名胜区袁家界景区南端,海拔高度 1074 米,垂直高度约 150 米,顶部植被郁郁葱葱,峰体造型奇特,垂直节理切割明显,仿若刀劈斧削般巍巍屹立于张家界,有顶天立地之势,故又名乾坤柱。

旅游无国界,电影无障碍。对于本次更名行为,仁者见仁,智者见智。有部分网友认为张家界没必要因为一部电影而改名换姓,也有网友觉得此举更能证明《阿凡达》悬浮山原型地就在张家界。

【训练六】 请指出以下几个故事采用了哪些答问策略。

(1)"美国著名演说家罗伯特是个光头,但从来不戴帽子。有人提醒他光着头容易着凉受热,罗伯特说:"那是你不晓得光头的好处,我既是第一个知道下雨的人,又是第一个感知太阳温暖的人。"

（2）戴维斯是一位环境保护专家，谢顶，帽子时刻不离头。有一些好事者讥笑他欲盖弥彰，戴维斯回应道："要知道这里（指头顶）绝对是一片净土，我必须提防外界对它的污染。"

（3）1992 年 6 月，蔡国庆到我国香港为"中国风"92 大型中国流行歌曲演唱会打前站，一名香港记者问蔡国庆："内地歌手与香港歌手的最大区别是什么？"记者本意是想询问二者在演唱内容、风格、技巧等方面的差距，以此贬低内地歌手，抬高香港歌手。蔡国庆明知其意，却故不理会地答道："内地歌手拥有上亿的观众，而香港歌手没有这么多观众。"

【训练七】　班级组织一个模拟"记者招待会"，以人生、青春为题进行答问训练。

第二节　口语表达技巧训练

一、教学案例导入

菜单与台词的故事

意大利悲剧明星罗西应邀参加欢迎外宾的宴会，宴会上人们纷纷要他表演一个节目，盛情难却，罗西站起身来，清清嗓子，用意大利语念起一段"台词"，虽然在座的客人们都听不懂台词，但都被他那抑扬顿挫的语调、悲惨凄凉的声音所感动，很多人潸然泪下，可罗西的一个意大利朋友却忍俊不禁。原来，罗西朗诵的根本不是悲剧中的台词，而是宴席中的菜单。罗西杰出的表现不仅靠他杰出的表演技巧，也有赖于他高超的驾驭语言的能力，他熟练掌握了语调、语速、重音、停顿等技巧的传情达意。

案例评析：这个故事对我们很有启发，讲话的语速、声调、重音、音量等，在口语中都具有极为重要的作用，作为 21 世纪的大学生，我们必须更加努力地学习，在口才上多下功夫。

二、本节知识要点

（一）停连与轻重

19 世纪英国作家卡莱尔曾说："停顿和语言配合，能创造出双重的意境，有停有连，停连得当，可以使口语表达语清意明，还能恰当地控制节奏，创造出内容所需要的多种情势，产生动人的力量。"所以停连在口语表达中是十分重要的。

1. 停连

停连即是语言的停顿与连接的合称。停顿是指口语表达过程中根据生理换气和表情达意的需要所做的语流间歇；连接是在书面有停顿的地方赶快连起来，不换气、不偷气，一气呵成。

2. 停顿的分类

停顿主要分为 4 类：生理停顿、语法停顿、逻辑停顿和感情停顿。

（1）生理停顿。生理停顿是指根据生理换气的需要，在不影响语意完整的地方做一个短暂的停歇。

（2）语法停顿。语法停顿是指根据语法结构所做的停顿，如在句子之中、句子之间、层次之间等。

（3）逻辑停顿。逻辑停顿又叫强调停顿，是为了强调某一事物、突出某一语意或某种感情，在句中没有标点的地方或在生理上也可不做停顿的地方做了停顿。

（4）感情停顿。感情停顿又叫心理停顿。它主要不是服从语法或逻辑结构，而是服从心理情景的需要。

3. 停连的意义

（1）停顿能够起到使语意更加明晰，调节说话气息，同时突出说话人的重点，表达发言者的思想感情，同时可以制造出幽默气氛。

📖 案例欣赏

魔术之王的魔力

加拿大魔术之王施德罗亚一次在拉斯维加斯的 Riviera 宾馆进行演出，当时在表演"广告员"节目，他扮演一名来自荒野西部的"蛇油"推销员的角色。他的声音开始破裂，他讲话讲得越久，他的声音就变得越糟糕，直到他不能再讲话——沉默！观众中的大多数人都在想："请谁给这个可怜的演员一杯水吧！"接着，他喝下他的"药丸"，然后立刻以饱满的声音开始讲话。他先令观众们吃惊，然后制造紧张感，再用停顿加深、增强紧张感，最后取得了喜剧效果——笑声。

（2）连接能够进一步渲染气氛、增强气势，能够表达内心的激情，并将要表达的内容进一步推进。

日本学者原一平曾做过精辟的论述，他说道："说话中的间隔配置足以撼动人心，善于演说的人都深知其中的奥妙。有时候，略长的'说话间隔'在听众心中会留下深刻的印象。"

📖 案例欣赏

第一届全国人大第一次会议上的开幕词（节选）

"我们正在前进。
我们正在做我们的前人从来没有做过的极其光荣伟大的事业。
我们的目的一定要达到。
我们的目的一定能够达到。
全中国六万万人团结起来，为我们的共同事业而努力奋斗！"

案例评析：这篇开幕词的结尾部分，对全国人民而言，可以说是目标明确、道路清晰、信心坚定、气势磅礴、鼓舞人心、催人奋进，既是宣言书又是动员令。而对于语言的使用来说，它更是一气贯通、层层推进，表达出了国家领导人和全国人民内心的强烈感情。

4. 轻重

轻重即是指说话轻音与重音的使用。这是一种音强现象，反映出声音的起伏变化。

（1）重音的分类

第一，从语言单位来划分，可分为句重音与词重音。

- 句重音：一句话里总要表达一个完整的意思，其中有一个词语主要表达其中心意思，这个词自觉不自觉地就加以重读了，这就是句重音。
- 词重音：在现代汉语中，双音节占绝对优势，由于约定俗成，使用的力度一定不同，所以就在词语中出现重读现象，比如"桌子"一词，"桌"重读，"子"轻读，这就叫词重音。

第二，从表达作用来划分，可分为语法重音、逻辑重音和感情重音。

- 语法重音：是按句子的语法规律重读的音，它在句子中的位置是固定的。
- 逻辑重音：是根据演讲说话的内容和重点自己确定。
- 感情重音：是表达强烈的感情或细微的心理变化。

（2）声音轻重的作用

第一，突出轻重强弱的变化，即可具有很强的表现力，使语言表现出或亲切婉曲或刚毅有力的精神状态。

第二，增加口语的活力与生命力，它可以克服死板僵硬、了无生气的现象，更加突出语言要表达的主旨意义。

第三，重音可以用来抒发内心丰富的情感。

第四，通过轻重的交替使用和节拍交融，可以形成回环往复、高低起伏的节奏美。

第五，重音可以凸显语言形象的艺术功能。

（二）语速与节奏

1. 语速

语速通常是指发音速度，也可以指听觉上对话语速度的感知印象。具体来讲，就是指说话人发音的长短和整个口语表达进展的快慢。衡量语速的通俗标准是单位时间里吐字的多少。

（1）语速变化的原因

但凡人们在讲演、朗诵或交流时，总会出现不同的语速，其不同的原因主要有几个方面：语速的变化与交际目的有关；与表达内容的变化有关；与环境气氛、心境情绪有关；与性格和气质不同有关；与年龄和经历不同有关。

一般来说，说明叙述时，语速稍快；抒情议论时，语速稍慢。紧张热烈时，语速稍快；在幽静庄重或沉闷凄凉的气氛中，语速稍慢；心情激动时，语速较快；心情平静或忧伤时，语速较慢。说话速度的快慢还与人物的年龄、身份、性格有关。一般来说，年轻人说话语速较快，老年人则相对慢些；活泼开朗、机智勇敢或鲁莽急躁、狡猾奸诈的人说话要快些，憨厚老实、沉着冷静或愚钝迟缓的人说话就慢些。

（2）不同语速的作用

恰当地运用语速的变化并结合其他言语技巧，可以渲染场景，烘托气氛，增强言语的节奏和气势，产生巨大的艺术感染力。

语速变化是表情达意的一种重要手段。速度快，会使人感到急促、紧张；速度慢，会使人感到安闲、平静。

例如，舞蹈史诗《东方红》中的第一场"东方的曙光"朗诵词如下："黑暗的旧中国，地（M）是黑沉沉的地，天是黑沉沉的天。灾难深重的人民哪，你身上戴着沉重的锁链，头上压着三座大山，你一次又一次的呼喊，一次又一次的战斗；可（M）是啊，夜（M）漫（M）漫、路漫漫，长（M）夜（M）难明赤县天……（这里的 M，指的是慢的语速）"

速度放慢表现了旧中国暗无天日的苦难岁月，速度加快是描述了人民反抗斗争的强烈意志，速度最慢体现出反动压迫的沉重与深广。

2. 节奏

散文《荷叶咏》有这样的开头："阵阵沁人心脾的清香从河上飘来，愈往前走便愈分明地看出湖上的那一片墨绿。啊，到了，荷花洲！"作者先从嗅觉上写闻到了从荷花洲上飘来的清香；再从视觉上写看到了"那一片墨绿"，这时还比较远，所以看不分明。下面就在语言节奏上做文章了："啊，到了，荷花洲！"这是 3 个独词句，巧妙的是 1 个字、2 个字、3 个字的排列，这种语言的节奏给读者带来了荷花洲越来越近、越来越大的感觉，在语言学上的节奏，主要指的是语言运用中有规律的强弱和长短的现象，是有声语言运动的一种形式。

在《礼记》中曾有这样的记载："节奏，谓或作或止。作则奏之，止则节之。"白居易的《琵琶行》中的诗句如下："大弦嘈嘈如急雨，小弦切切如私语。嘈嘈切切错杂弹，大珠小珠落玉盘……"生动地展现了琵琶乐音的轻重快慢及起伏停顿的节奏。说明了口语节奏所具有的感情色彩、形象内涵和动人力量。

（1）节奏的特征

① 节奏是以人的思想感情变化为依据的声音变化形式。情感是影响语流快慢的主要因素之一。一个人心情愉悦、激动、兴奋或愤怒时，语速较快；相反心情郁闷、悲伤、痛苦或极度失望时，语速较慢，所以，语速是体现情感的重要手段之一。

② 节奏的外部形式表现为有声语言的抑扬顿挫、轻重缓急。节奏既包括语速，又包括停连、轻重，还包括韵律。节奏与语速有关系，但不是一回事。语速只表示说话的快慢，节奏包括起伏、强弱等元素。

③ 节奏的核心是具有一定特点的声音形式的回环往复。这种回环往复在音乐中体现得最为明显，比如四二拍、四三拍、四四拍节奏，这种在单位时间内不断回环重复的节奏，在诗歌中更有体现，即以句式基本相同不断重复的押韵，或以句式长短不同而押韵的词。这种形式叫"步韵"。郭沫若曾说道："节奏之于诗，是她的外形，也是她的生命。"所以，节奏对于音乐、诗词或者语言运用都是相当重要的。

④ 节奏的基本要求要立足于全篇和整体，是语言的综合反映。

（2）节奏的类型

① 轻快型。多扬少抑、声轻不着力、语流中顿挫少，且顿挫时间短，语速较快，轻巧明丽，有一定的跳跃感。全篇重点处的基本语气、基本转换都比较轻快。例如："乱花——渐欲——迷——人眼，浅草——才能——没——马蹄。"（白居易）

② 凝重型。多抑少扬，多重少轻，音强而着力，色彩多浓重，语势较平稳，顿挫较多，且时间长，语速偏慢。重点处的基本语气、基本转换都显得分量较重。例如："长夜——难明——赤县——天。"

③ 低沉型。声音偏暗偏沉,语势多为落潮类,句尾落点多显沉重,语速较缓。重点处的基本语气、基本转换多偏于沉缓。例如:"别来——沧海事,语罢——暮天钟。"(李益)

④ 高亢型。声音大多明亮高昂,语势多为起潮类,峰峰紧连,扬而更扬,势不可遏,语速偏快。重点处的基本语气、基本转换都带有昂扬积极的特点。例如:"指点——江山,激扬——文字,粪土——当年——万户——侯。"(毛泽东)

⑤ 舒缓型。声音大多轻松明朗,略高但不着力,语势有跌宕,但多轻柔舒展、语速徐缓。重点处的基本语气、基本转换都显得舒展、徐缓。例如:"晴川历历——汉阳树,芳草萋萋——鹦鹉洲。"(崔颢《黄鹤楼》)

⑥ 紧张型。声音多扬少抑、多重少轻,语速快,气较促,顿挫短暂,语言密度大。重点处的基本语气、基本转换都较急促、紧张。例如:"山,快马加鞭——未下鞍,惊——回首。离天——三尺三。"(毛泽东)

(三)语气与语调

1. 语气

人们在生活中,会碰到很多人与事,并引发内心的感受,而这些悲伤、欢乐、愉快、沉痛、沉重、激动、不安、惊讶和绝望、怀疑的情感,在说话的时候,就会从语气里表现出来。

语气指的是具有声音与气息合成形式的语句流露出来的气韵。它既包括说话时的思想感情的色彩与分量,也包括说话时的粗细、轻重、高低、虚实不同的口气。

语气的类型如下。

第一,陈述型。是陈述一个事实或者说话人的看法。它包括肯定句和否定句两种,一般情况下,陈述句发送者的感情较为平稳。

例如:"犯了错误且不敢向老师、同学承认,这不是一个少先队员应有的态度。"又如:"这是你今天的午饭。"

第二,疑问型。是用疑问语气提出问题,但是并非所有的疑问句都要求对方回答。

疑问句有两种形式:"有疑而问"与"无疑而问"。有疑而问有 3 种情况。

一是是非问,其结构与陈述句基本相同,一个陈述句改用疑问的语气,就变成了是非问,语气词可用"吗",比如:"寒梅著花未?"(王维《杂诗》)

二是特指问,有疑问代词指问疑问点,疑问点可以不止一个。语气词可以使用"呢",不用"吗"。例如:"你给谁买的?""借问酒家何处有?"(杜牧《清明》)以及"何处是归程?"(李白《菩萨蛮》)

三是选择问,是问中并列几个项目,或一件事的正反两个方面,要求对方选定一种来回答,如果用语气词,用"呢"。例如:"春草年年绿,王孙归不归?"(王维《山中送别》)又如:"你究竟听不听我的话呢?""无疑而问"则是反问,是用疑问句的形式表达陈述句的内容,因此不要求回答,字面上是肯定的,意思是否定的;反之,字面否定,意思肯定。

"我能亏待你吗?""难道这儿就不能种水稻?"

第三,感叹型。感叹型语气,用来抒发感情,发送者感情充沛。常用"啊""吧""了""哪""哟"等语气词。例如:"噫吁嚱,危乎高哉! 蜀道之难,难于上青天!"(李白《蜀道难》)又如:"勒勒车载着我的全部财产,蒙古包里藏着我美丽的女孩,马奶酒渗着春样的爱啊,哟,

那是我心爱的蒙古高原。"（诗集《万里行吟》）

第四，祈使型。祈使型语气用来促使或者禁止接收者的行动，语言发出者的感情更强烈。书面形式一般是句号。感情强烈时，用感叹号。有肯定式和否定式两种情况。

肯定式包括有命令式和要求式。例如，命令式："你必须冲锋！""你必须无条件服从。"要求式："你慢慢讲。""坐下吧。"

否定式包括禁止式和劝阻式。例如，禁止式："不能容许一小撮犯罪分子对中小学生的侵害事件再次发生！"劝阻式："请你们不能再向前走了，前面没有地方可以容下人了。"

2. 语调

语调指的是为了感情表达的需要，在说话时语音高低轻重配置而形成的腔调。

通常情况下，人们将语调分为 4 类，主要有平直调（平调）、高升调（升调）、曲折调（曲调）、降抑调（降调）。

第一，平调——春江潮水连海平。调子多表示叙述、严肃、平淡的口气。例如："这是一篓苹果"是一种叙述说明；"你应该深刻认识到自己的错误"是一种严肃；"这和我有什么关系"是一种平淡。

第二，升调——海上明月共潮生。调子大多表示喜悦、兴奋、号召、惊异等感情，常用于疑问句与感叹句中。例如："漫卷诗书喜欲狂"（杜甫《闻官军收河南河北》）表达的是一种喜悦与兴奋；"啊，你真考上公务员了！"表达一种惊讶；"敢叫日月换新天"（毛泽东《七律·到韶山》）表达一种自信或者号召。

第三，曲调——江流婉转绕芳甸。调子升高再降，或者降后再升，常用来表示含蓄、讽刺或者寓意在言外的语气。例如："你真是一位伟大的英雄啊"表达一种讽刺；"她太可爱了，连哭鼻子的样子也招人喜欢"这是一种含蓄；"好个国民党的友邦人士！"表达一种讽刺或者寓意在言外。

第四，降调——落月摇情满江树。调子先平一降，句末明显下降，常用来表达命令、请求、劝阻、感叹、肯定等感情。例如："不要说话了"表达命令语气；"听话啊，孩子！"表达请求语气；"别再争论下去了"表达劝阻语气。

三、课堂实战训练

【训练一】 请朗读下面的句子，注意语气的停顿，并读出两种意思来。

（1）酿酒缸缸好造醋坛坛酸。

（2）明日逢春好不晦气，终年倒运少有余财。

（3）此屋安能久居，主人好不悲伤。

（4）这苹果不大好吃。

（5）男人没有了女人将一无所有。

（6）年轻的丈夫死了妻子发誓不再结婚。

【训练二】 请读句子："无鱼肉亦可无鸡鸭亦可唯粗茶淡饭不可少不得一文钱"，通过不同的停顿读出两种意思来，并指出是什么性质的停顿。

【训练三】 请将以下加括号的字重读，并说明重点所强调的是什么意思。

（五一）节我要到你们学校听课。

五一节（我）要到你们学校听课。

五一节我要到（你们学校）听课。

五一节我要到你们学校（听课）。

【训练四】　下面一段文章中,画有下划线部分的语速有何不同?

这个太阳好像负着重荷似的,一步一步地,慢慢地努力向上升,到了最后,终于冲破了云霞,完全跳出了海面,颜色红得非常可爱。一刹那间,这个深红的圆东西,忽然发出了夺目的亮光,射得人眼睛发痛,它旁边的云片也突然有了光彩。

（选自巴金的散文《海上的日出》）

【训练五】　请说出下面每一个句子里,哪些地方语速要加快,哪些地方语速要放慢。

（1）晚来的海风,清新而又凉爽。我的心里,有着说不出的兴奋与愉快。

（2）在浩如繁星的茫茫人海中,曾有几人能万古流芳,具有永久的魅力?

【训练六】　欧阳修替人修改稿子这个故事说明了什么样的道理? 你从中受到什么样的启发?

据《宋稗类钞》记载:有一次欧阳修替人写了一篇《相州锦堂记》,其中有这样两句:"仕宦至将相,富贵归故乡。"交稿后,他又推敲了一下,觉得不妥,便派人骑快马将稿子追回,修改后再送上。来人接过改稿,草草一读,很是奇怪:这不还和原稿一模一样吗? 仔细研读后才发现,全文只是将"仕宦至将相,富贵归故乡"改成了"仕宦而至将相,富贵而归故乡",快马追回的只是两个"而"字。但他反复吟诵后,才发现个中妙处。

【训练七】　请说出以下的语调属于哪个类型。

（1）雪山草地都过来,一点困难算什么?

（2）她是谁?

（3）姐姐你快别说了。

（4）少说闲话,随你处置吧。

第三节　口语表达思维训练

一、教学案例导入

宋太祖以愚困智

南唐后主李煜派博学善辩的徐铉到大宋进贡。按照惯例,大宋朝廷要派一名官员与徐铉一起入朝。朝中大臣都认为自己辞令比不上徐铉,谁都不敢应战,最后反映到宋太祖那里。太祖的做法,大大出乎众人意料。他命人找 10 名不识字的侍卫,把他们的名字写上送进宫,太祖用笔随便圈了个名字,说:"这人可以。"在场的人都很吃惊,但也不敢提出异议,只好让这个还未明白是怎么回事的侍卫前去。

徐铉见了侍卫,滔滔不绝地讲了起来,侍卫根本搭不上话,只好连连点头。徐铉见来人只知点头,猜不出他到底有多大能耐,只好硬着头皮讲。一连几天,侍卫还是不说话,徐铉也讲累了,于是也不再吭声。这就是历史上有名的宋太祖以愚困智解难题之举。

案例评析：按一般的做法，对付善辩的人，应该是找一个更善辩的人，但宋太祖偏偏找一个不认识字的人去应对。这一做法，反倒引起了善辩高手的猜疑，使他认为陪伴自己的人，是代表宋朝"国家级水平"的人。对大国猜不透，就不敢放肆。以愚困智，只因智之长处，根本无法发挥，这就是用逆向思维解决问题的经典案例。

二、本节知识要点

（一）口才与思维

古今中外，凡是在其职业领域里取得成就者，无不得益于思考，所有的计划、目标、行动与成就，都是思考的产物，所以思路决定出路。

思维是人生难得的财富，恩格斯说："思维是世间最美丽的花朵。"爱因斯坦也说："学习知识要思考、思考、再思考，我就是靠这个学习方法成为科学家的。"所以思维是人类最本质的一种资料，我们要充分利用这一资源。会演讲有口才的人，一定也是智慧之人。因为语言的组织、演讲稿的撰写、对情景的掌控、对听众的把握，都需要思维参与，都需要用大脑去分析、综合、判断、预测，只有这样才能取得演讲与交流的成功。

语言是思维的外壳，语言又是思维的工具。而思维是语言的内核，两者密不可分。语言离开了思维，语言就不存在，思维必须在语言的基础上进行。

语言和思维相互促进，掌握的语言越多，或者精通一门语言，思维能力就更能得到锻炼，思维能力越强，组织语言的能力就越强。

同时，我们要知道，语言与思维是两种不同的社会现象。语言是一种思维工具，而不是思维本身。语言与思维构成方式不同，语言是由语调、声调、节奏、语气等构成，而思维则是由概念按照逻辑规律进行的判断或者根据判断做出新的判断。语言具有民族性，而思维不具有民族性。

（二）对思维的认识

1. 思维

思维，简而言之，就是思索、思考的同义语，是人脑对客观事物间接的和概括的反映，是认识的高级形式。按照美国哲学家杜威的解读：思维即是一种思想活动，即由观察到的事物推断出别的事物的过程或者结果。

2. 思维的作用

（1）依靠思维，人们会更精确地描述和把握这个世界。

动物会凭本能趋利避害，这不是思维，唯有人类才拥有思维，借助思维，可以看到事物的本质，把感性认识上升为理性认识。

（2）依靠思维，人们能够总结规律，运用规律，了解那些并没有直接感受的东西。

通过思维，会根据已有的材料分析和判断情势，并制订出行动的计划和措施，从而按自己的行动行事。

（3）思维决定一个人的视野、事业和成就。

不同的思维会产生不同的观念和态度，不同的观念和态度会产生不同的行动，不同的行动产生不同的后果。所以,正确的思维是开拓成功道路的重要动力源。

3. 提高思维的品质

思维品质,实质上是人的思维的个性特征。思维品质反映了每个个体智力或思维水平的差异,主要包括深刻性、条理性、开阔性和敏捷性4个方面。思维的品质决定了口才发展和提高。提高思维品质,可以为提高口才水平奠定坚实的基础。

(1)提高思维的深刻性

大千世界,现象与本质往往是不可吻合的,所以,要透过现象看本质,于苦涩中发现甘甜,于痛苦中发现快乐,于偶然中发现必然,于不变中发现变化。思维的深刻性集中表现为在智力活动中深入思考问题,善于概括归类,逻辑抽象性强,善于抓住事物的本质和规律,开展系统的理解活动,善于预见事物的发展进程。

案例欣赏

马荀的发现

电视连续剧《乔家大院》有一个场景最为精彩,正当乔家将达盛昌战败了的时候,当时还是小伙计的马荀,在回山西的路上,从高粱地里掰了一穗高粱,发现高粱长了虫子,最后,他认为明年收成不会好,而且是一个赚钱的好机会,果然,回购了高粱,又化解了与达盛昌的矛盾,而且第二年又大大地赚了一笔,使马荀最终成为包头的大掌柜。

案例评析:从这里我们可以看出,思维的深刻性可以成就事业,当然思维的外壳——语言也就有了深刻性,此时的语言也就直达本质,掷地有声。

(2)提高思维的条理性

人的思维呈现出条理性和混乱性的差别。思维能力的高低,也往往是以思维的条理性如何来区分。有的人思维有条理,能对事物做出合乎逻辑的推理和判断。有的人在繁杂的事物面前,不能正确运用思维方式进行合乎逻辑的推理和判断。主要是要培养逻辑思维能力,在口才训练上,一般情况以条目法或者以层次法来加以整理,或者以"引词"加以规范,如"因为……,所以……""既然……,不如……"等,语言就会显得更加有条理。

案例欣赏

概括问题三步走(节选)

中国权威申论专家郭五林曾经这样讲道:经过长期的阅读、思考和研究,我认为,一个优秀的、完整的答案主要应该包括3个部分:总述句＋分述句＋道理句。我们按照分三步走的方式来对此进行解析。

第一步,关于总述句的提炼:总述句用一句话,高度概括全文的主要问题。句式模型为"这是一篇关于主语＋事件1＋事件2＋事件3的文体"。

第二步,分述句。就是要把总述句里涉及的内容,分条列项地表达出来。

第三步,道理句。这是揭示事件本质的句子。道理句的基本句型结构为:"它(告诉、揭示、反映、暴露）了……（道理、规律、性质、问题）。"

（摘自公务员考试网）

（3）提高思维的开阔性

要做到口若悬河、旁征博引、纵横捭阖，除了具备渊博的知识之外，还必须具备开阔的思维，既要全面地、辩证地看问题，也要富于联想、善于想象。如描绘菊花时，就要联想到"采菊东篱下，悠然见南山"的陶潜，以及他追求自在、独守高傲的内心境界；描绘竹子时，就要联想到"根深大地，叶拍苍天，未出土时先有节，凌云深处尚虚心"的铮铮气节；描绘河流时，就要联想到"逝者如斯乎，不舍昼夜"的永不停息；从"滚滚长江东逝水，浪花淘尽英雄"，就要迁延到红尘多舛，人世无常；从"谁言寸草心，报得三春晖"，就要联想到对母亲的热爱；写到"宿鸟归飞急""池鱼恋旧渊"时，就要联想到台湾的回归、游子的思乡；描绘春天景象时，就要联想到母亲、家乡、亲人、老师的温暖；描绘大海时，就要联想到"卷起千堆雪"的阳刚以及海纳百川的胸襟；描绘朝阳时，就要联想到少年时光和美丽的青春；描绘月亮时，就要联想到心地纯洁、万家团圆与思念和牵挂；描绘秋天的枫叶时，就要联想到"霜叶红于二月花"的黄昏夕照的晚年奉献。这样，无论是演讲或者是交流，语言都会呈现出一种丰富的美感。

（4）提高思维的敏捷性

思维的敏捷性是思维的其他品质高度发展的结果，它表现在能迅速地发现问题和解决问题。在思维的速度和效率上不循序渐进，而是保持较大的思维跨度，以最快的速度攻克未知。同时还表现在善于抓住时机，加快对信息的吸收、筛选和运用。

案例欣赏

纪晓岚巧解"老头子"

一年盛夏，纪晓岚和几位同僚一起，在书馆里审阅书稿。纪晓岚因为身体肥胖，经不起炎热酷暑，于是就脱掉了上衣，赤着上身，把辫子也盘到了头顶上。

不巧，这时乾隆皇帝慢慢走进馆来。当纪晓岚发觉时，已经来不及穿衣服了，于是他赶紧把脖子一缩，钻到了书桌底下。其实，乾隆早就看见纪晓岚的动作了，但他装作不知，就在馆里故意与其他官员闲聊，迟迟没有离去的意思。纪晓岚在桌子下面大汗淋漓，实在是熬不住了，就探出头来问道："老头子走了没？"他的话音刚落，抬头一看，乾隆皇帝就坐在他面前。许多人觉得好笑，但乾隆不觉得好笑。

乾隆大怒道："纪晓岚，你好无礼。为何叫朕老头子？如果你解释得当，朕就放过你。"所有官员都为纪晓岚捏了把汗。

纪晓岚真不愧是铁齿铜牙，他从容地回答道："皇上万寿无疆，难道不叫'老'吗？您至高无上，难道不叫'头'吗？天地是皇上的父母，难道不是'子'？连起来不就是'老头子'吗？"

乾隆听了，立即转怒为喜，不但没有责怪他，反而还奖赏了他。

纪晓岚在失口之后，能迅速地借题发挥，充分运用已有知识，解除了危机，这就是思维敏捷的优势所在。

（三）5种重要思维的训练

1. 逆向思维训练

（1）逆向思维

逆向思维是一种比较特殊的思维方式，逆向思维也叫求异思维，是对司空见惯的似乎已成定论的事物或观点反过来思考的一种思维方式。

逆向思维的思维取向总是与常人的思维取向相反，比如人弃我取、人进我取、人刚我柔等。比如，正向思维是"近朱者赤，近墨者黑"，逆向思维则是"近朱者未必赤，近墨者未必黑"，造箭不如借箭的"草船借箭"等。

（2）逆向思维的特性

逆向思维的反向性，是逆向思维的重要特点，也是逆向思维的出发点，逆向思维离开了反向性，逆向就不存在了。逆向思维之所以称为能行逆而成顺，就是因为其遵循了辩证唯物主义对立统一的观点，并帮助人们挑战习惯性思维、克服"心理定式"，继而以违背常规、常理或常识的方式来寻找解决问题的新途径、新方法。

📀 案例欣赏

貂勃巧计受重用

《战国策》中有这样一个故事：齐人貂勃经常败坏田单的名誉，诽谤他说："安平君田单是个小人。"安平君得知，特地摆上酒席宴请貂勃说："我田单什么地方得罪了先生，以致让您经常在朝中冷嘲热讽？"貂勃说："盗跖的狗对尧帝狂吠，并不表明跖是高贵的、尧帝是卑贱的，狗的本性就是对不是它主人的人乱叫。譬如贤明的公孙先生与愚鲁的徐先生发生了冲突，愚鲁者徐先生的那条狗见状就会抓住贤明者公孙先生的腿肚子乱咬。如果那条狗能够脱离愚鲁者成为贤明者的狗，再遇到贤明者与愚鲁者冲突的情形，它还能抓住贤明者的腿肚子就乱咬一气吗？"安平君说："恭敬地听从您的教诲。"次日，安平君便请求襄王对貂勃委以重任。

案例评析：这个故事中，貂勃运用的是逆向思维的论辩技巧。他为了引起安平君田单的注意，不是采取直接讨好的方式，而是以迂回曲折的方式，竭力地诽谤和挖苦安平君。因为安平君对人阿谀奉承之词早已习以为常了。貂勃的高明之处在于，他超越了常人的见识，以一种惊人的胆略，采用逆向思维的方式，故意地诋毁安平君，这就会使安平君在"一边倒"的声浪中觉得貂勃发出的声音格外刺耳，于是取得了接近安平君的机会，这样的机会一来，貂勃的一番说辞更是不同凡响，他以狗喻人，看似自轻自贱，实则是极度褒扬人的一种忠诚的品格。

2. 纵深思维训练

（1）纵深思维

"纵深"一词，经常运用于战争之中。其含义主要是指作战部队由边界至中心的可运动的纵向深度。将"纵深"一词引入思维科学后，纵深思维则主要指的是：从平凡的司空见惯的或无须做进一步探讨的定论中,发现更深一层的被现象掩盖着的事物本质,即"透过现象看本质"。这种思维方式可以形象地比喻为"钻井思维"。

（2）纵深思维的特性

纵深思维可以在平凡现象中发现本质。纵深思维,是以目前为起点,以更深的目标为方向,从现象中追寻本质的思维,是人们认识事物或事理由浅入深、由表及里、由低到高、由小到大、由轻到重、层层递进、逐步深入的一种思维方式。善于纵深思维的人,就能从人们心中已经形成的不足以道或司空见惯的思维定式中,发现更具有价值的本质来。

案例欣赏

小猫招来的灾难

第一次世界大战期间,法国和德国打仗时,法军一个旅司令部在前线构筑了地下指挥部,人员深居简出,十分隐蔽。不幸的是,他们只注意了人员的隐蔽,而忽略了长官养的一只小猫。当时,德军一个参谋人员在观察战场中发现:每天早上八九点钟,都有一只小猫在法军阵地后方的一座坟包上晒太阳。于是,德军做出了如下判断:这只猫不是野猫,野猫白天不出来,更不能在炮火隆隆的阵地上出没;猫的栖身处就在坟包附近,很可能是一个地下掩蔽部,因为周围没有人家。根据仔细观察,这只猫是相当名贵的波斯品种,在打仗时还有条件玩这种猫的绝不会是普通的下级军官,从而断定那个掩蔽部是高级指挥所。

案例欣赏

蛇是吃杨梅长大的吗

以前,科学家们都认为蛇吃昆虫、青蛙、老鼠等动物,不吃素。有一次,一些科学家来到武夷山考察,他们解剖了几条蛇,发现蛇肚子里有杨梅的核。有人由此得出结论,武夷山的蛇与众不同,是吃杨梅长大的。

但后来进一步观察,蛇的肚子里常常也有一些未消化掉的羽毛和骨头,原来,不是蛇吃了杨梅,而是鸟吃了杨梅,蛇又吃了鸟,杨梅核就是从鸟的肚子里转移到了蛇的肚子里了。

3. 多向思维训练

（1）多向思维

多向思维是一种创造性的思维,是沿着多种不同的思维轨迹,寻求多样的、变异的答案的思维方式。

多向思维的概念,最早是由武德沃斯于 1918 年提出,以后斯皮尔曼、卡推尔作为一种"流畅性"因素而使用过。美国心理学家吉尔福特在"智力结构的三维模式"中,便明确地提出了发散性思维,即多向思维。他认为,发散性思维是从给定的信息中产生信息,其着重点是从同一的来源中产生各种各样的为数众多的输出。它的特点之一是"多端",对一个问题可以多开端,产生许多联想,获得各式各样的结论。

（2）多向思维的特性

多向思维具有流畅性的特点。就是思维主体在观念上的自由发挥,即在尽可能短的时间内表达出尽可能多的思维观念或者答案,可以考察人的急智、机智、想象力,以及联想的广度。流畅性反映思维的敏捷度与人的想象力和深广度,是发散性思维的最低层次,它仅仅体现思维的数量。比如列举砖头的用途,可以成百上千个,又如苏东坡的诗《题西林壁》:"横看成岭侧成峰,远近高低各不同。不识庐山真面目,只缘身在此山中。"说明了可以从不同的角度去认识庐山。

多向思维具有变通性的特点。就是克服人们头脑中某种自己设置的僵化的思维框架,按照某一新的方向来思索问题。变通性需要借助横向类比,跨越旁通,使思维沿着不同的方向扩散,表现出极为丰富的多样性和多面性,它是发散性思维的较高层次。

案例欣赏

奇异的祝寿诗

纪晓岚有一次给朋友的母亲祝寿,众人求他写祝寿诗。他先写道:"这个婆娘不是人",众人皆惊;接着写"九天神女下凡尘",众人皆喜;接着写第三句"生个儿子去做贼",众人皆怒;最后他写出"偷得蟠桃寿母亲",众人皆欢呼。

案例评析:纪晓岚的祝寿诗之所以引人入胜,其中重要的因素就是结构的波澜起伏,内容突破经验与思维常理。

多向思维具有多感官性的特点。多向性思维不仅运用视觉思维和听觉思维,而且也充分利用其他的感官接收信息并进行加工,发散思维与情感有密切关系,如果思维者能够想办法激发兴趣,产生激情,把信息情绪化,赋予信息以感情色彩,会提高发散思维的效果与速度。

案例欣赏

杜甫《绝句》赏析

"两个黄鹂鸣翠柳,一行白鹭上青天。窗含西岭千秋雪,门泊东吴万里船。"这首诗用了视觉感官,也用了听觉感官,同时也有时间概念,也有空间的感受,"黄、翠、白、青"是视觉色彩,"鸣"是听觉,"千秋雪"是时间的久远,"万里船"是空间的遥远。

4. 整体思维训练

(1) 整体思维

整体思维就是强调整体,平衡各方,注重普遍联系的思维方式。它不太执着于个别枝节,把很多有关系的事情都合二为一,统一去看待、去思考。整体思维又叫综合思维,或者叫系统思维,要求以整体和全面的视角把握思维对象,整体思维是中国传统文化的核心。

(2) 整体思维的特性

整体思维具有连续性的特点。即当思维对象确定后,思维主体就要从许多纵的方面去反映客观整体,把整个客观整体视为一个有机延续而不间断的发展过程。

对于演讲稿的写作,我们知道,一篇文章,首先要谋篇布局,要使演讲稿写得完美,那就必须开头开得好,中间的内容充实,结尾时耐人寻味或者催人奋进,三者缺一不可。但首要的是要开头精彩,先声夺人,第一分钟是演讲的关键,所以有人称文章的开头为"凤头"。然后,演讲稿内容也要充实,像"猪肚"一样饱满;结尾时则要有力,如"豹尾"一样有力,这就是要三者兼顾,综合起来达到完美,并一气呵成。所以连续性就是不可忽视原因,也不要忽视结果,更不要忽视过程。

整体思维具有立体性的特点。即当思维对象确定之后,思维主体要从横的方面,也就是从客观事物自身包含的各种属性整体地考察它、反映它,使整体性事物内在诸因素之间的错综复杂关系网清晰地展示出来。

在演讲过程中,我们不仅要重视演讲稿的写作,也要重视演讲技巧,分析研究听众,以及情景、场所、音响,全方位去把握一次演讲,只有立体地控制演讲元素,才能在演讲过程中取得决定性的胜利。

整体思维具有系统性的特点。即是从纵横两方面来对客观事物进行分析和综合,并按客观事物本身所固有的层次和结构组成认识之网,逻辑性地再现客观事物的全貌。

案例欣赏

奇怪的稻田

有一年在海安县邓庄乡双元村附近,稻田里一片金黄,稻浪随风起伏,一派丰收景象。令人奇怪的是,就在这片稻浪中,有一块地的水稻稀稀落落,黄矮瘦小,与大片齐刷刷的、金灿灿的田块形成了鲜明的对照。

这是怎么回事呢?原来这块面积为2.5亩的田块普遍被挖去一尺深的表土,卖给了砖瓦厂,田块主人得了1000元。由于表面熟土被挖,有机质含量锐减,当年春上的麦苗长得像锈钉,夏熟麦子收成每亩还不到150斤。水稻栽上后,尽管下足了基肥,施足了化肥,可是水稻长势仍不见好。

有人给他算了一笔账,夏熟麦子少收1000多斤,损失400元,而秋熟大减产已成定局,损失更大。今后即使加倍施用有机肥,要想这块地恢复元气,至少需要5年时间,经济损失至少在2万元以上。

这个农民错在哪里?除了他只为了赚钱,属思想认识问题外,在思维方法上,他缺乏整体思维的素养;只顾部分,不顾全体;只顾一时得利,不顾长远利益,破坏了生态平衡,违背了自然规律,受到了惩罚。

5. 创新思维训练

(1) 创新思维

创新思维是指对事物间的联系进行前所未有的思考,从而创造出新事物的思维方法,是一切具有崭新内容的思维形式的总和。

(2) 创新思维的特性

创新思维具有独创性的特点。创新思维在思路的探索上、思维的方法上或者在思维的结论上,具有"前无古人"的独到之处,能从人们"司空见惯"或"完美无缺"的事物中提出怀疑,发表新的创见,做出新的发现,实现新的突破,具有在一定范围内的首创性和开拓性。创新思维不同于常规思维,其探索的方向是客观世界中尚未认识的事物的规律,所要解决的是实践中不断出现的新情况和新问题,从而为人们的实践活动开辟新领域、新天地。

创新思维具有发散性的特点。创新思维活动是一种开放的、灵活多变的思维活动,它的发生伴随有"想象""直觉""灵感"等非常规性的思维活动,因而具有极大的随机性、灵活性,不能完全用逻辑来推理。创新思维不局限于某种固定的思维模式、程序和方法,表现为可以灵活地从一个思路转向另一个思路,从一个意境进入另一个意境,多方位地试探解决问题的办法,因而具有多方向发散和立体性特征。

🎧 案例欣赏

打碎茅台酒之后

有一个摔碎展品获金奖的案例就是非常规性思维最好的说明:参加商品展览会的老板都是非常爱惜自己的展品,却有人打破这一常规、反其道而行之。1915年,在巴拿马万国博览会上,我国贵州的茅台酒也参加了展出,评委们都被装得琳琅满目的洋酒吸引过去了,外观粗糙的茅台酒无人问津。怎么办呢?参展的老板把装有茅台酒的酒瓶摔在地上,哗啦一声,瓶碎酒流。响声倒没有惊动多少评委,扑鼻的酒香却把众多评委们吸引过来,一尝是好酒,博得好评并获得博览会金奖。

创新思维具有风险性的特点。其显著特点是在发展上求创新、求突破,是一种探索未知的活动。它是在探索中发现问题和解决问题的,没有成功的经验可以借鉴,没有现成的方法可以套用。因此,创造性思维的过程是极其艰苦的探索过程,其结果也不能保证每次都能取得成功,有时可能毫无成效,甚至可能得出错误的结论。这就是它本身所具有的风险性。但是,无论它取得什么样的结果,在认识论和方法论范畴内都具有重要的意义。即使是它的不成功结果,也向人们提供了以后少走弯路的教训。

创新思维具有综合性的特点。是指善于汲取前人智慧宝库中的精华,通过巧妙结合,形成新的成果,能把大量的概念、事实和观察材料综合在一起,加以抽象总结,形成科学的结论和体系;能对占有的材料进行深入分析,把握其中的个性特点,然后从这些特点中概括出事物的规律。没有综合,也就没有创新。

三、课堂实战训练

【训练一】 请大家思考,智者传授了一条什么计策,让他们都跑得如此之快?

两位骑手分别骑着自己的马进行比赛,但比的却是谁的马跑得慢。这可和以往的经验太不一样了,于是两位骑手只好很难受地慢慢腾腾地赛起马来。如何才能尽快分出胜负呢?一位智者传授给他们一条妙计。稍后,两位骑手便扬鞭挥舞着一溜烟迅速跑了起来。

【训练二】 请大家思考,猜测一下孩子说了什么话,让房东把房子租给了他们一家人?

有一家人去找出租房。一家三口,夫妻俩和一个5岁的孩子。他们看到一则出租广告,就赶紧跑去。房子很好,可房东却说:"我的公寓不租给有孩子的住户。"

夫妻俩听了,大失所望地走开了。5岁的孩子把一切看在眼里,又返回去敲房东的大门。门开后,孩子说了一番话,房东听了哈哈大笑,于是决定把房子租给他们了。

【训练三】 请说出这个故事运用的思维类型,并说出这个故事给你的启示。

马铃薯原产于美洲,它生长在地下的块根有很高的营养价值,产量相当高,可以当粮食吃,也可以当蔬菜食用。法国农学家巴蒙蒂埃对这种植物做了认真的研究,认为这是一种值得推广的农作物。

他通过刊物向人们介绍这种作物的好处和种植方法。但是由于习惯和传统的偏见,人们都不愿意种这种从未种过的作物。农民说,这是一种魔鬼的苹果;医生说,这种东西吃了后会有损身体健康;土壤学家则说,种了这种奇怪的植物,土壤的肥力会枯竭。他奔走,他呼吁,但是马铃薯在法国依然得不到推广。

后来,他终于想出了一个办法。他请国王派一队卫兵帮助他守卫自己的马铃薯园地,不许人们摘取它的一枝一叶。这引起了农民们的好奇,他们白天都来偷偷观看巴蒙蒂埃怎样耕种,怎样除草,怎样施肥。到了晚上,卫兵下岗休息时,则三五成群地前来偷偷地挖,偷偷地栽种到自己的田里。农民们对偷来的马铃薯的神秘态度又感染了其他人。就这样有的讨,有的偷,一传十,十传百,没几年工夫,这种大众作物就传遍了整个法国。

【训练四】 请分析下列现象,可以得出什么样的结论或者得到什么样的启发。

(1)人们发现,校园近段时间卖夜宵的摊点增多,尤其是操作过程简单的风味小吃"油炸臭豆腐干"的摊点多了起来。对这种现象你可以发现什么问题?

(2)有一次,在一个会计招聘会上,有位姑娘仅用一元钱就打开了录取的大门。当考官在问完她问题之后,又说了一句:"如果你被录取了,我们会打个电话给你的。"话音刚落,就听到女孩用清脆的声音说:"请你无论如何,打个电话来,即使我失败了。"一边递过去一元钱。考官充满了好奇:"你——为什么要这么做?""因为如果我被录取了,这打电话的钱不该公司出;如果我没被录取,这打电话的钱更不该公司出。"考官告诉她:"你已经被录取了。"此后,女孩在自己的岗位上做得很出色。

【训练五】 请分析飞机上的物品,对于脱险来说,什么最重要。

有这样一件事:由于发生飞行事故,一架大型客机在一个酷热的夏天被迫降落在某一个大沙漠里,飞机上的通信设备已被损坏,因而与外界完全隔绝。机上有十几个人幸免于难,还剩下的物品有:一份地图、一枚指南针、四罐水、一面小镜子和一支枪。对这件事,可以提出这样一个问题:剩下的这些物品,对这十几个人的脱险来说,什么最重要?

模块二　见面与交际情景口才训练

第三章　见面口才训练

本章核心内容

当今社会,人与人的交往无处不在。相遇寒暄,见面攀谈,更是人际关系和谐发展的需要。寒暄是个人魅力的展示。善于寒暄,就拥有了强大的沟通能力和与众不同的亲和力。在社交场合,与熟人见面,需要寒暄问候,增进友谊;与陌生人交往,需要彼此介绍,加深了解。

见面攀谈,是彼此了解的主要形式,更是社交活动成败的关键。不同场合见面,因人、因时、因地、因景的不同,则交流的深入度也不尽相同。简单问候,寒暄即可;社交往来,则要深度介绍;时间和条件允许,则要深入攀谈。善于交流,会为你赢得更多机会;言语失策,则可能失去重要的社会资源。通过交流,能够迅速地拉近人与人之间的距离,加深感情,促进沟通,赢得尊敬。

训练目标与要求

1. 训练目标

通过本章知识要点的学习和具体训练,使大学生认识见面之初交谈的重要性,掌握介绍自己、推销自己的技巧,并能通过寒暄交流、介绍了解和攀谈会晤达到提高沟通能力、增强亲和力的目的。

2. 训练要求

认真学习见面口才相关知识,在课堂中积极参与讨论,进行模拟训练,除此之外,拓展到社团、实习、家里或假期工作中,将所学知识运用到实践中。

第一节　寒暄口才训练

一、教学案例导入

不会寒暄也尴尬

这几天上下班,我改为步行。

因为运城及其周边刚下过雨的缘故,天气比较凉爽,加上家里离上班之地仅千米之遥,走一走权当是体育锻炼。

因为是行走,就经常会碰到一些熟人。

说熟人，其实有的也不熟，打过招呼后根本想不起来他是何方贵人。

前天就碰到两位。人家很热情，我却想不起来他们是谁。

我记诗词曲赋或许还可以，但记人很差，交往不多者，假以时日，便统统忘却。偶有邂逅，人家记得我，我却记不得人家。这样就显得很尴尬，既不好意思直接询问，又不得不就势寒暄，便只能简单问候，匆匆分手。

我知道，这样肯定会给人留下我冷淡的不良印象。

我即使对熟人也不会寒暄。许久不见的人，见面后也是少言寡语，显得有些不热情。我是搜肠刮肚找不到词，不知道该说些什么。我不明白，为什么老婆遇见熟人，哪怕是或锻炼或买菜或偶遇见过一面的所谓熟人，她也能废话连篇，说个没完。

以前晚饭后我随她散步，每遇她和熟人寒暄，我便先走一步，以此催她快点结束。这些天晚饭后我随她散步，却跟在她后面想看看她都与熟人说些啥。

见习之后我明白了：她大都知道人家在哪上班、老伴干啥、小孩多大……那当然说起来没完啦。可我连当事人都记不起来，更何况人家的婆婆妈妈呢？

其实我的内心是个很热情的人，谁有困难找到我，只要力所能及我无一不帮。但我不是市长，无权无势，多年以来有困难找我的能有多少？大多数都是见面寒暄的或朋友或同事或熟人。你不与人热情寒暄，人家就会认为你冷淡、摆架子、自恃高傲。冤哉，我一个退休老朽，日落西山，还有什么值得高傲的？真的别无他意，确实是不会寒暄。

不会寒暄，虽不是大忌，但也不能不说是个缺陷。因此，留意所有熟人，刻意记住熟人的概况，掌握寒暄的要素，对我来说，才是学会寒暄的第一步。"路漫漫其修远兮，吾将上下而求索。"

（资料来源："冯明青的博客"，http://blog. voc. com. cn/blog_showone_type_blog_id_765998_p_1. html）

案例评析：寒暄是人们日常生活中最常见的见面问候交谈形式，但如果不会寒暄，则会陷入十分尴尬的境地。会寒暄，则要靠生活的日积月累，留意所有熟人，刻意记住熟人的概况，掌握寒暄的要素。

寒暄作为一门交际语言艺术，在我们的生活中起着不可忽视的作用，有时甚至影响到我们工作的成败。

二、本节知识要点

寒暄是一种普遍的语言现象，在日常生活中被广泛地使用。它具有缩短交际者之间社会距离和维持人际关系的社会功能。《辞源》中讲道："寒暄"的本义是"冬季和夏季，人们相见时互道天气冷暖的应酬之词"。寒暄活动中的交谈大多是非正式化的，言语本身未必有什么真正的含义，这种交谈只不过是一种礼节上或感情上的互酬互通而已，也就是与交谈者的问候与简单沟通。如见面时的嘘寒问暖、自我介绍、天气话题等，均是一种寒暄。而寒暄本身不当面表达特定的意思，这些话语是抛砖引玉的砖，是交谈者愉快交谈的前奏，是人际交往中不可或缺的一环。

（一）寒暄的常见类型和方式

1. 问候型寒暄

问候型寒暄就是见面双方互致问候，其用语比较繁复，归纳起来主要有以下几种。

（1）表现礼貌的问候语，如"您好""早上好""节日好""新年好"之类，这些是受外来语的影响在近几十年中流行开来的新型招呼语。过去官场或商界的人，初交时则常说："幸会！幸会！""久仰！久仰！"

（2）表现思念之情的问候语，如"好久不见，你近来怎样？""多日不见，可把我想坏了！"等。

（3）表现对对方关心的问候语，如"最近身体好吗？""来这里多长时间啦？还住得惯吗？""最近工作进展如何，还顺利吗？"或问问老人的健康、小孩的学习等。

（4）表现友好态度的问候语，如"生意好吗？""在忙什么呢？"这些貌似提问的话语，并不表明真想知道对方的起居行止，往往只表达说话人的友好态度，听话人则把它当成交谈的起始语予以回答，或把它当作招呼语不必详细作答，只不过是一种交际的触媒。

2. 攀认型寒暄

攀认型寒暄就是见面双方借用多种关系，尽快、尽量地拉近彼此之间的感情，从而为进一步交流打下基础。俗话说："山不转水转，水不转路转。"人际互动中的关系也是这样。在人际交往中，只要彼此留意，就不难发现双方有着这样那样的"亲戚""朋友"关系，如"同乡""同事""同学"，甚至远亲等沾亲带故的关系。在初见时，略表寒暄，攀认某种关系，一见如故，立即转化为建立交往、发展友谊的契机。三国时，鲁肃见诸葛亮的第一句话是："我，子瑜友也。"（子瑜就是诸葛亮的哥哥诸葛谨）这短短一句话，就奠定了鲁肃与诸葛亮之间的情谊。在现实生活中这种攀认型的事例比比皆是。"我出生在武汉，跟您这位武汉人可算得上同乡啦！""您是研究药物的，我爱人在制药厂工作，咱们可算是近亲啊！""唉，您是北大毕业的，说起来咱们还是校友哩！"这些事例，说明在交际过程中，要善于寻找契机，发掘双方的共同点。从感情上靠拢对方，是十分重要的。

3. 敬慕型寒暄

敬慕型寒暄是一种带有尊敬、恭维式的交流接触，这是对初次见面者尊重、仰慕、热情有礼的表现。如："我可久仰大名了！""早就听说过您！""您的大作，我已拜读，得益匪浅！""您比我想象的更年轻！""您也精神多了！""小姐，您的气质真好，做什么工作的？""您设计的公关方案真好。"

（二）寒暄的基本原则和要求

寒暄是一种非正式的交谈，在理解对方寒暄言语的时候，不必仔细回味其字面的真正含义，寒暄的内容也无特定的限制。但是，在相互寒暄中，仍然需要把握好一些基本原则。

1. 称呼得体，恭维适当

与人寒暄，首先要得体地称呼对方，或以职务职称相称，以示对对方的礼貌，如"刘主任""张教授""李博士"等；或以长辈相称，以示对之尊敬，如对与自己爷爷、奶奶相仿者称呼对方"大爷、奶奶"，与父母年龄相仿者称呼对方"叔叔、阿姨"等；但寒暄称呼一定要得体，不能失度,如在大庭广众下直呼对方绰号,或以不符合对方年龄、性别、身份等特点称呼对方,让对方听着觉得暗带讥讽,心生反感。寒暄中难免要恭维对方一番,这样会使对方感到愉悦,对即将进行的交谈更感兴趣,但是要注意,恭维一定要得体,一定要了解他的需要;恭维不能过分,否则会适得其反。

2. 态度真诚,亲近认同

寒暄从一开始,就建立在彼此尊重的基础上,如果有一方显得随口敷衍,那么寒暄就会出现尴尬,以至于无法继续。一经切入寒暄话题,双方的心理距离就会有效地缩短,双方的认同感就容易建立起来了。所以,在寒暄过程中,一定要态度真诚,体现亲近友好的感情。

3. 内容适度,话题自然

寒暄的话题十分广泛,比如天气冷暖、身体健康、风土人情、新闻大事等,都是寒暄的较好话题,但是寒暄时具体话题的选择要讲究,话题的切入要自然。

寒暄用语还要恰如其分。如中国人过去见面,喜欢用"你又发福了"作为恭维话,现在人们都想方设法减肥,再用它作为恭维话恐怕就不合适了。西方小姐在听到人家赞美她"你真是太美了""看上去真迷人"时,她会很兴奋,并会很礼貌地以"谢谢"作答。倘若在中国小姐面前讲这样的话就应特别谨慎,弄不好会引起误会。要看场合,在不同的地方要使用不同的寒暄语。拜访人家时要表现出谦和,不妨说一句"打扰您了"。接待来访时应表现出热情,不妨说一句"欢迎"。庄重场合要注意分寸,一般场合则可以随便些。有的人不分场合,甚至在厕所见面时问别人"吃过没有?"使人啼笑皆非。当然,也有适合较广的问候语和答谢语,如"您好!""谢谢!"这类词,可在较大范围,也可在各色人物之间使用。

4. 时机恰当,适可而止

不是什么时候开始寒暄都可以,至少要看对方是否空闲、目光是否能够交会、是否不会打扰对方。比如电梯里碰见同事,按理说应该寒暄两句,但如果对方正在低头发短信,就不必打扰他了,简单问候一下就可以了。当这些条件都符合时,你要问一下自己是否做好了准备,别张开嘴又不知说什么才好或者说错了造成失礼。

在寒暄的过程中,你要观察对方的表现,看对方是否感兴趣,如果对方很明显不认可你的寒暄或是另有要事,那么就要及时停止。

5. 友情至上,调谐气氛

有了自然而得体的话题,有了认同感,再加上寒暄时诚恳、热情的态度、语言、表情以及双方表现出的对寒暄内容的勃勃兴致,和谐的交际气氛也就自然地创造出来了,这样就为下一步的深入交往打下了良好的基础。

音乐始于序曲,会晤起于寒暄。寒暄是交往中的开场白,是坦率深谈的序幕。寒暄是人际交往活动的第一步,是人与人之间表达情感的一种方式。寒暄的主要目的不是为了交换信息和观点,而是为了分享感情或建立友好的关系,谈话的内容并不重要,关键在于双方都参与了谈话。即使谈话的内容是含混不清的,甚至是毫无意义的,寒暄的作用也绝不能忽视。这种作用就是要营造和保持一种友好的社交氛围。

（三）寒暄的禁忌

1. 眼神游弋，只说不听

每个人都希望获得别人的尊重，受到别人的重视。有些人在与人寒暄时，总是显得心不在焉，眼神游弋不定，给人一种轻视无礼的感觉，缺乏对对方的尊重。如果当一个人在与你寒暄的时候，而你却是眼神游离，顾左右而言他，那么你就会伤害对方的自尊心，相应的你也就会立刻失去对方的尊重。法国作家罗曼·罗兰说："自尊心是人类心灵的伟大杠杆。"只要你能满足对方的自尊心，你就掌握了对方。所以，在与人寒暄交流时，在对方发言时，切忌不要做这些小动作，看手机、伸懒腰、看手表、玩物品、左顾右盼、心不在焉。

而有些人在与人寒暄时总是滔滔不绝，根本不给对方喘息的时间和机会，仿佛寒暄就是向对方倾倒自己的热情。其实，好的交流是双向的，如果只有人说而没有人听，就不可能沟通，但是，现实生活中也绝无可能只有人听而无人说的情形存在。

2. 客套过甚，虚假矫情

客套话要运用得妥帖、自然、真诚，言必由衷，为彼此的交谈奠定融洽的气氛。要避免粗言俗语和过头的恭维话。如"久闻大名，如雷贯耳""今日得见，三生有幸"，就显得不自然。

中国文化讲究礼节、谦让，常常怕麻烦了别人。所以对待不太熟悉的和不那么亲近的人时比较客气。而客气是一把双刃剑，一方面表示敬意和礼节；另一方面如果客气过多，就会拉大彼此的距离。

如果初次见面，你对对方的所有谈论都表示出"是，你说得对，你说得好"，如此一来，对方一定觉得如芒在背，坐立不安，最终逃之夭夭。谈话的目的在于沟通双方的情感，在于增进双方的兴趣，而客气话则恰恰是横挡在双方中间的墙，如果不把这堵墙移开，人们只能隔墙做极乏味的敷衍酬答。初次见面客套话后，第二次、第三次见面就应竭力少用那些如"麻烦、阁下、府上、如雷贯耳、久仰大名"等名词，客气话的堆砌必然损害融洽的气氛和关系的延续。

3. 幽默失度，适得其反

个性开朗的人喜欢用幽默寒暄。幽默是大家都喜欢的语言"调料"，一个得体的玩笑，不但可以活跃谈话气氛，还能增加个人魅力。但如果"调料"放得不是地方，恐怕会使自己陷入尴尬的境地。所以，以幽默寒暄，一定要注意场合，不能随意使用，还要注意不同的对象，如果没摸清楚别人的性格，就擅自拿他在乎的内容开了不得体的玩笑，即使对方当时不会表现出什么，但事后也会把你对他的伤害记在心里，从此把你拉入"黑名单"。

案例欣赏

"死 胖 子"

张林是个胖子，刚到公司工作不久，熟悉了的同事们都喊他"肥仔""二师兄"，张林是个大大咧咧的人，时常在一些场合也拿自己的肥胖自嘲。年底部门召开总结评议会，会议还没开始，大家在一起相互寒暄、说笑。张林看见对面也坐着一位跟自己一样的胖子，就想活跃一下气氛,于是他说,"我给大家讲个笑话,一个胖子,从 10 楼跳下来,你们猜会变成什么?"大家面面相觑,张林大笑说:"当然会变成死胖子了啊!"可是他发现其他同事都没有笑,对面的胖子脸色很难看,只见部门领导板着脸说,"好了,下面开始开会了! 这位是我们公司的总裁,今天也来参加我们的评议会!"原来,张林不知道今天公司最大的领导也来参加部门的评议会,只有他不认识,明白过来之后,张林别提多后悔了!

4. 话题敏感,触及隐私

生活中我们可能会遇到这种人,喜欢问:"你们家几辆车啊?""你每个月奖金多少啊?"这些话题总让人觉得你在窥探我,打探别人的财富,让人感觉不舒服。或者对年轻的女孩子问"你多大岁数了?""有男朋友了吗?"之类的,让对方感觉你在打探隐私,仿佛有什么企图。或者一见面就问别人信仰什么宗教,大谈一些敏感的政治话题,这些都不是寒暄之时的应有话题。

案例欣赏

你孩子多大了

李扬是个性格外向的女孩子,平时话挺多的,喜欢与人交谈。公司派了一位"陈姐"来任办公室主任,穿着打扮十分时尚,李扬很想与陈姐拉拉家常表示亲近。工间休息时,李扬走到陈姐办公桌前热情招呼:

"你好,陈姐,你多大了?"

"你猜呢?"

"我看你最多 35。"

"我有那么老吗? 我今年 30。"

"那你孩子多大了呢?"

"对不起,我还没有结婚。"

陈主任站起来走出了办公室,把李扬晾在了原地。

案例评析:寒暄不仅仅是热情主动的表现,有时候不注意寒暄的内容,涉及一些敏感话题,就会出现"热脸贴在冷屁股上"的尴尬。

5. 表情冷淡,神情木然

寒暄是互动的交流,是彼此认识、加强沟通、建立友谊的桥梁,需要双方的热情互动,如果任何一方表现出冷淡的态度,流露出木然的表情,那么都会使寒暄出现冷场的尴尬。下面的情形就是典型的例子。

甲(热情地):您好! 我叫张大东。

乙(木然地,语音低低的):您好……

甲(真诚地):请问您贵姓?

乙(冷淡地):敝人姓张……

甲(高兴地):哎呀,自家人,你好你好!

乙(处乱不惊的样子):你好……

……

6. 滔滔不绝,喋喋不休

当然寒暄也并不是口若悬河、喋喋不休,如果一见面就表现得过分积极,也会让人觉得热情过度,难以适从。比如,有人一上来就对着您喊:"哎呀! 您就是张总啊! 您好您好! 我早就听说过您了! 听说您最近又有一个项目上马了,肯定又大赚了吧! 我一直想来找您取取经呢! 明天可以来拜访您吗? 我有一个好点子想请您帮我参谋参谋,行不行啊?"这样的寒暄,只能让人无所适从,甚至心生反感。

三、课堂实战训练

【训练一】 请运用寒暄技巧分析下列案例,谈谈你从中受到的启发。

(1)针对客户办公室内的特殊陈列。

业务员:李总,您好!

客户(李总):你好!

业务员:李总最近生意不错吧!

客户(李总):呵呵,一般吧!

业务员:李总,这都 2017 年了,新的一年想必您也会大干一场吧!

客户(李总):呵呵,是啊,不过还要看啊!

业务员:不过我敢肯定您今年生意会更好啊!

客户(李总):哦? 为什么这么说呢?

业务员:您看,您的办公室年年有余(鱼)啊(指着鱼缸说)!

客户(李总):呵呵,那真是托福了哦。

业务员:老总对养鱼很在行呢?

客户(李总):呵呵,一般,比较感兴趣。

业务员:以前我的朋友也有养观赏鱼,不过听他说养这种鱼是挺有讲究的呢,不是那么容易能够做得好的,我看李总您这里的鱼都很不错,好多我从来没见过,您能给我讲讲吗?

客户(李总):可以啊,这些都是我这几年积累下来的,可都宝贝着呢,你看这个鱼。

业务员:李总我觉得我们做生意跟这个养鱼其实是一个道理,都要自己慢慢地积累和揣摩,一步一步地才能从新手做到行家。

客户(李总):是这样的啊,你看我刚刚开始干我这行的时候,那是身兼数职啊,什么都要自己去做,又不会,还不是这么坚持下来了,现在我们在业界也是很出名的了。

业务员:不过现在社会发展得很快,我们的市场环境都在不断地变化,在我们摸索的同时,更应该抓住一些好的机遇,就像养这个鱼一样,一旦有什么新的技术和方法,我们都进行使用,这样才能让我们事半功倍,而今天我要介绍给您的产品就是这种能够让您事半功倍的产品,让您能在以后走得更顺,跟上时代潮流,真正地做到年年有余。

(2)小李受上司委托在浦东机场接到公司的一位重要客人,"欢迎,欢迎",嘴里说着,并不主动伸手,等客人伸手了,小李才与之相握。小李一把拿过客人的行李,放入汽车的后备箱,接着引导客人到副驾驶座位上,说:"坐在这里视野好。"然后,自己坐在汽车后排座位上。

一路上,小李非常关心地询问了客人所在公司的情况,打听客人的收入、福利和家庭情况,而这位客人似乎对这一切很不满意,话越来越少。小李有点儿摸不着头脑,心想我这么殷勤地对待他,他怎么……

(3) 小张毕业后被分配到一家公司上班。某天,因为工作的需要,小张被派到外地出差。在车棚里,她遇到了一位来华旅游的外国姑娘。出于礼貌,小张向对方来了句"Hello"。小张认为,作为东道主,如果不与对方热情地寒暄几句,显然不懂礼节。外国姑娘也回了一句"Hello"。于是,小张借着自己得意的英语,大大方方地与对方交谈起来。

交谈中,小张开口说:"你今年多大岁数啊?"外国姑娘听到这一问话,脸上露出不悦之色,敷衍地说:"你说有多大?"小张似乎感觉不对劲,便转移话题:"依你的年龄看,应该成家了吧?"结果,话题没有继续下去。外国姑娘冷冷地看了小张一眼,把背转了过去,显然不愿与小张继续交谈,直到小张离开。

【训练二】 情景应对训练。

(1) 如今汽车已经越来越多地融入了人们的生活。对于车主来说,一辆爱车不仅仅是代步出行的交通工具,而且也代表着一种舒适、便捷、优越的生活。所以汽车销售人员销售的不仅是汽车,更是一种优质的生活理想和生活方式。汽车销售人员必须拥有扎实的专业知识和有效的沟通技能,才能成为客户信赖的"专业购车顾问"。

面对客户的各种情况、客户提出的不同问题、同一问题客户的不同表现,汽车销售人员该如何应对? 如何通过有效沟通来提升自己的销售业绩?

情景1:客户在展厅门外犹豫徘徊。

一位客户在展厅外盯着门口的新款车型汽报打量了半天,既不推门进来,也没有离开的意思。汽车销售人员注意到后,微笑着走过去,为客户拉开了展厅的大门……请你设计销售人员的寒暄内容。

情景2:客户进入展厅内四处观望。

客户进入展厅,四处张望着,一会儿看看这辆车,一会儿看看那辆车,汽车销售人员微笑着迎了上去……请你设计销售人员的寒暄内容。

情景3:客户直奔着一款车型而来。

客户进入后,扫视一眼展厅,然后大步走向展台上的一款车型,兴奋地摸了摸银色的车身,仔细地看着配置表……请你设计销售人员的寒暄内容。

情景4:客户对销售人员爱理不理。

客户在展厅里时而看看这款车,时而看看那款车,时而停下来看看新车的广告短片。汽车销售人员在一边观察良久后,向客户走了过去……

汽车销售人员:先生,有没有比较喜欢的车型呢?

客户:……(装作没听见,自顾自地继续看车)

请你设计销售人员的寒暄内容。

(2) 请根据以下场景,模拟寒暄语。

① 20年后的同学聚会。

② 为公司购买5台空调和某企业谈论采购事宜。

③ 你是人口普查员,到李大爷家上门做人口普查。

第二节　介绍口才训练

一、教学案例导入

缺失的自我介绍

某大型国企开职工大会,中途休息,两位女士正谈论美国总统奥巴马,觉得奥巴马的口才相当了得,这时一位男士参与了进来,侃侃而谈,两位女士也觉得他谈论的很有道理,可惜话题未完,又开始开会了。男士与两位女士分别进入会场,两位女士又进行相互交流,一位说道:"你朋友口才真好。"另一位说:"他不是我朋友啊,我不认识他呀,我以为他是你朋友呢。"原来一场聊天后,这位男士失去了结交朋友的好机会。

案例评析:由于自我介绍的缺失,导致人们错过了许多认识交往的机会,有时甚至会带来更多的尴尬甚至误会,足见在人际交往中,自我介绍也是十分重要的环节,它不仅是拉近人们交往距离的一座桥梁,更是一门人际交往的艺术。

二、本节知识要点

人际交往中,我们要不断认识新的人员,结交新的朋友,而在与陌生人交往的过程中,互相了解的第一步就是相互介绍。人际交往的第一张有声名片就是自我介绍,好的自我介绍要有特色,能够给别人留下良好的印象,让别人更容易记住自己;自我介绍做得不好,也许交谈很久,结束后却再也不相联系。还有一种为他人做介绍,介绍得好,就会增加相互间的认同感,促成双方共同的话题,拉近双方的距离;介绍得差,甚至缺位,很可能导致整个交谈过程失败。

（一）自我介绍

什么样的自我介绍是得体的,合乎规范又能让人印象深刻呢? 这要根据不同的场合选择不同的介绍方式。

1. 自我介绍的类型和方式

（1）应酬式

应酬式的自我介绍适用于某些公共场合和一般性的社交场合,如旅行途中、宴会厅里、舞场之上、通电话时。它的对象,主要是进行一般接触的交往对象。对介绍者而言,对方属于泛泛之交,或者早已熟悉,进行自我介绍只不过是为了确认身份而已,故此种自我介绍内容要少而精。

应酬式的自我介绍的内容最为简洁,往往只包括姓名一项即可。例如:

"您好! 我叫王林。"

"我是张明。"

（2）工作式

工作式的自我介绍主要适用于工作之中。它是以工作为自我介绍的中心，因工作而交际，因工作而交友。有时，它也叫公务式的自我介绍。

工作式的自我介绍的内容，应当包括本人姓名、供职的单位及其部门、担负的职务或从事的具体工作3项。这3项被称作工作式自我介绍内容的三要素，通常缺一不可。其中，第一项本人姓名应当一口报出，不可有姓无名，或有名无姓。第二项供职的单位及其部门，如有可能最好全部报出，具体工作部门有时也可以暂不报出。第三项担负的职务或从事的具体工作，有职务最好报出职务，职务较低或者无职务，则可报出目前所从事的具体工作。例如：

"大家好，我叫吴强，在电子科技大学电子工程系工作，主要从事理论教学和电子对撞研究。"

"你好！我叫张君逸，是广安市政府接待办主任。"

"我叫吴冬梅，现在在人民大学国际关系学院教外交学。"

（3）交流式

交流式的自我介绍主要适用于在社交活动中，它是一种刻意寻求与交往对象进一步交流与沟通，希望对方认识自己、了解自己、与自己建立联系的自我介绍。有时，它也叫社交式自我介绍或沟通式自我介绍。

交流式的自我介绍的内容，大体应当包括介绍者的姓名、工作、籍贯、学历、兴趣以及与交往对象的某些熟人的关系，等等。它们不一定非要面面俱到，而应视具体情况而定。例如：

"我叫邢青松，现在在北京吉普有限公司工作。我是清华大学汽车工程系90级的，我想咱们是校友，对吗？"

"我的名字叫柴静，现在在天马公司当财务总监，我和您先生是高中同学。"

"我叫甄鹏鸣，天津人。我刚才听见你在唱蒋大为的歌，他是我们天津人，我特别喜欢他唱的歌，你也喜欢吗？"

中国有句古话："将欲取之，必先予之。"你希望获得对方的信息，就需要你先透露部分信息，才有可能从对方的话语中找到切入点。如果双方都第一时间竖起高墙，是无法进一步交流的。

（4）礼仪式

礼仪式的自我介绍适用于讲座、报告、演出、庆典、仪式等一些正规而隆重的场合。它是一种意在表示对交往对象友好、敬意的自我介绍。

礼仪式的自我介绍的内容，亦包含姓名、单位、职务等项，但是还应多加入一些适宜的谦辞、敬语，以示自己礼待交往对象。举例如下。

"各位来宾，大家好！我叫董建国，是海天公司的副总经理。现在，由我代表本公司热烈欢迎大家光临我们的开业仪式，谢谢大家的支持。"

（5）问答式

问答式的自我介绍一般适用于应试、应聘和公务交往。在一般性的交际应酬场合，它也时常可见。

问答式的自我介绍的内容,讲究问什么答什么,有问必答。举例如下。

甲问:"这位小姐,你好,不知道应该怎么称呼你?"乙答:"先生你好!我叫王雪纯。"

主考官问:"请介绍一下你的基本情况。"应聘者答:"各位好!我叫张军,现年 28 岁,陕西延安人,汉族,共产党员,已婚,1995 年毕业于西安交通大学船舶工程系,获工学学士学位。现在在北京首钢船务公司任助理工程师,已工作 3 年。其间,曾去阿根廷工作 1 年。本人除精通专业外,还掌握英语、日语,懂计算机,会驾驶汽车和船只。曾在国内正式刊物上发表过 6 篇论文,并拥有一项技术专利。"

(6)调侃式

调侃式的自我介绍往往以风趣、幽默的方式出现,多见于节目主持、讲座专家、文化名人的自我介绍中。人需要一种乐观、宽容的处世态度,拥有了这种处世态度,就不忌讳用幽默的方式调侃一下自己。调侃自己需要勇气,需要诙谐,更需要一份能超然物外的心境。能将自己塑造成一个局外人,一个旁观者,冷静地看待自己,看待以往所发生的事,方能找到那个困扰着我们,却始终无法寻觅的心结。这种自我介绍往往充满了智慧与洒脱,带着超然与大度。

第一印象给人的影响一向都非常大。一般我们对一个人的第一印象会形成心理定式,顽固地保持很长时间,所以在双方初次认识时的自我介绍十分重要。那么自我介绍应该采用什么方式呢?幽自己一默是比较好的方式。如果能够巧而不俗地来点幽默,会立即拉近自己和听者之间的距离。

📀 案例欣赏

"在下凌峰"

1990 年中央电视台邀请我国台湾地区影视艺术家凌峰先生参加春节联欢晚会。当时,许多观众对他还很陌生,可是他作完那妙不可言的自我介绍后,一下子就被观众认同并受到了热烈欢迎。他说:

"在下凌峰,我是以长得难看出名的(掌声)。两年多来,我在大江南北走了一趟,拍摄《八千里路云和月》,所到之处,观众给予我们很多支持,尤其男观众对我的印象特别好,因为他们认为本人的长相很中国(笑声)。中国五千年的苦难和沧桑都写在我的脸上(笑声、掌声)。

一般来说,女观众对我的长相感觉就不太良好,有的女观众对我的长相已经达到了忍无可忍的地步(笑声、掌声)!她们认为我是人比黄花瘦,脸皮比煤球黑(笑声)。但是我特别声明:这不是本人的错,当初父母没有征得我的同意就把我生成了这个样子(笑声、掌声)。但是,时代在变,潮流在变,审美的观念也在变,如果仔细地归纳起来,你会发现,现在男人的长相基本上分成 3 种。

第一种,看上去漂亮,看久了感觉没什么男人的味道。第二种,初看上去很难看,以后是越看越难看,简直是惨不忍睹!第三种,初看上去很难看,看久了就顺眼了,看久了你会发现他有另外一种男人的味道,这就是在下我这种(笑声、掌声)。鼓掌的都表示同意了!鼓掌的都是一些和我长得差不多的(笑声),真是物以类聚啊。接下来我给大家带来一首歌,叫作《小丑》,掌声有没有就无所谓啦(笑声、掌声)!"

案例评析:这一番话戏而不谑,妙趣横生,令观众捧腹大笑。这种自我介绍给人们留下了非常坦诚、风趣、幽默的良好印象,凌峰的名字因此传遍祖国大地。借助幽默、调侃的方法,凌峰缓解了现场有点儿压抑的气氛,拉近了与观众的距离,给全国观众留下非常深刻的印象。

2. 自我介绍的原则和要求

(1)时间效率原则

自我介绍切忌长篇大论,应该适可而止。如果引起了双方谈话的兴趣,就应当少谈自己,多谈别人,把自我表白留在双方建立了良好印象,产生了兴趣,需要彼此进一步了解的时候。通常,人们对陌生人关注的时间不超过半分钟,如果半分钟内你能吸引他的目光,让他有继续和你交谈的欲望,那么自我介绍就成功了。相反,冗长、无特色的自我介绍,很快能被对方抛弃,轻则对方不知道你是谁,重则将你扫地出门。为尽可能地节省时间,加深对方印象,还要利用名片、社交工具加以辅助。

(2)社交谦逊原则

首先,中国传统文化讲究中庸、含蓄,如果将个人的社会地位或成就放在自我介绍里,会给人以炫耀的感觉。例如不能自我介绍说:"我是某某单位的领导。"而应说:"我在某某单位工作。"前种介绍方式不仅不能让人觉得需要尊敬你,而且会让人和你之间产生距离。其次,在作自我介绍时,应适当留有余地,不宜用"很""最""极"等表示极端的词。自我介绍要表现得谦逊和真诚,不能表现出比别人高人一等或者表现出优越感。

(3)时机成熟原则

自我介绍是日常生活中经常会遇到的社交礼仪,应试求职时考官要求你先作一个自我介绍,社交场合中与不相识者相处时需要互相作自我介绍,当你有求于人而对方对自己不甚了解时你需要先作自我介绍。但是自我介绍并不是随时随地使用,而是要把握好充分的成熟时机。通常能让对方静下心来记住你名字的介绍时机是对方有空闲,而且情绪较好,又有兴趣时,这样就不会打扰对方。

(4)简单明了原则

不知道你在日常生活中,是否遇到过这样的人作自我介绍:"你好,我叫金大中,金色的金,大小的大,中间的中。"这类人喜欢在自己的姓名上反复咬文嚼字,这种人很重视自己的名字,但是请你不要怀疑听取介绍的对象的智商,一些非常简单的字还反复提醒,会有此地无银三百两之感。这样做非但没让别人记住你的名字,相反,首先浪费了你宝贵的介绍时间;其次,你给人留下了矫揉造作的印象。有些人的名字中的字确实比较生僻,当对方提出疑问时,你再作进一步介绍即可。所以,自我介绍的时候,一定要尽量地简单明了,切忌拖泥带水。

(5)简称规范原则

在日常生活中,我们经常会遇到需要使用简称的情况,例如共青团委员会简称"团委",妇女联合会简称"妇联"等。但是,使用简称一定要注意规范,要结合场景使用,不能让人疑惑不清,或者产生歧义,甚至有可能闹出误会。

案例欣赏

"人大的"实习生

某年,中国人民大学的几个大学生到某市政府实习,刚一进门,门卫问道:"干啥的?"小伙子回答:"人大的。"门卫心想人大的一定是有工作事务,不敢怠慢,请进了办公室主任的办公室,办公室主任又是张罗泡茶又是嘘寒问暖的,几个小伙子有点儿受宠若惊,心想这实习的待遇可真高。办公室主任坐定后又问道:"请问几位有何公干呀?"小伙子答道:"我们是中国人民大学派来实习的。"这主任半晌都没说出话来。原来几个小伙子习惯把中国人民大学简称人大,可是在其他地区,别人一听人大就觉得是人民代表大会的。

案例评析: 在交谈时,为了防止出现此类误会,在作自我介绍的时候,最好还是使用全称,即使要使用简称,也要放在介绍过后再使用比较合适。

（二）为他人作介绍

为他人作介绍也叫第三方介绍。在日常生活中,经常能遇到这样的情况:被邀请参加朋友的婚宴,但是在我们的前后左右都是素不相识的陌生人,除了微微点头招呼之外,简直不知说什么好。在这种陌生的场合下,如何打破沉闷的局面呢? 这时候,主人或者第三方介绍人就显得尤为重要了。如果介绍得好,宾主尽欢;介绍得差,则很可能给参加宴会的人一种冷落感。这就需要恰当的第三方介绍了。

1. 为他人作介绍的类型和方式

为他人作介绍不是简单地介绍双方姓名即可,更重要的是要找到能够激起双方谈话欲望的接入点。在日常交往活动中,在为他人作介绍时,由于实际需要的不同,介绍时所采取的方式也会有所不同。常见的介绍方式如下。

（1）一般式

一般式也称标准式,以介绍双方的姓名、单位、职务等为主。这种介绍方式适合于正式场合。如:"请允许我来为两位引见一下。这位是××公司主任姚光辉先生,这位是××集团副总贺天举先生。"

（2）引见式

介绍者所要做的是将被介绍者双方引到一起即可,适用于普通场合。如:"两位互相认识一下。大家其实都在同一个单位工作,只是平时没机会认识。那我先失陪了。"

（3）简单式

简单式只介绍双方姓名一项,甚至只提到双方姓氏,适用一般的社交场合。例如,我来为大家介绍一下:"这位是黄总,这位是许总。希望大家合作愉快。"

（4）附加式

附加式也可以叫强调式,用于强调其中一位被介绍者与介绍者之间的特殊关系,以期引起另一位被介绍者的重视。如:"大家好! 这位是××公司的营销部主任刘为民先生。这是小儿张伟,请各位多多关照。"

（5）推荐式

介绍者经过精心准备再将某人举荐给某人,介绍时通常会对前者的优点加以重点介绍。通常,适用于比较正规的场合。如:"这位是易峰先生,这位是××公司的刘鹏董事长。易峰刚从国外留学回来,他是经济学博士、管理学专家。刘总,我想您一定有兴趣和他聊一聊。"

（6）礼仪式

礼仪式是一种最为正规的为他人作介绍,适用于正式场合。介绍语气、表达、称呼上都更为规范和谦恭。如:"刘女士,您好!请允许我把××公司的总经理李忠烈先生介绍给您。李先生,这位就是××集团的生产部经理刘爱玲女士。"

2. 为他人作介绍的原则和要求

（1）时机恰当原则

在为他人作介绍时,时机的把握是很重要的,如遇到下列情况,就有必要进行介绍。

- 与家人外出,路遇家人不相识的人士,而对方又跟自己打了招呼。
- 本人的接待对象遇见了其不相识的人士,而对方又跟自己打了招呼。
- 在家中或办公地点,接待彼此不相识的客人或来访者。
- 打算推荐某人加入某一方面的交际圈。
- 受到为他人作介绍的邀请。
- 陪同上司、长者、来宾时,遇见了其不相识者,而对方又跟自己打了招呼。
- 陪同亲友前去拜访亲友不相识者。

（2）契合趋同原则

在作第三方介绍时,介绍人应尽量找出双方的契合点,找到双方可能共同感兴趣的话题,努力促成双方的进一步交流。比如可以抓住以下的话题为双方作介绍。

- 从双方所从事工作的相关性出发。双方都从事相关的行业,具有紧密性联系,于是就有进一步交谈的话题。如把一个高中生介绍给一个大学生,一位教师介绍给一位出版商,一位医生介绍给一位运动员等,往往都会收到很好的效果。
- 从双方共同的地域性出发。两人来自同一地区或毕业于同一所学校,因为双方的异地相遇自然倍感亲切,共同的回忆和关注点能让双方聊起天来倍感自然。
- 从双方共同的兴趣爱好出发。再没有什么话题比双方有共同的兴趣和爱好更适合于交流的了。所以,如果在为他人作介绍的时候,能够把双方共同的爱好与兴趣恰当地介绍给对方,那就能很好地促成双方的交流,甚至能让双方很好地成为亲密的朋友。
- 从双方所熟知的中间媒介出发。如果实在找不出更好的话题来促进双方之间的交流,那么找一个恰当的中间传媒来进行介绍,就是不错的选择。比如,两人有共同认识的朋友:"小张,这是小杨,他和小李是哥们儿。""小崔,这是你父亲单位的宋师傅!"诸如此类,就不愁没有打破沉默的话题了。

（3）社交礼仪原则

在为他人作介绍的时候,还必须遵守社交礼仪的基本原则。

- "就低"原则。把身份低的、年纪轻的介绍给身份相对较高的、年龄大的,将职务较低的介绍给职务较高的。
- "女士优先"原则。就是在一般介绍中,把男士介绍给女士,如:"张小姐,让我给你介绍彭先生。"或者，"张小姐，这位是彭先生。"但是如果当你介绍的双方，男方的年龄比女方大很多，则应当将女士介绍给男士，表示尊敬长者。

（4）穿针引线原则

介绍是人与人之间关系建立的开始，借着这个机会，新的友谊开始形成，新的业务能够展开。但是为他人作介绍时，其主要目的在于为双方架起一座交流沟通的桥梁，发挥穿针引线的作用，既要防止敷衍了事，介绍不到位的现象出现，更要避免唠唠叨叨，一直把持话语权，而使需要认识交谈的双方插不上嘴。

因此，在为他人作介绍时，介绍人首先要为双方介绍清楚姓名和单位，接下来介绍的内容以少而精为宜。比如，"小李，这是我妹妹××，无事爱写几句打油诗，对你可崇拜啦！""小张，这是刘博士，他的英语可好了。"这样的介绍，点到即止，为双方巧妙地做好铺垫，在为双方穿针引线后，介绍人便可功成身退了。

三、课堂实战训练

【训练一】 请运用介绍技巧评析下列案例，谈谈你从中受到的启发。

（1）马三立的自我介绍。

我叫马三立。三立，立起来，被人打倒；立起来，又被人打倒；最后，又立了起来（但愿不要再被打倒）。我这个名字叫得不对：祸也因它，福也因它。我今年 85 岁，体重 86 斤。明年我 86 岁，体重 85 斤。

我很瘦，但没有病。从小到大，从大到老，体重没有超过 100 斤。现在，我脚往后踢，可以踢到自己的屁股蛋儿，还能做几个"下蹲"。向前弯腰，还可以够着自己的脚。头发黑白各占一半。牙好，还能吃黄瓜、生胡萝卜，别的老头儿、老太太很羡慕我。

我们终于赶上了好年头。托"三中全会"的福。我不说了，事情在那儿明摆着，会说的不如会看的。没有"三中全会"，我肯定还在北闸口农村劳动。其实，种田并非坏事，只是我肩不能担，手不能提。生产队队长说："马三立，拉车不行，割麦也不行，挖沟更不行。要不，你到场上去，帮帮妇女们干点什么，比如轰轰鸡什么的……"惨啦，连个妇女也不如。也别说，有时候也有用。生产队开个大会，人总到不齐。队长在喇叭上宣布：今晚开大会，会前，由马三立说一段单口相声。立马，人就齐了。

（2）小张和小杨都是刚刚毕业的大学生，学的都是英语专业，学习成绩都很突出，两人同时应聘一家独资公司的高级秘书职位。人事经理看了简历以后，难以取舍，于是通知两人面试，考官让她们分别作一个自我介绍。

小张介绍说："我今年 22 岁，刚从某大学毕业，所学专业是英语。浙江人。父母均是高级工程师。我爱好音乐和旅游。我性格开朗，做事一丝不苟。很希望到贵公司工作。"

小杨介绍说："关于我的情况简历上都介绍得比较详细了。在这里我强调两点：我的英语口语不错，曾利用假期在旅行社做过导游，带过欧美团。再者，我的文笔较好，曾在报刊上发表过 6 篇文章。如果您有兴趣可以过目。"

最后，人事经理录用了小杨。

（3）下面的"介绍语"有何不当之处？请指出来，并加以纠正。

某化妆品公司的总经理黄艳萍委托助理小王约请北方电视台副台长刘伟民、新世纪广告公司总经理助理陈风前来商谈制作、拍摄化妆品广告之事,两位来宾如约而至,小王把他们引进了会议室。

小王:"我来给大家介绍一下,这位是我们公司黄总经理,这位是北方电视台刘副台长,这位是咱们公司的老搭档新世纪广告公司的陈风先生。今天,我们黄总请两位来,主要是商量让电视台给我厂的产品进行广告宣传的事。"

【训练二】 请根据以下场景,设计介绍词。

(1)你第一天到公司上班,作为新聘用的总经理行政秘书,你如何向办公室同事作介绍?

(2)你叫王梵泗,到一家小型企业应聘文秘一职,请你作1分钟的自我介绍。

(3)你作为秘书,跟随张主任、李副主任去机场接机,客人共有甲单位张总和李副总(女)、乙单位黄总和夫人,请问该如何介绍?

第三节　攀谈口才训练

一、教学案例导入

法拉奇与邓小平攀谈

1980年8月21日、23日,意大利记者奥琳埃娜·法拉奇采访邓小平时,轻松攀谈进入话题:

奥琳埃娜·法拉奇(以下简称"奥"):明天是您的生日,我首先祝贺您生日快乐!

邓小平(以下简称"邓"):我的生日?明天是我的生日吗?

奥:是的,邓先生。我是从您的传记里得知的。

邓:好吧,如果您这样说,那就算是。我从来不知道我的生日是哪一天。而且,如果明天是我的生日,您也不应该祝贺我:那就意味着我已经76岁了。76岁的人已是江河日下了!

奥:邓先生,我父亲也76岁了。但是,如果我对他说76岁的人已是江河日下,他会扇我几记耳光的。

邓:他干得好!不过您不会这样对您父亲说的,对吗?

……

案例评析:作为新闻记者,采访名人往往不是一件容易的事情,如何让名人迅速地接受你,并能够配合着你的采访敞开心扉与你畅谈,直至无所不谈,尤其需要采访者的攀谈技巧,体现着采访者的攀谈艺术与智慧。法拉奇就给我们展示了她娴熟的攀谈能力,值得我们去学习。

对于不太容易接触的人如何与之展开攀谈,这是一门艺术,消除对方的戒备心理,找准合适的话题,拉近双方的距离,提起对方的兴趣,肯定并满足对方的成就感,这是有效展开攀谈的基本法则。

二、本节知识要点

（一）攀谈的技巧与方式

在日常生活中，有时我们要在正式场合做报告，有时我们需要和相知的人敞开心扉地聊天。但许多时候我们需要谈话的却是平凡生活中的陌生人，这时我们攀谈的能力就显得尤为重要。在校园生活中，我们感觉自己的交际能力还算好，但如果稍微接触一下社会，就会发现我们和那些与自己有着不同性格、不同兴趣爱好、不同际遇、不同价值观的人相处有一定困难，也并不是人人都乐意和我们交往。有的人和比较陌生的人相处时总感觉不自在，而有的人几乎和任何人都能很快地达到无话不谈的地步。如果我们想成为后者，想要在社会中生活得自在、快乐，那么攀谈对于我们来说就特别重要。

但是，要有效地与人展开攀谈，能让交往进一步发展下去，却是需要一定的技巧的。

1. 寻找共同话题

寻找共同话题是有效攀谈的第一步。共同话题是沟通的良好桥梁。在交谈过程中，通过聊对方感兴趣的话题，使双方聊得"很投机"，从而打破心理隔阂，达成共识，使对方喜欢你、欣赏你并最终信赖你，这才能达到你与之交往的目的。

所以话题的选择很关键。有人说："交谈中要学人没话找话的本领。"所谓"找话"就是"找话题"。写文章，有了个好题目，往往会文思泉涌，一挥而就；交谈，有了好话题，就能使谈话融洽自如。好话题，是初步交谈的媒介，深入细谈的基础，纵情畅谈的开端。好话题的标准是：至少有一方熟悉，能谈；大家感兴趣，爱谈；有展开探讨的余地，好谈。那么，怎么找到话题呢？

（1）中心开花

面对众多的陌生人，要选择众人关心的事件作为话题，把话题对准大家的兴奋中心。这类话题是大家想谈、爱谈、又能谈的，人人有话，自然能说个不停了，以致引起许多人的兴趣和发言，导致"语花"飞溅。

这类话题可从社会的热门话题中寻找。人们普遍关心的新闻趣事等极具吸引力的，一经抛出必定会引起大家的兴趣。

比如从双方的工作内容角度寻找。相同的职业容易引起共鸣，不同的职业更具有新奇感与吸引力。

也可从彼此的经历中寻找。经历是学问，亲身经历的人和事往往会给你留下极深的印象。这种交流最易敞开心扉，见到真情。

案例欣赏

动车事故责任该是谁

2011年7月23日19时30分许，浙江温州，大雨倾盆，雷鸣电闪。气象台记录，每小时降雨量90多毫米。20时05分，乘坐杭州开往福州D3115次车的网友"希希宋"正坐在车厢里。列车行至永嘉站时，车停了。"希希宋"发出一条微博："动车到了永嘉站竟然停滞不前了，列车员说因天气打雷原因，暂停一下，以保安全。"

谁也没想到,30多分钟后,一场惨烈的事故发生了,两辆调整对开的动车发生了相撞……

有人在事故见报后第二天,在和大伙交谈时,提出这一话题,顿时大家议论纷纷,有的补叙自己所知的情节,有的发表自己对动车安全隐患的技术见解,有的对善后处理发表自己看法,有的发表对失职者的处罚意见,有的谈论职业道德的重要性……七嘴八舌,十分热闹。

案例评析: 像这类与广大民生相关的话题都是大家想谈、爱谈、又能谈的内容,人人有话,自然就谈得热闹了。所以找好一个中心素材,就能促使全面开花,从而带动所有人侃侃而谈。

(2)即兴引入

巧妙地借用彼时、彼地、彼人的某些材料为题,借此引发交谈。有人关于借助对方的姓名、籍贯、年龄、服饰、居室等,即兴引出话题,常常取得好的效果。"即兴引入法"的优点是灵活自然,就地取材,其关键是要思维敏捷,能作由此及彼的联想。

这类话题可从共同关心的家庭生活寻找。谈家庭生活并不一定就是俗气,这类话题不必做准备,随时可谈,凡是有思想的人都可以从中获得许多人生哲理。

也可从双方的发展方向角度寻找。人们都关心自己的未来,前途与命运是长盛不衰的永恒话题。人生若没有前进的方向生活便失去了动力。这类话最容易触动对方最敏感的神经,尤其是异性。

也可从关注子女教育和成长的话题寻找。孩子是父母的生活希望,孩子的教育最能牵动人心,怜子、爱子、望子成龙是家长的共同心理。谈及孩子即使性格内向的人也会滔滔不绝的。

案例欣赏

打开王大妈的话匣子

在每天上下班的小区广场,我都会遇到清洁工王大妈,久而久之,就寒暄上了。今天周末,天气闷热得很,就想到广场上去透透气,没想到王大妈戴了顶白绸宽边的凉帽,正好遇上了。我正不知与大妈聊点儿什么,忽然看见一辆小货车拉着满满的西瓜驶过,便随口说:"这么热的天,看这西瓜成车地运进城,你们清扫瓜皮的任务肯定不轻呵!"哪知道一句话让大妈打开了话匣子,引来她滔滔不绝地讲述烈日下劳动的艰辛,大有"脏了我一个,清洁全城人"的豪情。后来大妈更是由西瓜皮聊到了跳广场舞过后地上的垃圾,再是聊到一早一晚饲养宠物猫狗随处可见的粪便等。从那以后,我才知道,王大妈真是一个话匣子。

案例评析: 在这个案例中,我的即兴话题,触及王大妈的分内工作,也变相地肯定了王大妈的价值奉献,由此引来了王大妈滔滔不绝地倾诉,这都是即兴发现的功劳。

(3)投石问路

向河水中投块石子,探明水的深浅再前进,就能有把握地过河。与陌生人交谈,先提一些"投石"式的问题,在略有了解后再有目的地交谈,便能谈得更为自如。如在聚会时见到陌生的邻座,便可先"投石"询问:"你和主人是老乡呢还是老同学?"无论问话的前半句对,还是后半句对,都可循着对的一方面交谈下去。如果问得都不对,对方回答说是"老同事",那也可谈下去了。

案例欣赏

您老公会同意您的预订

一位漂亮的小姐小心翼翼地进了婚纱摄影馆。销售人员面带微笑地迎了上去。

销售人员:小姐您好!这边请坐,准备照婚纱吗?

某女士:是的。

销售人员:是朋友介绍过来的?还是无意看到进来的?(寒暄以收集资料)

某女士:无意看到进来的。

销售人员:婚期是什么时候呢?(收集资料)

某女士:下个月月底。

销售人员:小姐你算比较有概念,知道前一个月来拍照,拍照到取件需要二十天左右,我给您推荐这个目前最实惠的优惠套系,真是物美价廉,我来介绍给您。

销售人员:这套很便宜哦!您真是有福气订到这一套,来,我把订单写一写。

某女士:我今天没跟老公一起来,所以想询问老公的意见。

销售人员:也对,该询问老公的意见,您真细心又尊重老公,其实拍结婚照一般老公都没意见,您那么尊重他,我想他也会尊重您的意见,这样好了,这套系您也很喜欢,这优惠的剩下不多了,我先开单保留优惠,您先不告诉您老公订了,明后天您带他来我再做一次介绍,如果您老公没意见,优惠也保留了,如有意见我再解说清楚一点,我想您老公会同意你的预订的!

案例评析:在这段交流中,销售人员从看似不经意的寒暄开始,投石问路,步步深入,逐渐进入深度攀谈,积极去占据攀谈的主动权,一点儿一点儿地解除了顾客的心理防御,并由此收集总结顾客的情况,然后有针对性地为顾客推荐合适的产品和服务,并向顾客进行介绍。顾客没有一点儿被强迫感,销售人员也成功地"套"住了顾客,的确是一次不错的攀谈。

(4)循趣入题

从共同的爱好中寻找。共同的兴趣可使你们的谈话妙语连珠,妙趣横生,津津有味,令人羡慕。问明陌生人的兴趣,循趣发问,能顺利地进入话题。如对方喜爱下象棋,便可以此为话题,谈下棋的情趣,车、马、炮的运用,等等。如果你对下棋略通一二,那肯定谈得投机;如果你对下棋不太了解,那也正是一个学习机会,可静心倾听,适时提问,借此让对方打开话匣子。还有诸如"借事生题法""即景出题法""由情入题法",等等。都可巧妙地从某事、某景、某种情感,引发出话题。这类方法重点在于引,目的在于导出对方的话茬儿。

案例欣赏

喜欢摄影的小田

小田刚到公司工作,性格内向,平常不善交流,唯一的爱好就是喜欢摄影。小田30岁了还没谈对象,公司为此组织了几次单位的青年联谊活动,但都没有下文。

今年公司又组织了一次联谊活动,这一次,工会的李主席带着一个文静的姑娘给小田作介绍说:"小胡,这是咱们公司的小田,工作业绩挺不错,平时喜欢摄影,你上次请教的几个摄影小技巧都是小田帮助解决的,你们好好聊聊!"小胡微笑着说:"原来你就是那个高手啊,那得好好请教请教!"小田连说:"不敢当不敢当。"接下来,小田和小胡聊得很投缘,没过多久,俩人顺利地牵手了。

案例评析:共同爱好促使两个人有了共同的话题,也由此奠定了交往的基础。李主席从共同的兴趣寻找可能的话题,从而也最终牵定了这一根"红线!"

(5)见新如旧

见新如旧这类话题主要在于拉关系套近乎,从而寻求攀谈的可持续发展,必须在缩短感情距离上下功夫,力求在短时间内了解得多些,缩短彼此的距离,力求在感情上融洽起来。孔子曰:"道不同,不相为谋。"志同道合,才能谈得拢。我国有许多"一见如故"的美谈。陌生人若能谈得投机,要在"故"字上做文章,变"生"为"故"。

案例欣赏

李莲英的乡音

清朝末代的大太监李莲英出身贫苦,个子瘦小,若以当时清朝宫廷太监的标准来衡量,他是不够资格的。可一次偶然的机会,李莲英听说在宫里有一个太监是同乡,且是同一村的,于是李莲英大胆地去找了这位老乡。

李莲英当时很穷,没有钱买东西去送礼。他知道这位老乡很重乡情,但怎样才能引起老乡的注意却一直困扰着他。

终于,他想出了一个办法,一天,他瞅准了,正当这位老乡出来当值时才去报名,然后用一口地道的家乡话说出了自己的姓名与籍贯。李莲英的这位老乡听了这声音,身体不由得抖了一下,遂把关看了看这位老乡,心里暗暗记住了名字。后来在这位老乡的帮助下,李莲英做了慈禧太后梳头屋里的太监。

案例评析:李莲英面对难得的机会,巧施"乡音乡情"之妙计,以引起老太监的"思乡念旧"之情,找到了这样一个"见新如旧"的话题,从而为自己争得了入宫的机会。

2. 学会察言观色

现代社会人际交往,人们之间的交流与攀谈,需建立在察言观色的基础上,察言观色是人际交往中深入攀谈的一项基本技术。不会察言观色,等于不知风向便去转动舵柄,世事圆通无从谈起,弄不好还会在小风浪中翻了船。直觉虽然敏感却容易受人蒙蔽,懂得如何推理和判断才是察言观色所追求的顶级技艺。言辞能透露一个人的品格,表情眼神能让我们窥测他人内心,衣着、坐姿、手势也会在毫无察觉之中出卖它们的主人。言谈能告诉你一个人的地位、性格、品质,以至流露内心情绪,因此善听弦外之音是"察言"的关键所在。如果说观色犹如察看天气,那么看一个人的脸色应如"看云识天气"般,有很深的学问,因为不是所有人所有时间和场合都能喜怒形于色,相反是"笑在脸上,哭在心里"。所以,在攀谈与交流中要善于察言观色,才有进一步攀谈的可能,这样的交流才会更加深入下去。

案例欣赏

能辨风向才会使好舵

一个举人经过三科，又参加候选，得了一个山东某县县令的职位。第一次去拜见上司，想不出该说什么话。沉默了一会儿，忽然问道："大人尊姓？"这位上司很吃惊，勉强说了姓某。县令低头想了很久，说："大人的姓，百家姓中所没有。"上司更加惊异，说："我是旗人，贵县不知道吗？"县令又站起来，说："大人在哪一旗？"上司说："正红旗。"县令说："正黄旗最好，大人怎么不在正黄旗呢？"上司勃然大怒，问："贵县是哪一省的人？"县令说："广西。"上司说："广东最好，你为什么不在广东？"县令吃了一惊，这才发现上司满脸怒气，赶快走了出去。第二天，上司令他回去，任学校教职。究其原因，便是不会察言观色。

案例评析：可见，在人际交往中，察言观色，随机应变，这是一种攀谈的本领。察言观色是建立在对对方的了解上，人际交往中，对他人的言语、表情、手势、动作以及看似不经意的行为有较为敏锐细致的观察，是掌握对方意图的先决条件，测得风向才能使好舵，有了这些基础，你下一步的攀谈就有了充分的准备。是进一步攀谈还是适度中止，是就此话题继续进行还是转移话题另起炉灶，这样你都有了充分的判断。

3. 做一名忠实听众

著名心理学家威尔逊·米兹纳说："一位好听众，不仅到处受人欢迎，而且能够比其他人知道得更多。"与人攀谈并不是两人之间一直滔滔不绝地叙说，必然需要互相倾听，做一名忠实的听众，也是与人攀谈的重要技巧。

戴维·霍奇斯在纽约亨特大学任教授，他天生就是一位好听众。当有人同他说话时，他的整个身体似乎都在聆听，仔细聆听对方说的每一个字。对于对方所说的笑话，他总是第一个笑，同时赞美对方，并且问一些对方感兴趣的问题，几乎很少插话，也很少给人以忠告。

4. 送上你的赞美

与人攀谈中，及时地送上你的赞美，势必会让你们的交谈更为惬意，双方都会进入一种愉悦的境地，从而显示出你的容人之量与不俗的攀谈交流能力。

赞美是人际交往中的润滑剂。威廉·詹姆斯说："人性中最深切的禀质，是被人赏识的渴望。"林肯也说过：每一个人都喜欢人家的赞美。一个人即使别的方面不强，但只要懂得了赞美的方法，在人际交往中也一定能如鱼得水。

在日常生活中，及时地送上你的赞美，对方就会觉得你这个人很会说话，你的赞美，将会为你带来意想不到的友谊，你们之间的攀谈就有了长久发展的根基。

案例欣赏

赞美可重塑人的品行

麦琪是学期中间被调到纽约某个公立学校的，而且一开始校长就要她当四年级 B 班的班主任，原因是前任班主任中途辞职了。第一天走进教室，麦琪就被吓了一跳：横飞的纸团、架在桌子上的脚、震耳欲聋的吵闹声……整个教室活像混乱的战场。随着对学生们的深入了解,麦琪采用了不断夸奖的办法来逐渐改变学生的不良品行。"珍妮,你今天的辫子真好看,是自己梳的吧?""杰克,听说你会画画,什么时候给我也画一幅?""汤姆,你很有领导才能,你能帮助我管理好班级吗?"在麦琪的欣赏的目光与赞美的言语中,学生们的精神面貌发生了巨大的变化,一个崭新的班级自然也就出现了。

案例评析:孩子们的转变轨迹恰恰体现出人性中最为本质的东西,即渴望获得承认与赏识。发自内心的承认、赏识与赞许像一剂良药,最能治愈一个人因犯错而受伤的脆弱心灵,而与之相对的、不够聪明的行为则是粗野的批评、无端的指责和呼天抢地式的抱怨。这一事例告诉我们:一味地指责和批评并不是使学生改正错误的最佳办法。一句暖心的赞美可以重塑一个人的品行。

5. 及时攀亲认友

一般来说,对任何一个素不相识者,只要事前做足功课,你都可以找到或明或暗、或近或远的亲友关系。而当你在见面时及时拉上这层关系,就能一下缩短心理距离,使对方产生亲切感。

天涯何处无朋友?交谈何必曾相识!要用三言两语便惹人喜爱、一见如故,关键是功夫要花在见面交谈之前。美国前总统富兰克林·罗斯福跟任何一位来访者交谈,不管是牧童还是教授,不管是经理还是政客,他都能用三言两语赢得对方的好感,秘诀就是:罗斯福在接见来访者的前一晚,必花一定时间了解来访者的基本情况,特别是来访者最感兴趣的题目。这样,一交谈就能有的放矢,攀亲认友。

(二)攀谈的原则和要求

1. 灵活互动原则

自古以来,中国人就讲究得体说话,灵活办事。古人曰:"遇沉沉不语之士,且莫输心;见悻悻自好之人,应须防口。""世事洞明皆学问,人情练达即文章。"可见,得体说话与灵活办事,不仅是一个人必备的生存技能,还是一个人在社会上游刃有余的保障。战国时期的苏秦,分析天下大势,认为强秦逐鹿中原终将吞并八荒,遂巧言游说六国,并见机行事,从而使合纵抗秦计划告成。赵国宰相蔺相如凭借得体的言辞,和秦王灵活周旋,完璧归赵,令秦王不敢犯境;三国时蜀相诸葛亮巧言妙语舌战群儒,凭借智谋,灵活地与东吴结盟,大破曹军,确定了三国鼎立的局面;清朝的曾国藩为官一生,谨言慎语,官越做越大,权越来越重,办事却越来越严谨,这使他在纷纭复杂的封建官场上善始善终……他们都是得体说话的高手,并以灵活办事的手段,成功地驾驭自己的人生,最终功成名就。

相反,在与人交谈的过程中,处处生硬无趣,别人说十句,换不来你的一句话,给人以冰封千里的窘境,那必然不能再继续深谈下去。说话不得体的人,很容易被人瞧不起,更不能赢得别人的友谊。这样就会人人讨厌,事事难办,处处碰壁。

因此,与人攀谈之时,一定要掌握好灵活互动的原则,说话得体,才能广结人缘,借人成事,才能尽显个人魅力,获得成功。一般来说,一些高端访谈节目、名人专访等栏目中,名人们与采访者(或者节目主持人)有着极强的良性互动。

案例欣赏

访谈莫言

洋洋：莫言老师，欢迎您来到《名人访谈录》。我也知道您这个时候特别忙，也特别累。

莫言：是很累，但接受采访已经成了我的义务，这都是诺贝尔文学奖惹的祸！

洋洋：那诺贝尔文学奖有错吗？

莫言：诺贝尔文学奖本身没有错，只是我们国人对待诺贝尔文学奖的态度错了。我认为诺贝尔文学奖与奥运比赛不一样，奥运会你得了奖，得了冠军，你就真的是世界第一了！但是得了诺贝尔文学奖却不能说你就是最好的，你的作品就是最好的。有可能一个什么奖都没拿到的，他比你更是一个好的作家，他的作品也比你的更好，这都不一定。所以对待诺贝尔文学奖不必盲目地迷信。

洋洋：那您认为诺贝尔文学奖代表了什么呢？

莫言：得了诺贝尔文学奖，说明这个作家是个好作家，作品也是值得一读的，仅此而已。

洋洋：在没有得诺贝尔文学奖之前，您认为自己是个好作家吗？

莫言：那当然，我首先是个好作家，所以才有可能得诺贝尔文学奖。当然，在中国好作家绝对不止我一人，我也不敢说自己就是最优秀的。

洋洋：莫言老师，您太自谦了！按照功利主义的观点，人们每做一件事情必定是想要得到什么，如果一部文学作品读了它没有什么好处，也没有什么坏处，那文学作品到底能带给读者什么呢？读者又为什么去读呢？

莫言：我想这因人而异吧！阅读是不能用功利的思维去看，它可以不为什么而存在，就为享受阅读本身。一个人可能仅仅因为喜欢阅读所以就去阅读，一部作品可能会唤起读者对童年的美好记忆，也可能会勾起他对未来美好生活的憧憬，还可能会让他对自己有一个深刻的反省，或者对社会有一个全面的认识，再或者让他懂得了什么是真、善、美。所有这一切的感受与体验，都只有在阅读之中才有，不可能是因为有这些感受与体验所以才去阅读的。它不像学习目的那么明确，为了考文凭、评职称，或者为了找份好工作，它就像是看场电影，消遣、娱乐、寻找精神的慰藉，看之前可能对影片一无所知，看之后才有了对影片的观后感。

洋洋：我一直觉得中国人在很多事情上都表现得很极端，比如对历史人物好与坏的评价，或是传统文化的要与不要，再或是文学艺术的崇高与一文不值，真可谓要么捧上了天，要么踩在脚下，哪里还有理性可言？

莫言：纵观中国的历史，这些非理性的极端声音的确是存在的，而且甚至某段时期内，它会成为一个社会主流的声音。但是不可否认，一个社会的全部声音里，一定有理性声音的存在，当然也会有非理性声音的存在，不过随着时间的积累，不管是知识分子还是普通大众，我想最终一定会接受理性的声音。如果把非理性的极端思想比作是某个疾病，我们的祖父、父亲，加上我们自己，三代人有可能会得同一种疾病。虽然祖父的病已经治好了，父亲的病也已经治好了，但是我们还是有可能会得这个病。

洋洋：那人类的经验对后人到底能发挥什么作用呢？

莫言：我们不能因为三代人得了同一个疾病，就否认经验的作用。我想历史经验的作用是毋庸置疑的，关键是面对历史经验的人采取什么样的态度！中国历史上有那么多贤臣告诫君王以史为鉴，但贤臣被杀，君王残暴不仁，最后弄得国破家亡的例子不在少数，这难道是历史经验没有作用？这只能怪君王昏庸无知吧！

洋洋：可以与我分享一下您满意的事吗？

莫言：噢，比如我拿诺贝尔文学奖就很满意啊！

洋洋：是不是不管内心多么强大、多么坚定的人，都希望能得到社会的肯定和喝彩？

莫言：应该是的吧。一个内心足够强大自信的人，他可能会不顾周围人的反对，执着地坚持自己，这个时候他可能不会去想要鲜花掌声，但是当鲜花掌声来了，他应该会高兴的。

洋洋：有没有拒绝鲜花掌声的？

莫言：当然有，当鲜花掌声是糖衣炮弹，那就一定得小心，能拒绝就拒绝。

洋洋：这就是佛教中的大彻大悟吧？好的，莫言老师，谢谢您！

（2012年12月16日，当代著名作家莫言接受《名人访谈录》专访）

案例评析：在这段采访中，莫言与主持人之间积极互动，整个节目不冷场，让观众看到了一个真实的莫言，访谈节目取得了极大的成功。

2. 亲近自然原则

与人交往，相处攀谈，一定要找到合适的话题，一定要让对方放松自然，不能让对方局促不安。亲近自然是攀谈交往的基本原则之一。只有在双方建立了亲近感情的基础上，你们的攀谈才会有深入发展的可能。

🔊 案例欣赏

老太太买李子

一天一位老太太拎着篮子去楼下的菜市场买水果。

她来到第一个小贩的水果摊前问道："这李子怎么样？"

"我的李子又大又甜，特别好吃。"小贩回答。

老太太摇了摇头没有买。她向另外一个小贩走去问道："你的李子好吃吗？"

"我这里是李子专卖，各种各样的李子都有。您要什么样的李子？"

"我要买酸一点儿的。"

"我这篮李子酸得咬一口就流口水，您要多少？"

"来一斤吧。"老太太买完李子继续在市场中逛，又看到一个小贩的摊上也有李子，又大又圆非常抢眼，便问水果摊后的小贩："你的李子多少钱一斤？"

"您好，您问哪种李子？"

"我要酸一点儿的。"

"别人买李子都要又大又甜的，您为什么要酸的李子呢？"

"我儿媳妇要生孩子了，想吃酸的。"

"老太太,您对儿媳妇真体贴,她想吃酸的,说明她一定能给您生个大胖孙子。您要多少?"

"我再来一斤吧。"老太太被小贩说得很高兴,便又买了一斤。

小贩一边称李子一边继续问:"您知道孕妇最需要什么营养吗?"

"不知道。"

"孕妇特别需要补充维生素。您知道哪种水果含维生素最多吗?"

"不清楚。"

"猕猴桃含有多种维生素,特别适合孕妇。您要给您儿媳妇天天吃猕猴桃,她一高兴,说不定能一下给您生出一对双胞胎。"

"是吗? 好啊,那我就再来一斤猕猴桃。"

"您人真好,谁摊上您这样的婆婆,一定有福气。"小贩开始给老太太称猕猴桃,嘴里也不闲着:"我每天都在这儿摆摊,水果都是当天从批发市场找新鲜的批发来的,您媳妇要是吃好了,您再来。"

"行。"老太太被小贩说得高兴,提着水果边付账边应承着。

案例评析:3 个小贩对着同样一个老太太,为什么销售的结果完全不一样呢? 很显然,第三个小贩在售卖的过程中,灵活巧妙地进行亲近自然的攀谈,显得体贴关心,成功地把老太太给说服了,自然也就做好了生意。

3. 坦诚相待原则

在攀谈的过程中,一定要坦诚相待,不能让人捉摸不透,不能闪烁其词,更不能让人感觉你城府深厚,否则,对方就会对你心存戒心,你们的交往也就只能蜻蜓点水,敷衍了事。

案例欣赏

访谈余秋雨

洋洋:秋雨老师,欢迎您来到《名人访谈录》。

余秋雨:洋洋好! 我能对你这个节目名称稍微提点小小的建议吗?

洋洋:好的。

余秋雨:说实话,我个人不是很喜欢名人这个称呼,虽然我也算得上很有名,但我更愿意把自己的身份定位成一个文化人。现在很多人在媒体上露面多了,话说得多了,便出名了。但他们不一定就有文化。而且还有很多有文化的人,不出名,所以讲得很好的话也没人听。我认为这都不是一个好的现象。一个好的节目,不在于它访问了多少名人,而在于它能迎接多少漂泊的流浪者。

洋洋:秋雨老师给我们节目提了一个很高的要求噢,我觉得好难哟!

余秋雨:对于你们年轻人是有点儿难,不过我们不能因为难而不去做,但是如果你们因为做了这件事而觉得累,感到痛苦,甚至生存都成了问题,那我觉得你们就没有必要这样去做了。人活在世上最重要的是善良、快乐、健康。一件好的事情虽然是善良的,但是如果不能给人带来快乐,那我觉得它也不一定是件好的事情!

洋洋:好的,我们一定会朝秋雨老师所希望的方向去发展。最近秋雨老师好像在媒体上很少露面噢!

……

(2012年3月26日,著名文化学者余秋雨接受《名人访谈录》专访)

案例评析:访谈一开始,余秋雨就坦诚自己对《名人访谈录》栏目的建议,不要动辄就对采访对象以"名人"相称,并提出"文化人"的概念,当主持人表示"有点儿难度"时,余秋雨更是直接指出年轻人的畏难情绪,更要求要努力。在这一段交谈中,淋漓尽致地体现了余秋雨的坦诚态度。

4. 入浅及深原则

在人际交往中,人们往往是由不熟悉到逐渐熟悉、由相知甚少到相交变深的过程,也正是在这样一个过程中,人们对彼此的性格、兴趣、习惯等才能由浅入深地了解,为进一步的交流与攀谈打下基础。如果一上来就直奔对方的一些隐私或者一些敏感的话题,那么这样的攀谈很容易失败。

案例欣赏

买 衣 服

一位顾客带着朋友走进店来。

服务员迎了上去,说:"美女,你好漂亮! 你的穿着好有品位,一看就知道你很懂得搭配服装。"

女顾客笑道:"是吗? 谢谢!"

服务员接着道:"随便看吧,我想我不用推荐,你的眼光一定能在本店挑出你满意的衣服。"

女顾客在服务员的心理暗示下,开始搜寻服装。

此时,服务员开始与她的朋友聊天。

"你知道吗? 我以前也经常陪朋友去买衣服,后来觉得买衣服是女人的享受。"服务员跟朋友拉近距离。

"是吗? 我们俩经常逛街。"

"一看就看出你们俩很有姐妹缘。"

此时,那个顾客挑好衣服了。

"美女,这件衣服销得很不错的哦,你的眼光引领时尚潮流啊,先去试试?"

顾客试衣出来。

"让你的朋友帮你看看,合适不合适。"

"还不错。"那位陪伴来的顾客说。

"我想打扰问一下哦,你们买这一套衣服想在哪种场合穿呢?"

"就平常休闲的时候穿,没有什么场合。"顾客说。

"那这件衣服挺合适的,当然,最好搭配那条裤子,或者这个裙子。"此时,服务员开始推荐,并体现出自己的专业。

"因为这样的搭配很适合你的肤色,我们店里专门有色彩搭配的大师,来搭配每一套衣服的颜色。"

"嗯,那我去试一下一整套。"

"好的。"

顾客再一次试衣出来。

"效果很不错哦!让镜子来告诉你!"把她引到镜子前,同时帮助她整理好服装。

"是还不错哦!"她的同伴说。

此时,引导成交。

"我们这边有速照纪念哦。先来给你拍一张吧。"

照片出来,购买焦点出现。

"这一套多少钱呢?"

"衣服 388 元,裙子 188 元。整套给你打 9 折。同时赠送一张我们店里的 VIP 卡。"

案例评析:服务员一上来并不是急于询问顾客是否要购买衣服,而是送上赞美,先拉近彼此的关系。然后为了消除顾客对推销人员的顾虑,主动去与陪伴的顾客聊天,随着情节的一步步发展,服务员与顾客的关系在一步步拉近,顾客对服务员的防备心理在一步步弱化,而服务员与顾客的攀谈在一步步加深,最终使顾客放下了戒备心理,生意最终成交。

5. 欲擒故纵原则

在人际交往中,难免会遇到一些不愿意深谈的人,甚至会拒之于门外,让你吃"闭门羹",这时候不妨可以使用欲擒故纵法,从而让对方由不愿意交流到真心地与你交谈。

案例欣赏

陈毅市长见齐仰之

······

(少顷,陈毅上,按门上的电铃。)

齐仰之:(烦躁地)谁?

陈毅:我!

齐仰之:(走过去开门)你找谁?

陈毅:请问,这是齐仰之先生的府上吗?

齐仰之:你是谁?

陈毅:姓陈名毅。

齐仰之:(打量陈毅)陈毅? 不认识,恕不接待!("嘭"地一声将大门关上,匆匆回到桌边,又开始埋头工作。)

陈毅:(一惊)吃了个闭门羹!(想再敲门,又止住,思索)这可咋办? 真是个怪人!(转身欲走,又停了下来)我就不相信,偌大一个上海我都进得来,这小小一扇门我就进不去。(再次按门上的电铃)

(齐仰之只是将头偏了偏。)

(陈毅索性将手指一直按在电铃的按钮上,铃声持久不息。)

(齐仰之欲发作,气冲冲去开门。)

齐仰之：又是你！

陈　毅：对头！

齐仰之：你究竟是干什么的？

陈　毅：要问我是干什么的，我倒是干大事的。鄙人是上海市的市长。

齐仰之：（一惊）什么？你就是电话里说的那个陈市长？

陈　毅：正是在下。

齐仰之：那……半夜三更来找我有何贵干？

陈　毅：无事不登三宝殿嘛。

齐仰之：可是我……我在工作。

陈　毅：我专程来拜访齐先生，也是为了工作。

齐仰之：（为难地）好吧。不过，我只有三分钟的空闲。

陈　毅：三分钟？

齐仰之：对。

陈　毅：可以，绝不多加打扰。

齐仰之：请。

（齐仰之请陈毅进屋。）

陈　毅：（打量房间）齐先生就住这里？

齐仰之：对，好多年了。

陈　毅：我倒想起了刘禹锡的《陋室铭》："山不在高，有仙则名；水不在深，有龙则灵。斯是陋室，惟吾德馨。"

齐仰之：（高兴地）不不，过奖了，过奖了！

陈　毅：不过刘禹锡的陋室是"苔痕上阶绿，草色入帘青"，齐先生的这间陋室嘛，则是"苔痕上墙绿，草色室中青"。

齐仰之：（笑）陈市长真是善于笑谈。

陈　毅：（看到墙上贴的条幅，念）"闲谈不得超过三分钟"。

齐仰之：（看表）有何见教，请说吧。

陈　毅：（也看表）真的只许三分钟？

齐仰之：从不例外。

陈　毅：可我做报告，一讲就是几个钟头。

齐仰之：（看表）还有两分半钟了。

（齐仰之请陈毅坐下。）

陈　毅：好好好。这次我趋访贵宅，一是向齐先生问候；二是为了谈谈本市长对齐先生的一点不成熟的看法。

齐仰之：哦？敬听高论。

陈　毅：我以为，齐先生虽是海内闻名的化学专家，可是对有一门化学齐先生也许一窍不通。

齐仰之：什么？我齐仰之研究化学四十余年，虽然生性驽钝，建树不多，但举凡化学，不才总还略有所知。

陈毅：不，齐先生对有门化学确实无知。

齐仰之：（不悦）那我倒要请教，敢问是哪门化学？是否无机化学？

陈毅：不是。

齐仰之：有机化学？

陈毅：非也。

齐仰之：医药化学？

陈毅：亦不是。

齐仰之：生物化学？

陈毅：更不是。

齐仰之：这就怪了，那我的无知究竟何在？

陈毅：齐先生想知道？

齐仰之：请赐教！

陈毅：（看表）哎呀呀，三分钟已到，改日再来奉告。

齐仰之：话没说完，怎好就走？

陈毅：闲谈不得超过三分钟嘛。

齐仰之：这……可以延长片刻。

陈毅：说来话长，片刻之间，难以尽意，还是改日再来，改日再来。

（陈毅站起，假意要走，齐仰之连忙拦住。）

齐仰之：不不不，那就请陈市长尽情尽意言之，不受三分钟之限。

陈毅：要不得，要不得，齐先生是从不破例的。

齐仰之：今日可以破此一例。

陈毅：可以破此一例？

齐仰之：学者以无知为最大耻辱，我一定要问个明白。请！

（齐仰之又请陈毅坐下。）

······

案例评析：陈毅市长巧妙地运用欲擒故纵法，使"闲谈不得超过三分钟"的化学家齐仰之最终彻底地打消了自己坚持了几十年的交谈原则，足见陈毅市长的攀谈功底。

（三）攀谈的禁忌

1. 忌查户口

千万不要为提问而攀谈。如果对方一上来就对你的年龄、收入、婚姻状况等问个喋喋不休，"先生，你家住哪里啊？""能告诉我是哪个小区吗？门牌号多少啊？"你是不是会觉得此人太过无聊，甚至有些让人厌烦呢？

2. 忌包打听

在交流攀谈中，不要给人"包打听"的印象。比如，你准备与一个正在大堂徘徊的女生攀谈，说"你是在等人吗？"就不如说"看来你的朋友也晚了"有效。攀谈中要尽可能用陈述句代替疑问句。仔细体会，后者的语气更果断、自然、友好，而且还巧妙地暗示了你本人的状态。相比之下，前者的单纯发问既没说明你自己的任何信息，还要求对方向你提供她的情况,这就很容易让女孩紧张和抗拒。

3. 忌窥隐私

在交流与攀谈中,要尽量避免涉及对方难以回答的话题,以免给人"窥探隐私"的感觉。比如"我想认识你。"以及"我们一起走怎么样?"这两句话的实质是"我是个想认识你的人"以及"我是个想跟你一起走的人",仅仅是向女生陈述你的来意。可如果说完之后你就沉默了,那么这两句话就变成了纯粹的疑问句"我想认识你,行不行?""我们一起走,好不好?"而对方也就必须在行和不行之间做一个选择了。这时候,出于自我保护本能,女生更容易做出否定的回答。所以,关键的技巧就是不能沉默,不能尴尬,不能等着女生说话,要马上切入第二句闲聊。比如:"今天天气如何如何""这个地方怎样怎样"……于是,双方就都有台阶了。至于攀谈开始,更不能一上来就问对方"你有男朋友了吗?""你老公还好吧?"万一对方正处在感情危机当中,你让对方如何回答?

4. 忌绕圈子

有的人在交流中总喜欢绕圈子,东一句西一语的,让人摸不着头脑,给人不切正题的感觉,这也是攀谈的忌讳。攀谈时,坦诚地向对方表达你的愿望,更能让对方觉得你是真诚可交的朋友,勇敢自信的男性要比拐弯抹角的男性更能满足女生的虚荣心。

三、课堂实战训练

【训练一】 请运用攀谈技巧欣赏下列案例,谈谈你从中受到的启发。

(1)销售高手与客户的对话

销售员:早晨好,刘先生,见到您很高兴。

客 户:你好,找我有事情吗?

销售员:(首先要切入话题)刘先生,我是××公司的刘明,我今天拜访您的主要原因是我看到了《节能行业》上有一篇关于您公司所在市场的介绍。

客 户:(好奇)真的吗? 都说了什么?

销售员:(表现自己对行业的了解)这篇文章谈到您所在的节能行业将一定有巨大的市场增长,预计今年全年增长幅度为80%,总市场规模将达到500亿元,像您这样的一家大型公司对此应该很感兴趣吧?

客 户:是啊,前几年市场一直不太好,这两年由于国家提倡建立节能型社会,所以我们认为未来的市场应该是不错的。

销售员:(开始转入正题,手机公司的相关资料)刘先生,在如此的市场背景下,相信贵公司的内部压力一定不小吧?

客 户:对啊,我们的销售部、生产部都快忙晕了。

销售员:(再次提出问题)是吗? 真的是不容易啊。刘先生,我发现你们打出了招聘生产销售人员的广告,是不是就是为了解决这个问题呢?

客 户:对啊。如果不这样的话就忙不过来了。

销售员:(进一步提出问题)的确这样,那么刘先生,相对于人均每日制作500台元件的这个平均数，你们的人均生产是高还是低啊？

客户：差不多，人均也是 500 台左右。

销售员：(进一步提出问题)那么目前来说还有没有提高生产效率的方法呢？

客户：基本不可能。

销售员：(进一步提出问题)那么您用的设备是什么品牌呢？使用的又是什么型号的呢？

客户：(话题被打开)……

(2) 善于攀谈巧销售

销售员：朱小姐，您好，我是李医生公司的医学顾问李明，您的好友刘霞是我们公司的忠实用户，是她介绍我打电话给您的，她认为我们的产品也比较符合您的需求。

顾客：刘霞？我怎么没有听她讲起呢？

销售员：是吗？真不好意思，估计刘小姐最近因为其他原因，还没来得及给您引荐吧。您看，我这就心急得主动打来电话了。

顾客：没关系的。

销售员：那真不好意思，我向您简单地介绍一下我们的产品吧。

顾客：好，你说。

销售员：我们公司有一款新的面膜，特别适合年轻的女性朋友，它针对女性的皮肤性质，调配出了具有美白、祛痘、收缩毛孔的功能。特别适合您。

顾客：是吗。那贵吗？

销售员：是的，价格很合理，这方面您放心，您的朋友也经常来订购。

顾客：那在哪里订购呢？

销售员：订购我们的产品主要有 3 种方式：第一种方式您直接到我们专卖店订购；第二种方式您可以把地址发给我们，然后把钱存到我们公司的账户，我们会立即给您发货；第三种方式您可以上我们的官网订购。不知您选择哪一种？

顾客：那我网购吧。

销售员：好的，您是否还有其他想了解的？

顾客：嗯，暂时没有，就这样吧。

销售员：好，再见。

【训练二】 请根据下列情形，进行模拟演练。

(1) 在从北京到上海的火车上，你作为平安人寿保险的推销员，与你面对面而坐的正巧是两位 40 多岁的中年夫妇。

① 如何进行自我介绍？

② 如何寒暄？

③ 如何与对方攀谈，以推销你的业务？

(2) 在一次大型招聘会后返程的地铁上，你发现坐你旁边的正巧是招聘会上面试过你的某家公司的招聘经理，你该如何与其攀谈？

第四章　交际口才训练

本章核心内容

综观古今,不难发现但凡有所成就的人,大都拥有"人生三技",即高超的交际能力、良好的口才和出众的演讲能力。要掌握这"人生三技",先要克服心理弱点,多与人接触,多参加社交聚会,多与同学、朋友、家人交谈,来锻炼自己的交际口才。在谈吐中,我们经常用到的幽默、赞美和拒绝,这些经过长久有效的训练,都是能够掌握的技能,是后天可以培养出来的。经过长期累积,等到你可以把口才库里的各种技巧灵活自如地加以运用时,你"能说会道"的本领就算大功告成了。终有一天,你会惊喜地发现,不知不觉中你已然成了一个令人嫉妒的口才出众者。

由于篇幅所限,本章仅将交际中常用的幽默口才训练、赞美口才训练和拒绝口才训练作为3节,其他内容未涉及。

训练目标与要求

1. 训练目标

通过本章知识要点的学习和具体实训,使学生懂得交际口才是一种重要的沟通能力,幽默在生活中无处不在,赞美是沟通的润滑剂,拒绝是交往中逆势状态下的巧妙运用。把握好运用幽默、赞美和拒绝口才的原则,掌握并熟练运用各种技巧,使自己成为在各种交际场合中游刃有余的人。

2. 训练要求

认真学习幽默、赞美和拒绝口才训练的相关知识,在课堂训练中积极参与,课下涉猎更多的口才书刊,利用各种机会,将所学的技能在实际生活中加以揣摩、体验。

第一节　幽默口才训练

一、教学案例导入

"我们中国人吃香蕉有两种吃法"

周恩来总理有一次接待一位外国国家元首,请这位贵宾吃香蕉。因为这位贵宾从未见过香蕉,也未吃过香蕉,不知香蕉怎样吃法,就把香蕉连皮带肉塞进嘴里吃起来。看到这种情景,周总理就很恭敬地微笑着对贵宾说:"我们中国人吃香蕉有两种吃法,一种是像你现在那样连皮吃，还有一种是像我这样剥了皮再吃，两种吃法都请你试一试，好吗?"贵宾听了，立即意识到自己搞错了。

案例评析：所谓"两种吃法"，只是周总理为了维护外国元首的人格尊严，采用了绝妙的外交辞令，让这位贵宾十分体面地"下台阶"，而不感到有丝毫的羞愧。这位贵宾十分感谢周总理的热情接待，同时对周总理高超的外交智慧、接待技巧深感敬佩。

二、本节知识要点

本节为你打开了一扇认识幽默、运用幽默、享受幽默的窗户。闲来无事，信手拈起翻上几页，或让你为之展颜，为你的生活增添些许快乐；或让你释然，为你的口才插上智慧的翅膀；或让你"惊艳"，欣欣然而细细品读……

幽默是一门最生动、最有趣、最实用的口才艺术，一个说话幽默的人，不仅可以给自己带来好人缘，还可以给自己带来好心情、好运气。幽默是一种男女老少皆可掌握的高超的口才技巧，说话幽默风趣不但能给周围人增添快乐，更使你的话带有深刻的哲理和启示，具有打动人心的巨大魔力。

幽默也显露了人的睿智与才华，展示人的风采与魅力。虽然幽默使人笑得含蓄温和，笑意矜持淡泊，但笑意里也饱含着智慧，洋溢着自信乐观的精神。

幽默是一种文化的积淀，需要达到一定层次的文化水准。一个人知识的存储与个人的涵养是成正比的。知识渊博的人，才能具有审时度势的能力，才能够谈资丰富、妙言成趣。

幽默在生活中无处不在，像个精灵。这个精灵随时出现在我们周围，人们吸收着它的灵气，妙笔生花，出口成趣。

（一）幽默与其他

1. 幽默与心境

《圣经》上有这么一句格言："人们有着一颗快乐的心，胜于怀藏着一支药囊，可以治疗心理上的百病。"

我们知道：心情沉重的人，肯定笑不起来；心中总是充满狐疑的人，话里肯定不会荡漾着暖融融的春意；整天都是牵肠挂肚的人，他的话里肯定也有着化不开的忧郁……只有襟怀坦荡、超越了得与失的大度之人，才能笑口常开，妙语常在，话中总是带着对他人意味深长的关爱，带着对自己不失尊严的戏谑。

我们喜欢听幽默的语言，往往就像喜欢听动人的音乐、欣赏美妙的诗篇一样，让你入迷；我们和谈吐幽默的人在一起，往往就像置身于蔚蓝的大海边或壮美的大山中一样，让你陶醉。是啊，幽默风趣的人，正是我们芸芸众生里的一道最亮丽的风景线啊!

山间清泉之所以能汩汩地流淌，是因为它的下面有大地永远不竭的水源；幽默者之所以语言风趣幽默，是因为他的内心永远都是一种豁达开朗的境界。当一个人一旦放弃了一切功利荣辱的牵挂和拖累之后，他的思想之笔就能蘸着人性之美的墨汁创作出奇文妙章，他的语言之鸟就能展开轻松的翅膀，在人们心灵的天空中自由地飞翔。

当然，幽默并不是某一个人智慧之树上独有的果实，它实质上是一门任何人经过严格训练都能掌握的语言艺术。阳光普照大地，无为无欲，但却造就了自然界的勃勃生机；幽默的人,说出话来虽让人感到如憨似傻,但却因心地透明、心境豁达开朗,实质上在那自嘲自谑或天真稚纯的话语中,我们却感受到了幽默者厚实的天性和无穷的智慧。

给自己一份旷达朗润如万里晴空的心境吧,那么这份心境一定会像阳光般飘洒在你的语境中,这样的话,即使你无意幽默,但却幽默自现!

🎧 案例欣赏

"可惜写信人只记得署名"

一次,英国首相丘吉尔在公开场合演讲,从台下递上一张纸条,上面只写了两个字"笨蛋"。

丘吉尔知道台下有反对他的人等着看他出丑,便神色从容地对大家说:"刚才我收到一封信,可惜写信人只记得署名,忘了写内容。"

丘吉尔不但没有受到不快情绪的影响,反而用幽默将了对方一军,实在是高!

2. 幽默与机智

机智是以智力为根据的,凭着机智可以把通常不相关的事情巧妙地连在一起。它可以在文句上搬弄花样,但是不一定会叫人发笑。在人际交往中,要把握说话技巧,更要把话说得恰到好处,运用自己的机智口才来应对一些意外情况的发生。所谓机智口才,就是应对突发事件时的口才,成功地掌握机智口才,也是要靠平时一点一滴的积累和不断的训练实践,才能为自己所用。

机智口才的要点是,从别人意想不到的角度思考问题。这不是通过直接的口才练习、训练口才技巧能够获得的。一般来说,不受思维的束缚,头脑中条条框框较少,创新思维较多的人,灵感才比较丰富。因此要获得机智口才,需从提高创新思维上入手。

机智和幽默如果运用得当,是可以带给人们欢悦,甚至化险为夷的。机智口才是灵感的产物。它非同凡物,仿佛流星,自天外飞来,轰然坠地,虽然悠起悠落,一闪不见,但它奇幻瑰丽的美,却让人怦然心动,经久不忘。

用机智和幽默去鼓起他人的兴致,别人将会对你十分感激,你说一句笑话可以像一缕阳光似地驱散重重的乌云,一切的怀疑、郁闷、恐惧,都会在一句恰当的笑话中烟消云散。机智运用得法,可以使一个对立的人哑口无言,也许还可以解除尴尬的局面,赢得别人的鼓掌喝彩。

🎧 案例欣赏

"我马上就会讲到你……"

英国首相威尔逊在一次演讲中,在刚刚进行到一半时,台下突然有个捣蛋分子高声打断了他:"狗屎!垃圾!"

威尔逊虽然受到了干扰,但他急中生智,不慌不忙地说:"这位先生,请少安毋躁,我马上就会讲到你所提出的关于环保的问题。"

全场人不禁为他的机智的反应鼓掌喝彩。

3. 幽默与笑话

幽默是一种优美、开朗的品质,是思想、学识、经验、智慧和灵感在语言运用中的结晶,是造成语言生动形象的有效手段之一。

林语堂在论及幽默时说道:"幽默是由一个人旷达的心性中自然而然地流露出来的,其语言中丝毫没有酸腐偏激的意味。而油腔滑调和矫揉造作,虽能令人一笑,但那只是肤浅的滑稽笑话而已。只有那些巍巍荡荡、朴实自然、合乎人情、合乎人性、机智通达的语言,虽无意幽默,但却幽默自现。"

幽默的首要条件是必须有谐趣性。所谓谐趣性不是一般的滑稽可笑,而是指由于揭示了内容与形式、现象与本质、愿望与结果等内在矛盾而产生的一种耐人寻味的情趣。这是一种高雅的笑。其次,幽默的作用在于它的教育性,而且这种教育作用是在愉悦的情绪中及会心的微笑中实现的。

幽默一般都是比较经典且带有讽刺寓意的,或对某事婉转地回答,以达到表面上让人感到可笑,实质上笑后却能让人深思一番,烘托出其中更让人思考的深一层的内涵。幽默常常会是可笑的笑话,但并不是所有的幽默都会让人笑,它重在让人思考! 幽默不是制造笑料,幽默是一种领悟和灵性,它好像是某种只能意会不能言传的东西。

笑话,是笑料编成的短故事。它并不强调情节的完整性,只是截取最能致笑的故事片段或人物特征,用对话、用悬念、用极度夸张的手法提示生活中的某种不协调。有时并不一定有深刻的思想,往往只是为了博得人们的欢笑。笑话说得好,能引起哄堂大笑;说得不好,会因为"扑空"而令人失望,所以笑话关键在"说"。"说"要讲究说的技巧,一般来说,说笑话,语言要轻快、活泼,要渐渐引向高潮,就像烧饭一样,要"不到火候不揭锅",切莫一步到位。

其实笑话与幽默是两个不同的概念。笑话肤浅,幽默深刻;笑话有时庸俗,幽默永远高雅;笑话使人发笑,幽默让人沉思;笑话一笑了之,幽默影响深远;笑话只是当时笑,幽默是越想越好笑;笑话转瞬即逝,幽默值得玩味;笑话有很强的目的性(就是为了逗你笑),幽默很有随意性(不经意间让你笑);笑话发自口中,幽默来自内心;笑话像散发着油漆味的新家具,幽默像年代久远的老古董;笑话像加水的散装酒,幽默像陈年的老茅台;笑话像顺口溜,幽默像诗歌;笑话像初生牛犊不怕虎的小伙,幽默像久经沧桑的老人;笑话是一种当时笑的状态,只强调笑的结果,幽默是一种感觉,是一种对生活的深刻感悟……

📀 案例欣赏

"这些钱不是我的"

天才幽默大师卓别林曾被歹徒用枪指着头打劫。卓别林知道自己处于劣势,所以不做无谓抵抗,乖乖奉上钱包。

但是,他对劫匪说:"这些钱不是我的,是我老板的,现在这些钱被你拿走了,老板一定认为我私吞公款。兄弟,我想和你商量一下,拜托你在我帽子上开两枪,证明我被打劫了。"

歹徒心想,有了这笔钱,这个小小要求当然可以满足了,于是便对着帽子开了两枪。

卓别林再次恳求:"兄弟,可否在我衣服和裤子上再各补一枪,让我老板更深信不疑。"

头脑简单、被钱冲昏头脑的劫匪统统照做,6发子弹全部打光了。这时,卓别林一拳挥去,打昏了劫匪,取回钱包喜笑颜开地离去了。

(二)幽默的力量是无穷的

幽默的力量是无穷的,它可以使年轻人显得机智,使老人变得年轻;可以吸引众人的注意力,可以在微微一笑间缩短彼此的距离。而在各种紧张、尴尬的场合中,幽默更能发挥出非凡的作用,使所有令人不快的气氛一下子变得愉悦而轻松,使对立冲突、一触即发的态势转为和谐与融洽,还能使对方心悦诚服地理解、接纳你的观点。

1. 幽默是事业成功的助推器

事业的成功离不开广泛的交际,丰富的社会交往离不开卓越的口才,而交际口才已成为立足于社会的基本技能,事业成败的因素之一。

幽默是智慧的迸发,是善良的表达,是人生的助推器,更是一种胸怀、一种境界。幽默的人最有人情味,幽默的人价值无限。与幽默的人相处,每个人都会感到快乐,谁都希望与幽默的人打交道。

幽默提升你的人气指数,幽默让你成为最受欢迎的人。在我们大家的日常生活中都一定能够感受到,拥有幽默感的人非常受大家的喜爱,这样的人在社会交往中往往占有很大的优势。

一个世界500强的CEO说过:"我喜欢并聘用具有幽默感的人,因为他们可以非常好地把自己推销出去,并传播快乐和容易让他人认可自己。"可见幽默口才的重要性。

案例欣赏

"一定到中国来度蜜月!"

日本著名电影女演员中野良子有一次来到中国上海,上海市民看到她36岁还未结婚,十分关心她的婚姻大事,问她是否有了男朋友。

中野良子很有礼貌地说:"感谢中国朋友的关心,假如我结婚,一定到中国来度蜜月!"中野良子暂时不想公开说出自己是否有男朋友,但她又极力避免用"无可奉告"之类令人扫兴的话来搪塞,于是做出了热情友好的回答,表达了她对中国人民深厚的情谊,这真是一个绝妙的回答。

后来,中野良子真的在新婚时到中国来度蜜月,兑现了她的诺言,在中国人民心中留下了美好的印象。

2. 幽默是人际交往的润滑剂

幽默宛如一座桥梁,是沟通心灵的桥梁。幽默者最有人情味,与这样的人相处,每个人都会感到快乐。总而言之,幽默是社交成功的法宝,运用幽默的力量,我们就能通过成功的社交,走上成功的道路!

幽默能使我们的精神健康,富于创造性,它通过一种娱乐形式,减少我们的压抑与忧虑,通过笑释解人与人之间的隔膜与冷漠,消除困扰人类的敌意,消除人类交流活动中的偏见与误解,使人类真正达到共同的和谐与融洽。

幽默的语言可以使我们内心的紧张和重压释放出来,化作轻松一笑。在沟通中,幽默如同润滑剂,可有效地降低人与人之间的"摩擦系数",化解冲突和矛盾,并能使我们从容地摆脱沟通中可能遇到的困境。

与别人初次见面,幽默的谈话会赢得对方的好感。当双方发生矛盾冲突时,幽默的谈话会冰释前嫌。具有幽默感的批评性谈话,使人乐意接受。在工作劳累的时候,来点幽默的笑话,使人得到积极的休息。总之,幽默是社交中不可缺少的润滑剂。

幽默是不刺伤任何人的,它带给人的是喜悦和快乐。在社会交往中,幽默是以爱换来爱,以喜悦换来喜悦,以快乐换来快乐。保持喜悦和快乐,不仅带给自己幽默,也让别人幽默起来。

幽默口才将使你的心情变得轻松愉悦,谈笑风生,而且有助于你在交际中左右逢源,事半功倍。如果你将幽默比作是金子,那么幽默的口才,就好像华丽皇冠上那颗最璀璨的宝石。拥有幽默的口才,就拥有了一笔无价的财富,并且让你终身受益。

案例欣赏

"君子动口,小人动手"

抗日战争胜利之后,著名国画大师张大千要从上海返回四川老家。行前,他的学生糜耕云设宴为大师饯行。这次宴会邀请了梅兰芳等社会名流出席。宴会伊始,张大千先生向梅兰芳敬酒时说:"梅先生,你是君子,我是小人,我先敬你一杯。"梅兰芳不解其意,忙含笑问:"此作何解?"张大千先生笑着答道:"你是君子——动口,我是小人——动手。"张大千先生的幽默引得满堂来宾大笑不止,并深深为张大千先生不计世俗名位的豁达胸怀所折服,更生敬仰之心。

3. 幽默是文明程度的里程碑

幽默是思想、学识、智慧和灵感的结晶,是一瞬间闪现的光彩夺目的火花。幽默是自觉地用表面的滑稽逗笑形式,以严肃的态度对待生活事物和整个世界。幽默是具有智慧、教养和道德上优越感的表现。幽默感是人类比较高尚的气质,是文明和睿智的体现。

凡人的幽默,可以使愁眉不展者笑逐颜开,也可以使泪水盈眶者破涕为笑;可以为懒惰者带来活力,也可以为勤奋者驱除疲惫;可以为孤僻者增添情趣,也可以使欢乐者更加愉悦。而中外的知名成功人士,多具有幽默和乐观豁达的品格。

幽默以愉悦的方式表达真诚、大方和心地的善良,是人类面对共同的生活困境而创造出来的一种文明。它像一座桥梁拉近了人与人之间的距离,填补了人与人之间的鸿沟;它是希望发展人际关系、走向事业辉煌的人不可缺少的动力。

当代著名剧作家沙叶新先生在《笑逐"言"开》一文中说:"考察一个国家的喜剧艺术是否繁荣,幽默文化是否发达,老百姓是否笑得自由自在、无拘无束,便得知这个国家是否文明、是否人道、是否进步、是否开放。不敢笑的民族绝无希望。不允许笑的社会必然黑暗。"

日本的浜田正秀在《文艺学概论》中也说:"笑是文明程度的一种标志,在未曾开化的愚昧民族的表情里面,见不到丰富多彩的笑容。用野蛮的手段可以使人愁容满面,然而要使人笑逐颜开,则需要高度的智慧。"

澳大利亚的幽默家菲力普·亚当斯则幽默地预言:"未来地球上的终极战争,不是在东方与西方之间、黑人与白人之间、共产主义与资本主义之间、无神论与不可知论之间,而只会在会笑的人与不会笑的人之间发生。"

案例欣赏

"这种酒能治疗脱发吗?"

一次盛宴招待会上,服务员倒酒时,不小心将啤酒洒到一位宾客那光光的秃头上。服务员吓得脸都变了色,全场人手足无措,目瞪口呆。没想到这位客人却诙谐地说:"老弟,你以为这种酒能治疗脱发吗?"在场的人闻声大笑,尴尬局面一下子被打破了,宾客的幽默向大家展示了自己的大度胸怀,又巧妙地为服务员摆脱了窘境,使招待会能愉快地继续下去。

(三)幽默风趣的语言技巧

说话风趣诙谐,幽默睿智,这是很高的艺术。在社会谈话中运用这种艺术会收到好的效果。

1. 借题发挥,维护尊严

遇到挑衅性的问话的时候,有时用幽默的语言回答,比直接驳斥会取得更好的效果。爱迪生致力于制造白炽灯泡的时候,有人取笑他说:"先生,你已经失败了一两百次了。"爱迪生回答说:"我的成功就是发现了一两百种材料不适合做灯丝!"说完,他自己哈哈大笑起来。他的幽默化解了自己的困境,对方再也说不出什么挑衅性的话来了。

案例欣赏

"你哪天上路?"

从前有个财主,见一女子生得美丽,便借古诗调戏她,说:"唐诗云'东边日出西边雨,道是无情却有情',你是有情还是无情?"此女子也借一首唐诗说:"'慈母手中线,游子身上衣',衣服给你缝好了,你哪天上路?"财主一听,知道此女子不好对付,便慌忙溜走了。

此女子以其人之道还治其人之身,以牙还牙,反击挑衅,维护了自己的尊严。

2. 以虚对实,柔中带刚

隐晦含蓄,曲径通幽,以虚对实,反映了说话人的快速反应,给人以机智敏捷之感,令人拍案叫绝,同时也提高了交际效果。在交际中我们不妨学一学、用一用,使自己的交际更具魅力。

案例欣赏

"我们是用竹竿把它捅下来的"

20世纪60年代初,有一次,一位西方记者在招待会上突然问当时的我国外交部部长陈毅："中国最近打下了美制的 U-2 高空侦察机,请问用的是什么武器? 是什么导弹呢?"对于这种涉及军事机密并且用意尖刻的提问,陈毅举手在空中做了一个动作,幽默机智而又十分得体地说道:"我们是用竹竿把它捅下来的。"

案例评析:陈毅的回答,幽默风趣,柔中带刚,给对方以非实质性的回答,达到了自己说话的目的,也保住了国家机密。

3. 善打比喻,巧用双关

在特定的语言环境里,利用词的多义、同音和同形的条件,用一个词语去关联两种不同的事物,使语句具有双重的意义。比如《刘三姐》里写刘三姐与 3 个秀才对歌,刘三姐唱道:"姓陶不见桃结果,姓李不见李花开,姓罗不见锣鼓响,三个蠢材地里来。"这是谐音双关。刘三姐指姓陶说"桃结果"的桃,指姓李说"李花开"的李,指姓罗说"锣鼓响"的锣;说不见"桃结果""李花开""锣鼓响",就是指陶、李、罗 3 个秀才没本事,不是赛歌的对手。这是利用双关语来进行讽刺。

案例欣赏

"我从来不走回头路"

语言是一门艺术。在某些时候,用委婉的方式表达自己的情感,往往会收到特殊的效果。比如在一次登黄山时,邓小平说:"黄山这一课,证明我完全合格。"指自己不仅政治合格,身体也合格,可以为国家工作。

"已经是春天了,冷不到哪里去。"这是邓小平在 1972 年从江西回北京的路上,晚上散步后警卫让他回房间时的回答,不仅是指自然气候,也指政治气候。1992 年南巡讲话的时候,邓小平说"我从来不走回头路",以此表明他对改革开放的坚定信心。

4. 委婉含蓄,及时劝谏

真正的幽默是诙谐而不失风度、滑稽而不粗俗、精练而不烦冗的。幽默虽然只是短短的几句话,或者简单的行动,却常常能胜于千言万语的描述与雄辩,使别人明白你要表达的事实和道理,并轻易地接受、为之折服,达到劝解、说服的效果。马来西亚柔佛市的交通安全标语用亲切幽默的语言向人们宣传安全行车的道理。比如,交通安全周贴出这样的标语:"阁下,驾驶汽车,时速不超过 30 千米,可以饱览本市的美丽景色;超过 60 千米,请到法庭做客;超过 80 千米,欢迎光顾本市设备最好的急救医院;上了 100 千米,祝君安息吧!"

案例欣赏

"圣人不好当,你还是当百姓好"

大部分时间,邓小平是不需要用委婉的方式表达自己的观点的,但在一些特殊场合、特殊情况下,他用语委婉:①对上级。比如毛泽东要他对"文化大革命"作"三七开"的结论,邓小平说,"我是桃花源中人,不知有汉,何论魏晋。"委婉地表达了不作结论的答复。②在外交场合。1978 年邓小平访问日本,针对中国一些人不承认自己落后,他委婉指出,"长得很丑,却要打扮得像美人一样,那是不行的。"③其他情况。聂卫平得了"棋圣"的称号,邓小平委婉地指出,"圣人不好当,你还是当百姓好。"

5. 每遇嘲讽,以牙还牙

在社交中,我们一定要与人为善,与人和谐相处,但如果有人找乐子拿你开玩笑,对你进行辛辣的嘲讽,令你无法接受,你也可以运用幽默这一有力武器进行回击,以扭转自己的被动境地,并向其他人展示你的机智应变能力。

案例欣赏

"是谁帮你读的"

著名作家大仲马刚写完一本小说,大家都向他表示祝贺。一位贵妇人向来喜欢用尖刻的话贬低别人以抬高自己,她酸溜溜地对大仲马说:"我喜欢这本书,不过是谁帮你写的?"大仲马立刻回敬:"我很高兴你也喜欢,可是是谁帮你读的?"贵妇人碰了一鼻子灰,早早走了,其他被她嘲讽过的人都觉得大仲马的应对帮他们回击了这位贵妇人,不禁对大仲马的书更加赞赏不已。

6. 无限夸张,制造捧腹

将事实进行无限制的夸张,造成一种极不协调的喜剧效果,是产生幽默的有效方法之一。有时候为了摆脱无谓的纠缠,故意虚张声势,利用夸张的事实与现状的矛盾而形成幽默,可以达到预期目的,也是产生幽默感的有效方法之一。

案例欣赏

"我现在已经不是孩子了"

马克·吐温有一次坐火车到一所大学讲课。因为离开讲的时间已经不多了,他十分着急,可是火车却开得很慢,于是幽默家想出了一个发泄怨气的办法。当列车员过来查票时,马克·吐温递给他一张儿童票。这位列车员也挺幽默,故意仔细打量,说:"真有意思,看不出您还是个孩子哩。"幽默大师回答:"我现在已经不是孩子了,但我买火车票时还是孩子,火车开得实在太慢了。"火车开得很慢却是事实,但也绝不至于慢到让一个人从小孩长成大人。这里便是将缓慢的程度进行了无限制的夸张,从而产生了特殊的幽默效果,令人捧腹。

7. 开场幽默,自嘲自贬

说话风趣,最常见的是选择词语很俏皮,有口才的人常常是不用陈词套话说话,而要绕个弯子用俗语、谚语、外来语,或用比喻、比拟、反语、双关、移用等来说话。比如语言学家林语堂就很风趣:"女士们、先生们——我觉得,绅士们的演讲,应该像女人们的裙子,越短越好……"

趣说自己,是把自己看作是幽默对象,风趣地介绍自己的缺点、优点、特有的经历和思想感情等。说自己的缺点是一种自嘲,但这不是自轻自贱,而是一种豁达开朗和返璞归真的人性美的体现。有时趣说自己也是一种巧妙的应变技巧。传说古代有个石学士,一次骑驴不慎摔在地上,一般人一定会不知所措,可这位石学士不慌不忙地站起来说:"亏我是石学士,要是瓦的,还不摔成碎片?"一句妙语,说得在场的人哈哈大笑,自然这石学士也在笑声中免去了难堪。

案例欣赏

"你们是管天的"

毛泽东主席有一次视察南京紫金山天文台,他同一群天文学家一见面就说:"你们有真本事呀!你们是管天的,而我只是管太平洋东岸的一块土地。"一句幽默诙谐的话,立即使现场气氛轻松活泼起来,拉近了领袖人物与知识分子的距离。

三、课堂实战训练

【训练一】 下面这5则充满幽默感的故事很好地说明了巧妙地解释也能产生很强的幽默感,即对原意加以巧妙地解释而造成幽默效果。如果你来回答这些问题,你将如何作答?

(1) 美国总统林肯在学校读书时聪慧过人,有一次老师想难住他,便问:"我想考考你。你是愿意回答一道难题呢? 还是两道容易的题目?"林肯说:"回答一道难题。"老师问:"好吧,那么你说,蛋是怎么来的?""鸡生的。"林肯答道。老师又问:"那么鸡又是哪里来的呢?""老师,这是第二个问题了。"林肯说。老师想把林肯引入"鸡生蛋,蛋生鸡"这个纠缠不清的问题中,但林肯却以巧妙的解释避开了。

(2) 英国著名女作家阿加莎·克里斯蒂同比她小13岁的考古学家马克斯·马温洛结婚后,有人问她为什么要嫁给一个考古学家,她幽默地说:"对于任何女人来说,考古学家是最好的丈夫。因为妻子越老他就越爱她。"这一巧妙的解释,既体现了克里斯蒂的幽默感,又说明了他们夫妻关系的和谐。

(3) 有一位读书人当了新郎后仍然保持读书到深夜的习惯,妻子满腹怨气。一天她对丈夫说:"但愿我也能变成一本书。"丈夫疑惑不解:"为什么?""那样你就整日整夜把我捧在手上了。"丈夫顿时明白了妻子的用意,打趣说:"那可不妙,要知道,我每看完一本书,都要换新的……"这位丈夫的巧妙解释,不仅表达了他对书的爱好,更表达了他忠于妻子的感情。

(4) 1972年2月,周恩来总理陪同美国总统尼克松参观我国自行设计和施工的南京长江大桥。当踏上引桥时,尼克松突然问:"总理阁下,请问南京长江大桥每天有多少人经过?""总统阁下,南京长江大桥每天有5个人经过。"看到对方发怔的样子,他又自豪地解释说:"每天经过南京长江大桥上的人是工、农、兵、学、商,不是5个人吗?"周总理的回答没有陷入对方所要的具体数字,回答又没有脱离他的问题,实在是妙。

(5) 1985年11月,里根总统和苏联领导人戈尔巴乔夫在日内瓦举行会晤。这是里根总统近5年来首次会见一位苏联领导人。本来,美苏两国最高领导人的会谈早该举行,可是在里根前4年的任期内,3位苏联最高领导人相继去世,首脑会见根本不能提到日程上来。有记者问里根,为什么这么久才与苏联领导人举行会晤? 里根幽默地说:"他们一个接一个的去世,我有什么办法呢?"

【训练二】 请阅读下面的案例,试着自己进行模仿训练,体会此时的无声胜有声。

林肯为历代美国人所爱戴,也为世界所敬仰,是一位幽默大师。林肯年轻时做过律师。有一次,他作为被告辩护律师出庭。原告律师将一个简单的论据翻来覆去地陈述了两个多小时,听众都听得不耐烦了。待到林肯进行辩护时,只见他走上讲台,先把外衣脱下放到桌上,然后拿起玻璃杯喝了口水,接着又重新穿上外衣,然后又喝水,一句话也不说,这样的动作重复了五六次,逗得大家前俯后仰。林肯的幽默表演,实际是对原告律师的最好嘲弄,这也为他辩护的成功奠定了基础。

第二节 赞美口才训练

一、教学案例导入

"我这最后一顶帽子刚刚送给先生您了"

我国清朝出现过一部《一笑》的书,里面记载了这样一则笑话:

古时有一个说客,当众夸口说:"小人虽不才,但极能奉承。平生有一愿,要将一千顶高帽子戴给我最先遇到的一千个人,现在已送出了999顶,只剩下最后一顶了。"一长者听后摇头说道:"我偏不信,你那最后一项用什么方法也戴不到我的头上。"说客一听,忙拱手道:"先生说的对,小人从南到北,闯了大半辈子,但像先生这样秉性刚直、不喜奉承的人,委实没有!"长者顿时手持胡须,洋洋自得地说:"你真算得上是了解我的人啊。"听了这话,那位说客立即哈哈大笑:"恭喜恭喜,我这最后一顶帽子刚好送给先生您了。"

案例评析:这只是一则笑话,但它却有深刻的寓意。其中除了那位说客的机智外,更包含了人们无法拒绝赞美之词的道理。

二、本节知识要点

赞美就像是风儿对于船帆,雨露对于种子。赞美是希望,是动力,是用自己的心灵之火去点燃别人的心灵之火。赞美是春之细雨润物无声,夏之凉风沁人心脾,冬之暖阳其乐融融。赞美是一首诗、一幅画、一首歌……愿赞美之花常开人间!

没有人穷,穷到给不出一个赞美;没有人富,富到不需要一个赞美。对于大多数人来说,社会的认可,比金钱、权力和其他任何事物都要重要。

在销售界流传一本书《羊皮卷》,其中有这样一段描述赞美的话:我赞美敌人,敌人于是成为朋友;我鼓励朋友,朋友于是成为手足……

看来是"情场、商场、名利场,场场需要赞美",自己赶快练就"超级赞美之不露痕迹"的功夫,让自己早日成为赞美高手。

(一)赞美的作用

1. 赞美能架起沟通的桥梁

美国心理学家威廉·詹姆斯说过:"人性深处最大的欲望,莫过于受到外界的认可与赞扬。"美国幽默小说大师马克·吐温更是风趣地说："一句美好的赞语可以使我多活两个月。"从社会心理学角度来说,赞美也是一种有效的交往技巧,它能有效地缩短人与人之间的心理距离,能让交际更得人缘。

在现实生活中,有相当多的人不习惯赞美他人,由于不善于赞美他人或得不到他人的赞美,从而使自己的生活缺乏许多愉快的情绪体验。一句赞美的话,犹如一泓清泉,清彻、晶莹,沁人心脾,它可以给平凡的生活带来温暖和欢乐,令世上所有的噪声都化为音乐。

赞美是沟通的润滑剂,在你和陌生人刚刚见面,不知道说什么好的时候,可以礼节性地赞美一下,那是无比好的开场白,它让你们后面的沟通更加流畅。

案例欣赏

"你的手镯很少见"

小李坐火车回家,对面坐了一位漂亮女士。可是她高傲冷漠,车行七八个小时,很少讲话。车厢里沉闷得让人透不过气来。无奈的小李正打算闭目养神之时,一下子瞥见她手上戴着的手镯,就顺口说了句："你的手镯很少见,非常别致,恐怕市面上很难买到。"没想到她眼睛一亮,微笑着向小李介绍这只镯子的来历。然后,她又津津有味地给小李讲她外婆的故事、她家乡的故事。等到火车到站的时候,两人都为此趟旅程的相遇感到欣慰。

火车上,小李给人以真诚的赞美,体现了对对方的尊重、期望与信任,他用赞美吹散了人与人之间冷漠的雾霾,增进了彼此间的了解与沟通。所以,善交者每每运用赞美武器为自己开路。

2. 赞美能增加生活的信心

赞美是成功实现人际交往的一种重要能力,人们会因此而喜欢你,而你自己也会因此而受益无穷。当然,赞美别人要实事求是,如果是言不由衷、言过其实的赞美,那就成了阿谀奉承,效果也会适得其反。

一声赞美将能够改变你的生活,赞美是人际交往中促进人继续努力的最强烈的兴奋剂,你的发现与称赞会使对方增添一份对自己的认识,增加一次重新评估自己的机会,有的人还可能因此得到新的启示而对生活的信心倍增。

案例欣赏

"天才啊! 年轻人,天才……"

大音乐家勃拉姆斯出生于汉堡的贫民窟,少年时代为生活所迫,混迹于酒吧间。但他酷爱音乐,却由于是一个农民的儿子,没有受教育的机会,更无从系统地学习音乐,所以他对自己未来能否在音乐上取得成功缺乏信心。然而,当他第一次敲开舒曼家大门的时候,他一生的命运就在这里定格了。当他取出他最早创作的一首C大调钢琴奏鸣曲草稿,手指无比灵活地在钢琴上滑动,弹完一曲站起来时,舒曼热情地张开双臂抱住了他,兴奋地喊道："天才啊! 年轻人,天才……"正是这发自内心的由衷赞美,使勃拉姆斯的自卑消失得无影无踪,同时也给予了勃拉姆斯从事音乐事业的坚定信心。从那以后,勃拉姆斯的精神面貌焕然一新,音乐的灵感滚滚而出,最终成为音乐史上一位卓越的艺术家。

案例评析：舒曼对勃拉姆斯的赞美，就是一种有效的激励，提高了他的自尊心与自信心，帮助他走出了困境，最终成就了自己的事业。

"你竟打了两只"

在一个小村庄有甲乙两个猎人，一日他们各自只猎得两只野兔回家。甲的妻子看见后冷冷地说："只打到了两只吗？"甲猎人听了后心里埋怨道："你以为很容易打到吗？"第二天，他故意两手空空回家，让女人知道打猎是很不容易的。乙猎人所遇到的则恰好相反，他的妻子看见他带回来了两只野兔，惊喜地说："你竟打了两只？"乙猎人听了得意扬扬地说："两只算什么！"第二天，他带回家 4 只野兔。

案例评析：两个猎人都只听了妻子的一句话，效果却截然相反。乙猎人第二天能带回家 4 只野兔，完全是因为他的妻子懂得赞美别人的缘故。赞美之所以对人的行为能产生深刻影响，是因为它满足了人的自尊心。

3. 赞美能打开客户的心扉

世界上最华丽的语言就是对他人的赞美，适度的赞美不但可以拉近人与人之间的距离，更加能够打开一个人的心扉。世界上没有最好的产品，只有最好的推销员，并且世界上的产品没有完美无缺的，推销产品就是推销自己，因为客户并不一定是看中你的产品，而是看中了你这个人，看中你做人的魅力、做事的方法。

成功推销自己要做好赞美这门学问，赞美是打开客户心扉的钥匙，首先我们必须树立要让别人喜欢你，首先你必须喜欢别人的观念，只有你喜欢客户，赞美才能发自内心，没有人会拒绝别人的赞美。

赞美能拉近双方的距离，赞美是走遍全球的通行证。

📖 案例欣赏

"与你合作是我这辈子最快乐的事情"

刘先生因业务需要和某老板打交道，很多人都觉得这个老板很难缠，刘先生的下属也批评该老板。刘先生承诺下属，用一个星期的时间来改变这种情况。刘先生与老板开始做游戏，起初刘先生不断地讲一句话，"老板，与你合作是我这辈子最快乐的事情。"在吃饭、握手过程中，刘先生不断地重复说，"与你合作是我这辈子最快乐的事情。"接下来的第三天、第四天，刘先生一直在重复这句话，最后一直坚持了 7 天，讲了几百次。等到老板要离开的那天，老板握着刘先生的手说，"小刘，与你合作是我这辈子最快乐的事情。"

案例评析：刘先生不断地向老板说同样一句话，最后收到了很好的效果。这是潜意识催眠的原理，不停地赞美，直到变为事实，这是赞美的力量。

4. 赞美能化解对方的怒气

在中国传统文化中，给人"戴高帽"实际上就是赞美的一种。当然，恰到好处的高帽是赞美；过分地戴高帽，不切实际地恭维、奉承，就是"拍马屁"，这中间有一个度的问题，这个问题太复杂，只可意会，不可言传。究竟是真心的赞美还是有"拍马屁"之嫌，相信当事人一听便知。赞美可能使人终生难忘。如果你赞美他人，你就有可能成为他"生命中的贵人"。

不仅如此,恰当的"戴高帽"还能起到"盛赞之下,怒气全无"的作用。

案例欣赏

宰相肚里能撑船

北宋宰相寇准请一个理发师为他理发。理发师理到一半时,因过度紧张,将其头发剃秃了一块。他吓坏了,情急之下,忽生一计。他放下剃发刀,两眼直直地看着宰相的肚子。寇准见状,好奇地问:"你不理发,看我肚子干什么?"理发师连忙说:"人人都说宰相肚里能撑船,我看您肚子并不大,如何撑得了船?"寇准闻此言后哈哈大笑:"宰相肚里能撑船,是指宰相的气量大,对小事能容忍,不计较,懂了吗?"话音刚落,理发师"扑通"一声跪在地上,战战兢兢地说:"小的该死,刚给大人剃发之时,不小心将头发剃秃一块,宰相您气量大,请饶恕小的吧!"寇准摸摸头发,果然秃了一块,刚要发火,但转念一想,自己刚说过宰相气量大,不计较小事,现在怎么能怪罪于人呢? 于是,笑着说:"好了,你起来吧,谁让宰相肚里能撑船呢?"

案例评析:从这个故事里,我们看到了理发师善用赞美的策略。他掌握了赞美的艺术,抓住了一般人"伸手不打笑脸人"和"盛赞之下,怒气全无"的心理。

(二)赞美的原则

1. 赞美要因人而异

女人不能没有赞美。女人热衷于一条裙子、一个发型、一场舞会等的根本目的是为了自身的美,美给别人看才有意义,人们把女人身上的美说了出来,就是赞美。为什么说恋爱中的女人最美?那是因为有一个人执着长期地对她投射深情关注的目光、吐露甜蜜赞美的情话……

行为心理学研究的结果:女人接受赞美时越是不自然,她就越渴望赞美。我们通常夸一个女人漂亮,如果她不漂亮,我们可以夸她很有气质;如果她既不漂亮,也没气质,我们可以夸她很善良。但是如果我们碰上既不漂亮,也无气质,看上去也不善良的女人时该怎么办呢?那你可以夸她"你看上去很健康!"只要你想赞美她,总能找到赞美的理由!

男人离不开面子。一个大男人对一个女人说:"在外给点面子嘛! 在家里你怎么修理我都可以,我会感激不尽的。"面子,男人极看重的就是面子。这就是男人喜欢赞美的根源,关乎面子。

案例欣赏

"你简直太美了"

一位老年妇女应邀去参加一个别开生面的舞会,她为了应付舞会,穿衣打扮费了不少心思。舞会上,这个女人曾经的两位恋人也来了。第一位恋人见到那女人时情不自禁地说:"哟,你和年轻时完全不一样了,真的变成一个老太婆了……"第二位却对她说:"你简直太美了。人们都说岁月残酷,可它丝毫未能摧毁你的美丽。要是你不介意的话,我多么希望能和你跳一支舞。"接下来,舞会开始了。老年妇女在第二位恋人的邀请下走上舞场,舞曲一支接一支地放,两人一支接一支地跳,直到舞会终场,她礼貌地向两位恋人道别,便转身走了。

3天以后传来了这位老年妇女的死讯,两位恋人及时赶到,并分别得到一封信和一个包裹。在给第一个恋人的信里,老年妇女说:"你是一个诚实的人,你说了真话,现在我把我一生的日记全部留给你,从中可以看到一个女人真实的内心世界。"在给第二个恋人的信里,老年妇女说:"感谢你一席美丽的谎言,它让我度过了一个美好的夜晚,并足以把我一生的梦幻带到另一个世界,为此我将留给你我全部的财产!"

思考:看到这里,你觉得哪个恋人更高兴呢?

2. 赞美要情真意切

虽然人都喜欢听赞美的话,但并非任何赞美都能使对方高兴。能引起对方好感的只能是那些基于事实、发自内心的赞美。相反,你若无根无据、虚情假意地赞美别人,他不仅会感到莫名其妙,更会觉得你油嘴滑舌、诡诈虚伪。例如,当你见到一位其貌不扬的小姐,却偏要对她说:"你真是美极了。"对方立刻就会认定你所说的是虚伪之至的违心之言。但如果你着眼于她的服饰、谈吐、举止,发现她这些方面的出众之处并真诚地赞美,她一定会高兴地接受。真诚的赞美不但会使被赞美者产生心理上的愉悦,还可以使你经常发现别人的优点,从而使自己对人生持有乐观、欣赏的态度。

案例欣赏

"您的眼光真好"

有一次,一名顾客在一款地砖面前驻留了很久,导购走过去对顾客说:"您的眼光真好,这款地砖是我们公司的主打产品,也是上个月的销售冠军。"顾客问道:"多少钱一块啊?"导购说:"这款瓷砖,折后的价格是150元一块。"顾客说:"有点儿贵,还能便宜吗?"导购说:"您家在哪个小区?"顾客说:"在东方绿洲。"导购说:"东方绿洲应该是市里很不错的楼盘了,听说小区的绿化非常漂亮,而且室内的格局都非常不错,交通也很方便。买这么好的地方,我看就不用在乎多几个钱了吧?不过我们近期正在对东方绿洲和威尼斯城做一个促销活动,这次还真能给您一个团购价的优惠。"顾客兴奋地说:"可是我现在还没有拿到钥匙呢,没有具体的面积怎么办呢?"导购说:"您要是现在就提货还优惠不成呢,我们按规定要达到20户以上才能享受优惠,今天加上您这一单才16户,还差4户。不过,您可以先交定金,我给您标上团购,等您面积出来了,再告诉我具体面积和数量。"

这样,顾客提前交了定金,两周之后,这个订单就算搞定了。

3. 赞美要翔实具体

在日常生活中,人们有非常显著成绩的时候并不多见。因此,交往中应从具体的事件入手,善于发现别人哪怕是最微小的长处,并不失时机地予以赞美。赞美用语越翔实具体,说明你对对方越了解,对他的长处和成绩越看重。让对方感到你的真挚、亲切和可信,你们之间的人际距离就会越来越近。如果你只是含糊其词地赞美对方,说一些"你工作得非常出色"或者"你是一位卓越的领导"等空泛漂浮的话语,不但不能引起对方的好感,甚至还会产生不必要的误解和信任危机。

"你太漂亮了""你很聪明""你真棒"这类缺乏热诚的、笼统的、空洞的赞美,有点像外交辞令,太程式化,给人以敷衍的感觉,有时甚至有"拍马屁"的嫌疑,让人怀疑你的动机不纯,容易引起对方的反感与不满。

想让你的赞美效果倍增,就要学会具体化赞美。如果你能详细地说出她漂亮在哪里,他怎么聪明,他哪里让你感觉很棒。具体而详细地说出对方值得称道的地方,既能让对方直接感受到你的真诚,也能让你的赞美之词深入人心,赞美的效果将大不同。

📀 案例欣赏

"哪里,哪里"

A君和夫人带着一位翻译同一位外商洽谈生意。

外商见到 A 君的夫人后,便夸赞道:"你的夫人真是太漂亮了!"

A君客气地说道:"哪里,哪里。"

翻译心想:"怎么翻译'哪里,哪里'呢?"最后,他翻译成:"Where, where."

外商一听,心想:"说你夫人漂亮就是漂亮呗,还非要问具体漂亮在哪里?"于是,笑着回答:"你的夫人眼睛漂亮,身材好,气质好……"

说完,大家哈哈大笑起来,商业洽谈在愉快的氛围中开始了。

案例评析:这虽然是一则笑谈,但是却给我们以启发:当你赞美别人时,一定要在心里问自己一个"where"(漂亮在哪里,好在哪里,我佩服他哪里……),然后回答这个"where",你的赞美一定会因具体化而触动对方,甚至产生神奇的效果。

4. 赞美要合乎时宜

赞美只在最需要时才能发挥最大的作用。当学生取得好成绩时,赞美能让他再接再厉;当学生面临困境时,赞美如一针强心剂,让他振作起来;当学生沉浸在失败的痛苦之中,赞美如黑暗中的明灯,让他重燃希望。当别人计划做一件有意义的事时,开头的赞美能激励他下决心做出成绩;中间的赞美有益于对方再接再厉;结尾的赞美则可以肯定成绩,指出进一步努力的方向。

赞美的效果在于相机行事、适可而止,真正做到"美酒饮到微醉后,好花看到半开时"。

📀 案例欣赏

"他还没有找到发泄热情的地方"

卡耐基小时候是一个公认的坏男孩。在他 9 岁的时候,父亲把继母娶进家门。父亲一边向继母介绍卡耐基,一边说:"亲爱的,希望你注意这个全郡最坏的男孩,他已经让我无可奈何。说不定明天早晨以前,他就会拿石头扔向你,或者做出你完全想不到的坏事。"出乎卡耐基意料的是,继母微笑着走到他面前,托起他的头认真地看着他。接着她对丈夫说:"你错了,他不是全郡最坏的男孩,而是全郡最聪明、最有创造力的男孩。只不过,他还没有找到发泄热情的地方。"继母的话说得卡耐基心里热乎乎的,眼泪几乎滚落下来。

案例评析:就是凭着这一句直白的赞美,他和继母开始建立友谊,也就是这一句直白的赞美,成为激励他一生的动力。

（三）赞美的技巧

1．锦上添花式

锦上添花式的赞美就是好上加好，不过所添之"花"必须有特色。平日较为人知的优点，再称赞的效果并不大，要用心去发掘对方尚未为人知的优点来赞美。要发现出他不为人知的优点是很不容易的，只有在平日里用心地观察，才有机会发掘对方尚未为人知的优点。

赞美，特别是在赞美上级的时候，需要掌握赞美的火候。如果火候拿捏得不好，那么后果可能就会很严重，也许你一辈子都会郁郁不得志；如果赞美得恰如其分，说不定就会使你加官晋爵。

人人都爱听称赞的话，关键是要赞美得恰到好处，合了他人的口味，这样才能顺风顺水，扶摇直上。

案例欣赏

"此人有大才，不可埋没"

一次，在行营中，曾国藩用完晚饭后与几位幕僚闲谈，评论当今英雄。

他说："彭玉麟、李鸿章都是大才，为我所不及。我可自许者，只是生平不好谀耳。"

一个幕僚说："各有所长：彭公威猛，人不敢欺；李公精敏，人不能欺。"说到这里，他说不下去了。

曾国藩问："你们以为怎么样？"

众人皆低首沉思，忽然走出一个管抄写的后生来，插话道："曾帅仁德，人不忍欺。"人人听了齐拍手。

曾国藩十分得意地说："不敢当，不敢当。"

后生告退后曾氏问："此是何人？"

幕僚告诉他："此人是扬州人，入过学，秀才，家贫，为事还谨慎。"

曾国藩听后就说："此人有大才，不可埋没。"

不久，曾国藩升任两江总督，就派这位后生去扬州任盐运使了。

2．雪中送炭式

雪中送炭式的赞美是最具有功德性的赞美，在他人最需要鼓励的时候能够听到一声真诚的赞美，将有十分明显的激励作用，能够更加坚定他人奋发努力的信心。当一个人灰心的时候，一句鼓励的话，能令他绝处逢生；当一个人失望的时候，一句赞美的话，能使他重见光明。

俗话说："患难见真情。"最需要赞美的不是那些早已功成名就的人，而是那些因被埋没而产生自卑感或身处逆境的人。他们平时很难听到一声赞美的话语，一旦被人当众真诚地赞美，便有可能振作精神，大展宏图。

"我看他没指望了"

一位父亲带着自己认为是无可救药的孩子到心理诊所。面对心理医生的询问,孩子总是一言不发,无论怎么诱导,他总是不开口。父亲不停地唠叨:"哎,这孩子一点长处也没有,我看他没指望了!"心理医生正是从这些唠叨里找到了医治的药方。他开始寻找孩子的长处——孩子不可能没有任何长处。在和孩子的交谈中,他了解到一个重要的情况,就是他家里常常被孩子用刀划伤,因为到处是刀痕,所以常常受到惩罚。心理医生恍然大悟,明白了——喜欢雕刻是孩子的爱好,当然也是孩子的长处。

于是,心理医生给他买了一套雕刻的工具,还送他一块上等的木料,然后教给他正确的雕刻方法,并不断地鼓励他:"哦,你是我所认识的孩子当中最会雕刻的一位,你是有聪明的天赋,而且热情勤劳,将来一定会成为一位了不起的艺术家。"当时,孩子的眼睛湿润了。从此以后,他们接触频繁起来。在接触中,心理医生又慢慢地找到孩子其他的一些优点,当然也无一例外地给予肯定的赞美。

最终,在心理医生的教导下,孩子变得健康向上、活泼开朗起来。他的父亲也改变了对孩子一贯的不良看法,也改掉了骂"孩子无用"的毛病。10年以后,那个孩子真的成了一名艺术家。

3. 直接鼓励式

对他人的进步给予鼓励,是我们在生活中经常做的事情。可就是这个极为容易做到的简单行为,却在人们越来越需要鼓励的今天为一些人所忽视。在我们的日常生活和工作中,对于你身边的人,在家庭、学习、工作中积极努力的行为,你是给予及时的鼓励,还是熟视无睹。不同的做法,会有完全不同的结果。

及时的直接鼓励使得被鼓励者能够从容、继续地发挥作用,与其相关的事态也因此顺利发展。让我们更加慷慨一些,对身边的人们哪怕是一点点小小的努力和进步都给予及时的鼓励,以使我们的社会多一份理解、多一份宽容、多一些友善、多一些赞许和勉励,让更多的人因此感受到社会的温暖,激发起进取的活力,在为社会做出更多贡献的同时,共同营造出更为和谐的社会关系。

"我可以推荐你到一家音乐厅"

意大利有一位著名女高音歌唱家,在少年时代,她唱歌就很有天赋,被誉为"少年之星",于是父亲给她请了一位罗马最负盛名、年轻有为的音乐教师。这位音乐教师造诣非常高,她的一丝一毫错误都逃不过他的耳朵,他要求非常严格,绝不放过她的任何一点错误。这位小姐为音乐教师超凡的音乐才华所倾倒,内心偷偷爱上了他,因此每次面对音乐教师唱歌,她都紧张不安。渐渐地,她的歌唱得越来越生硬,表现也越来越差,音乐厅开始很少请她唱歌了。几年后她与这位音乐教师结了婚,也就放弃了歌唱生涯。

时光流逝,音乐教师因车祸不幸去世。岂料丈夫的不幸去世,倒成了她事业的转机。

有一天,有一个推销员到她家推销商品,她正好赋闲在家唱歌。推销员夸奖说:"你歌唱得真好,我很少听到这么美妙的声音,为什么你不到音乐厅唱歌呢?""没人请。"她忧郁地回答。"怎么会呢,我可以推荐你到一家音乐厅。"推销员自告奋勇。最后她买了他的商品,他由于感激,还真帮她联系了一家音乐厅。

演唱的那天,推销员叫了许多熟人坐在前排,她一唱完,他们就拼命鼓掌欢呼,他又及时地送上鲜花。得到这么多人的鼓励,她决定继续唱下去。以后,每当她登台唱歌,他就必定坐在第一排,不仅掌声响得最热烈,还有一束饱含情意的鲜花送上祝贺,原来他已经爱上了她。在他真诚的鼓励下,她又开始恢复了原来清新自然的歌喉,歌唱得越来越好,最后终于成为意大利著名女高音歌唱家。后来,她又与这位推销员结了婚。

案例评析:一位音乐有相当造诣的音乐教师,因为不懂得运用赞美,让一位颇有天赋的歌手夭折;而一位对音乐不甚懂的推销员,善于运用赞美,却造就了一位歌唱家,由此可见赞美的力量有多大了。

4. 间接迂回式

人总是喜欢听好听的话,即使明白对方讲的是奉承话,心里还是免不了会沾沾自喜,这是人性的弱点。换句话说,一个人受到别人的赞美,绝不会觉得厌恶,除非对方说得太离谱了。间接迂回式的赞美就是借第三方的话来赞美对方,这样比直接赞美的效果往往要好。在一般人的观念里,总认为"第三方"所说的话较具客观性,较为公正。因此,我们可以针对这种心理,借用"第三方"的口吻,来代替我们所要说的话,以此安慰他人或赞美他人,这样更能得到对方的信任。间接赞美通过第三方,传达佳话,能增强团结,消除隔阂,融洽气氛,创造和维系良好的人际关系。

🔊 **案例欣赏**

俾斯麦善用"第三者"传话

德国的铁血宰相俾斯麦,为了拉拢一个敌视他的议员,便有计划地在别人面前赞美这位议员,他知道那些人听了之后,肯定会把他的话传给那个议员。通过不断地赞美,不断地传话,后来,两人真的成了无话不说的政治盟友。

5. 对比显长式

对比显长式的赞美常常是以他人之短来对比赞美对象之长。使用这种方式,一定要特别讲究表达方式,追求良好的表达效果。首先,赞美对象的"长"是清晰而具体的,比较对象的"短"则应该是笼统而模糊的,不能指向特定对象,否则,就会影响赞美的效果。其次,比较时不能当着有"短"的一方的面说,否则就会伤害这一方,赞美的效果同样要受到影响。

🔊 **案例欣赏**

"好诗! 好诗!"

宋代著名文学家欧阳修有次外出,曾与一个小青年同行,小青年不认识欧阳修,指着路边的一棵死槐树作起诗来:"远看一枯树,两个干枝丫。"显然,这是一首十分平庸的打油诗,但欧阳修听了不仅没有挖苦半句,还笑眯眯地合手夸道:"好诗!好诗!如果能加上两句想必更好!"青年问:"加哪两句?"欧阳修回答:"春来苔是叶,冬至雪作花。"青年听了连连点头。欧阳修的赞美和续诗,不仅把"山穷水尽"变成了"柳暗花明",而且给了这个小青年无限的力量和信心。

案例评析:正是因为这句赞美,那个小青年矢志不移,从此深深地爱上了文学。

6. 显微放大式

抓住每一个具体的小事及时赞扬,表现出一种十分细致的体贴入微,这会使赞美对象感到由衷的高兴。一个人值得赞美的地方不仅是因为其具有明显的优点或长处,而且还蕴藏着许多不明显的或尚未明显表现出来的可贵之处。例如,导游运用显微放大的方式赞美游客,有助于进一步发掘游客的各种潜能,从而进一步发挥游客的积极性,配合导游共同顺利地完成游览任务。

案例欣赏

"大家应该向他学习"

一位游客在参观故宫的时候,忍了3个小时没有抽烟,走到神武门门口时,下意识地取出了香烟,随即又发现仍然在古建筑之中,就又迅速地将烟收了回去。此时,细心的导游看在了眼里,立刻以显微放大的方式进行表扬。导游说:"张先生刚才想抽烟,但是还是克制了自己的欲望,将烟收了回去。可见他的文物保护意识在参观故宫的过程中得到了极大的升华。大家应该向他学习,现在请大家掌声鼓励一下。"大家热烈鼓掌,掌声使张先生的脸上绽开了灿烂的笑容。不仅张先生非常高兴,而且全团的气氛也十分活跃。

案例评析:在参观故宫这样的古建筑群时旅游团的气氛稍微严肃了点,而这样的调侃有效地活跃了旅游团的参观氛围,为故宫的游览画上了一个圆满的句号。

三、课堂实战训练

【训练一】 根据以下场景,请运用赞美的相关知识进行评析,谈谈你从中受到的启发。

场景一:小李剪了一个新发型,她把一头蓄了几年的披肩长发剪成了齐耳短发,同事们都齐声称赞她的短发清爽简洁,小李在这鼓励声中,对理发师的怨气一股脑儿全消了。"当时我剪完头发,觉得一点儿都不像我理想中的模样,气得我当时就想跟他吵一架,找他理论,怎么给我做成了这样的发型?这不愉快的心情带到了今天上班,甚至有一个客户来找我,我当时还有些气在心里,平时对客户很有礼貌的,今天不知怎么就看那个客户不顺眼!差点儿跟他发火,今天听了这些好听话,怎么不知不觉气就消了,心里也觉得顺畅了,看客户也觉得顺眼了,真希望你们天天说让我开心的话!"

场景二:青青自己经营一家公司,每天接待客户,还要管税务和财务,忙得不可开交。一照镜子容颜憔悴,几个重要的客户还没有搞定,生活真是让她忙得没有照顾自己的时间,一丝伤感悄然袭上心头,员工峰峰看到她的眼神和举动,从中读出了她的感伤,走上前去,递给她一杯香浓的咖啡,"休息一会儿,青青,你永远是最美丽和最能干的!"

青青喝下了咖啡,同时也在品尝着员工的一份关怀之情。一句简单的赞美之词吹散了青青心头的阴影！

【训练二】 阅读下面的案例,请大家认真领会其中的寓意,结合自身经历与大家分享心得。

（1）古时候,有一位富翁家里请了一位手艺高超的厨师。这位厨师最擅长"烤鸭"这道菜。烤鸭做得是美味可口,堪称一绝。可这位富翁只知道品尝美味,却从来没有赞美过厨师的手艺。时间久了,厨师每次送到富翁面前的烤鸭,虽然美味可口,却统统只有一条腿。

富翁很是纳闷,就问厨师:"为什么你烤的鸭子只有一条腿?"厨师回答:"鸭子本来就是一条腿,我还能烤出两条腿来!""胡说! 鸭子明明是两条腿。"富翁说道。

厨师不再辩解,转身推开窗户,请富翁向外看。只见不远处的水塘边有一群鸭子,正在打盹儿,缩起了一只脚,只用一只脚站立。于是厨师说:"你看,鸭子真的是一条腿嘛!"

富翁不服气,于是两手用力鼓掌。掌声响起来,鸭子被突然惊醒,纷纷走动起来。富翁得意地说:"你看,每一只鸭子都有两条腿啊!"

厨师不慌不忙地说:"对嘛! 如果你品尝这美味烤鸭时,也能鼓一下掌,称赞几句,烤鸭不就也有两条腿了吗?"富翁听了,无言以对。

后来,富翁每次吃烤鸭时,都不忘真诚地赞美几句。当然,他再也没有吃过一条腿的烤鸭了。

这就是赞美的结果。

（2）某足球队教练将该队队员分成3个集训小组,并在训练时做一个心理实验。教练对第一小组的队员的表现大加赞赏,说:"你们表现卓越,配合度非常高,太棒了! 你们是一流的球员。"他对第二小组的队员则说:"你们也不错,如果你们运球速度再快一点,步伐再稳一点,就更好了。"而他对第三小组的队员却说:"你们怎么搞的,总是抓不住要领,靠你们,我什么时候才有出头之日呀!"其实,这3个小组成员的素质、能力都一样。但是经过这样一个实验后,结果第一小组获得了最好的成绩,第二小组次之,第三小组最差。

案例评析:赞美是不可或缺的阳光,这3支球队可能在自身条件、获得养分、生长的土壤等方面没有什么不同,但就因为他们获得的赞美完全不同,才有了成绩的差异。

【训练三】 情景应对练习。

寻找具体的赞美点,是练就赞美高手的基本功。请大家用"赞美五步法"——寻找一个点;这是个优点;它是个事实;用自己的话;适当的时间。即兴赞美身边发生的值得赞美的一两个例子。

第三节　拒绝口才训练

一、教学案例导入

学会拒绝

一条小鱼问大鱼道:"妈妈,我的朋友告诉我,钓饵上的东西是最美的,可就是有点儿危险。怎样才能尝到这种美味而又保证安全呢?""我的孩子!"大鱼说,"这两者是不能并存的,最安全的办法就是绝不去吃它。""可它们说,那是最便宜的,因为它无须付出任何代价。"小鱼说。"这可完全错了。"大鱼说,"最便宜的很可能是最贵的,因为它企图让别人付出惨重的代价甚至整个生命。你知道吗,它里面裹着一只钓钩。"

"要判断里面有没有钓钩,必须掌握什么样的原则呢?"小鱼问。"那原则就是你刚才说的。"大鱼说,"一种东西,味道最美,又最便宜,似乎不用付出任何代价,但真实情况却是钓钩很可能就藏在里面。"

案例评析:现实生活中有很多这样的诱惑,手握大权是诱惑,获取暴利是诱惑,惬意享受是诱惑,痛快玩耍也是诱惑。在生命的旅程中,我们唯有学会拒绝诱惑,才能到达成功的彼岸。

二、本节知识要点

(一)拒绝是人生智慧

1. 拒绝是一种品格

行走于世间,接纳或拒绝,爱或不爱,放弃或执着……每个人都应有接纳与宽容之心,但也要学会拒绝。

拒绝肤浅,接纳深沉;拒绝憎恶,接纳容忍;拒绝虚伪,接纳真诚;拒绝假、恶、丑,接纳真、善、美……生活中,一条充满诱惑的大路在脚下延伸着,只有学会拒绝才不会步入歧途。

喜剧大师卓别林曾说:学会说"不"吧!那你的生活将会美好得多。在很多时候,我们都要面临许多让自己很难为情或不愿意的事情。在学习、工作以及日常生活中,我们也要有在适当的时候拒绝别人的意识和勇气,要知道一味地逢迎、妥协、逆来顺受并不会得到别人的尊重,反而会让别人看轻你自己。

陶渊明辞弃官职,居住在一个宁静的村庄,因此有了"采菊东篱下,悠然见南山"的独立人格;周敦颐拒绝官场腐败,才有了"出淤泥而不染"的洁身自好;王冕淡泊名利,留下了"不要人夸好颜色,只留清气满乾坤"的佳话。

他们都学会了拒绝名利与金钱的诱惑,他们是我们的楷模,因此流芳千古。

案例欣赏

"我的提琴从不喝茶"

有一次,一位贵妇邀请音乐家帕格尼尼第二天到家中喝茶。碍于当时人多,为了给她面子,帕格尼尼欣然接受了邀请。谁知贵妇得意忘形,紧接着补充道:"明天您来的时候,请千万不要忘了带上您的提琴!""这是为什么呀?"帕格尼尼故作吃惊地说,"夫人,您是知道的,我的提琴从不喝茶。"

案例评析:拒绝他人不一定意味着失去朋友,只要掌握了其中的技巧,并遵循其原则来恰当地运用,你也一定会成为一个善于说"不"的聪明人。

2. 拒绝是一种机会

古人说,有所不为才能有所为。这个"不为",就是拒绝。人们常常以为拒绝是一种迫不得已的防卫,殊不知它更是一种主动的选择。

每个人都有"拒绝"的权利,为了充分地维护自己的时间、利益和财产,你永远有权利说"不"。然而,并不是每个人都会恰当、合理、行之有效地去行使这个权利。

纵观我们的一生,选择拒绝的机会,实在比选择赞成的机会要多得多,因为生命属于我们只有一次,要用唯一的生命成就一种事业,就需在千百条道路中寻觅仅有的一条路径。

我们无时无刻不是生活在拒绝之中,它出现的频率,远较我们想象的频繁。你穿起红色的衣服,就是拒绝了红色以外所有的衣服。

你今天上午选择了读书,就是拒绝了唱歌跳舞,拒绝了参观旅游,拒绝了与朋友的聊天,拒绝了和对手的谈判……拒绝了支配这段时间的其他种种可能。

你认定了一个男人或是一个女人为终身伴侣,就斩钉截铁地拒绝了这世界上数以亿计的男人或女人……

拒绝对我们如此重要,我们在拒绝中成长和奋进。如果你不会拒绝,你就无法成功地跨越生命。

案例欣赏

"你还是送给你女朋友吧"

在所有类型的拒绝方式中,婉言拒绝最容易被人接受,因为它可以在最大限度上照顾对方的尊严。对方如果识趣,一定会知难而退。比如一位男士送一件衣服给心仪的女孩,如果女孩想拒绝对方,可以说:"挺漂亮的,不过我男朋友刚送了我一件,你还是送给你女朋友吧。"这么一来,既暗示了自己已经"名花有主",又不使对方颜面扫地,两人还可能成为朋友。但是如果女孩对男士说"癞蛤蟆想吃天鹅肉"之类伤人的话,无疑会惹得该男士冒火,爱慕变成仇视。

3. 拒绝是一种考验

改革开放以来,市场经济十分活跃,人们的生活每天都是全新的。机会多起来了,自由多起来,选择多起来,欲求也就多起来了。缤纷的生活,流行的时尚,膨胀的物欲,激烈的竞争,在颠覆人们原有的思维,也在不断冲击道义的底线和原则。

人们无法选择的是祖国与家庭,这就是宿命。家和国选择了你,贫穷也好,富有也罢,你是不能背叛它们的。能够选择的,比如爱情,比如友谊,你可以离开它,可是,你绝对不能背叛它。因为人应该忠于自己心中的那份崇高和神圣。

不说假话。不是一时不说假话,而是一生一世不说假话。不是小的事情不说假话,而是在重大事情上也不说假话。实在难办的时候,就不说话。非要说而又不能说真话的时候,就顾左右而言他也不说假话。不掩饰自己,在自己的能力范围内生活,真实地去面对这世界,不卑不亢,不屈不挠。

拒绝是对一个人胆魄和心智的考验。不必害怕拒绝,我们只需更周密地去决断,采取更有智慧的策略。勇敢地说"不"吧,这是我们意志之舟劈风斩浪的白帆。

"说我不在，那是对他客气"

一个鲁迅并不想见的客人敲门要见他，于是鲁迅要佣人告诉对方自己不在——鲁迅这里用的拒绝法是扯谎法，目的当然是避免刺激对方。谁知对方乃有备而来，他明确告诉女佣，自己是亲眼看见鲁迅回家了才来敲门的。女佣回报后，鲁迅大怒，冲着女佣（实际上是对门外那客人）大嚷："你去告诉他，说我不在，那是对他客气！"

（二）拒绝的原则与要求

通常情况下，在拒绝他人时，我们首先应掌握以下原则。

1. 减少不悦和失望

拒绝是人际交往之中的逆势状态。拒绝总是令人遗憾的，但却又是难以回避的，所以拒绝时必须以得体的方式进行，把对方的不满和不快控制在尽可能小的范围内。如果不该拒绝时却拒绝了，有时会耽误大事；如果该拒绝的不拒绝，轻易承诺了自己不愿意或者不应该或者不必要或者不能履行的职责，不仅事情办不成，最终甚至会自食其恶果。

任何人只要提出要求，抛开其要求是否得当不论，总是不希望遭到拒绝的，一旦遭到拒绝，必然会表现出不悦和失望。这种拒绝所带来的不悦和失望会伤害人的感情，妨碍互相沟通和理解，妨碍建立正常的人际交往关系的。因此，拒绝时应把尽量减少对方的不悦和失望作为首要的原则。遵循这个原则的基本要求是，要以尊重和理解对方为前提，尽可能婉言拒绝，不伤害他人的自尊。

每个人都有自尊心，当人们向他人求助时，或多或少都会有不安的心理，对于他人的求助，如果一上来就说"不行"，势必会伤害其自尊心，引起他人反感甚至记恨，影响双方交往。所以，当他人提出请求时，我们最好先说一些关心或者同情的话，然后再说明自己不能相帮的原因，这样的话，可以获得对方的理解，使其知难而退。可见该拒绝的就得拒绝，只是应该讲出拒绝的策略。但是无论采用什么方式拒绝，都必须以减少对方不悦和失望、寻求其谅解和认同为基本原则。

2. 寻求理解和认同

拒绝他人容易伤害感情，其中主要的原因可能是对方对拒绝的理由或做法不理解。这就必须在拒绝的同时寻求对方的理解和认同。要获得对方的理解和认同，一是要尽可能摆出合理的拒绝理由，如果对方认为你所陈述的理由合情合理，即使遭到拒绝不愉快，也会表示一定程度的理解。二是讲究方式方法，拒绝的方式方法得当，就会达到婉言拒绝的最佳效果。

不管怎么说，拒绝他人的请求总是令人不快的。艺术化地拒绝对方，也无非是想减轻对方的失落情绪。因此，在拒绝他人时态度一定要诚恳，否则对方还会对我们产生幸灾乐祸的感觉，接下来的双方关系可想而知。

即使我们真的爱莫能助，也应该以委婉的方式拒绝他人，而不应该态度生硬甚至冷淡。否则不仅会让对方很失落，而且还会滋生不满情绪，甚至因此怀恨在心。所以，在拒绝他人时,说话方式应该尽量委婉,语气要尽量和缓,尽量使对方感觉到我们的拒绝是出于无奈,我们对于爱莫能助同样感到很遗憾。

3. 避免耻笑和训斥

如果我们确实不能相助,那么就应该立即拒绝对方,以便使对方有足够的时间另谋出路。而似是而非的拒绝、无缘无故的拖拉、答应了别人又反悔,都会使别人原本不安的心情加剧,如果最后帮到了别人还好,如果因此给对方造成了影响,对方无疑会对我们非常失望。

如对方是你的上级、长辈,与其让他一再催你答复,不如你主动登门说明原因,委婉拒绝,以免失敬。如对方是你的下级、晚辈,即使所提的问题不便回答,所提的要求不合理,也不宜当众耻笑、训斥,而应耐心解释或暗示拒绝的原因,如对方对拒绝的理由信不过,仍想纠缠,不妨再加上人或物或事作旁证,以增强拒绝理由的可信程度。

如果不善于拒绝,只一次拒绝,就有可能得罪一位多年的深交;善于周旋,尽管天天都在拒绝,但仍然广结良缘,极少数情况下有因拒绝招来非议、埋怨的。

4. 做好善后和说服

不给对方以幻想,但应给对方以希望,所以拒绝的时候要给对方留下一定的余地。一个人被拒绝以后,仍有希望,就有盼头、奔头、干头,不仅有助于减轻、消除遗憾感,而且还能促使人振奋向上。

合理的要求一时还不能解决,不妨如实告诉对方,经过努力,待条件具备了问题就会迎刃而解。如属于经过对方的主观努力可以创造的条件,拒绝与鼓励相结合进行,拒绝就有可能转化为动力。如属于受多方面客观条件的限制,非个人的主观努力所能改变,也应给对方以希望,而不能令人绝望。所谓给予希望,绝不是说空话、许空愿,而是在拒绝之后,再做一些必要的善后说服工作,使对方感到虽然某个要求未能满足,但工作还是有意义的、生活还是美好的。一拒了之与许空头愿都是对人冷漠无情、对事不负责任的表现。拒绝之后,给了希望、鼓励,使对方体会到了你那火热的心肠、殷切的期待,这份情谊仍然是可贵的。

🔊 案例欣赏

小十岁的他喜欢上我了,怎么办啊

有个毛头小伙子看来是喜欢上我了,总是给我打电话,每天发上10多条短信。他总是叫我姐姐,我比他大了将近10岁。因为工作的关系,当天认识的时候他就非要请我吃饭,我拒绝了。回到公司他的短信就跟着过来了,说认识我太好了,说我平易近人、善良、温柔、漂亮、能干。

我很耐心地回复着他,他把什么都拿来说,还很关心我,但是我不是个没有礼貌的人,短信和电话我都是及时回复。朋友都说我是积德最好的一个,跟他除了业务上的往来外实在是没有什么沟通的内容,后来在 MSN 上碰见,更是话多了,我还是礼貌地回复他,实在是不行了就说在忙,可他竟然没有什么感觉,还是那么热火朝天地跟我说着,我本来不想理会他了,但是我本性还是不愿意去伤害他,男孩子还年轻,思想很单纯,看着我的眼光也是那么热烈、简单,但是这样下去怎么行?我怕会伤害到他,如果我不回他信息,故意不理会他,肯定是会伤害到他,因为我自己深深地体会过这种滋味,怕更适得其反;但是理会他了,怕给他带来希望,以后更难办,何况人家并没有说什么,但是苗头已经不对了,其实有的时候不说话,姿态都可以证明是怎么回事,但是他还小啊,我怕伤害到他以后对爱情的态度,今天数了一下,他已经给我发了 20 多条短信了,电话也打了两个了。唉……

思考:面对此种情况,应如何应对?怎样做好说明工作?

(三)拒绝的技巧

在人际交往中,每个人都应当善于和大家打成一片,但是,我们不可能事事都顺从别人。拒绝是难免的,遭到拒绝又是不愉快的。别人提出了不合理或不太合理的要求,你该怎么办?拒绝。怎么拒绝?诚恳的态度、得体的用语可以把种种不愉快减少到最低限度,得到对方的谅解和认可,并且能够传达出一个人的文化修养和气度。

当然了,掌握了拒绝的基本原则,只能说是初通皮毛。要想成为一个拒绝高手,我们还必须掌握一些有关拒绝的技巧,尤其是语言技巧,以便在拒绝他人时活学活用,最大限度地减少相应的负面影响。因此,掌握常用的拒绝方法,在我们的日常生活和工作中具有极其重要的作用。

1. 避实就虚法

避实就虚法,即用一个否定词"不",严词回绝,固然也能表明态度,但是,在特殊的场合,这样拒绝显然会弄僵氛围,远不如采用似是而非的话,避实就虚地答复轻松诙谐、效果理想。当然对某些严重违反原则或直接损害公众利益的要求,必须旗帜鲜明地加以拒绝。

案例欣赏

"你们等着看公报好了"

在 1966 年中外记者招待会上,有记者问陈毅:"请陈外长介绍一下中国发展核武器的情况。"

陈毅答道:"中国已经爆炸了两颗原子弹,我知道,你也知道。第三颗原子弹可能也要爆炸,何时爆炸,你们等着看公报好了。"

陈毅的妙语赢得了满场掌声。

案例评析:对方的问题涉及了国家机密,所以陈毅外长避实就虚,一番似是而非的话语,巧妙地封住了对方的嘴巴。

2. 幽默诱导法

在人们的交往中,幽默往往具有许多妙不可言的功能。在社交与谈判场合也是离不开幽默的谈吐的,因为它能活跃气氛,缓解矛盾。善于用幽默诱导法,用幽默的话语含蓄地诱导拒绝对方的某种要求,既显示出自己的睿智、大度,又免得让对方尴尬。

案例欣赏

"请再吃一块吧!"

1945 年富兰克林·罗斯福第四次连任美国总统。《先驱论坛报》的一位记者去采访他,请他谈谈连任的感想。罗斯福没有立即回答,而是请这位记者吃三明治。记者觉得这是殊荣,便十分高兴地吃下了第一块三明治。接着总统又请他吃第二块。他觉得盛情难却,又吃下去。不料总统又请他吃第三块。虽然已吃得很饱,但记者还是勉强吃下去。哪知罗斯福总统又说:"请再吃一块吧!"记者一听,哭笑不得,他实在吃不下去了。罗斯福看出他的心思,微笑着说:"现在你不需要再问我对于第四次连任的感想了吧!"罗斯福采用诱导的方法,使记者无法提问,从而达到拒绝的目的。

案例评析:不直接答复,而是先讲明条件、说明理由,诱使对方自我否定。该方法的特点是"不战而屈人之兵",让对方自动放弃提出的要求。

3. 先扬后抑法

先扬后抑是在拒绝之前先表示同情、理解甚至同意,而后再巧妙拒绝,使拒绝之词委婉而含蓄。"拒绝别人的时候,先给他尝点'甜头'。"比如,在故宫博物院,一批美国客人纷纷向导游提出摄像拍照的请求,导游诚恳地说:"从感情上讲,我非常愿意帮助大家;但在严格的规章制度面前,我又实在无能为力。"虽然是拒绝,但游客在心理上还是容易接受的。

案例欣赏

"希望以后你找到更好的女子"

张女士长得很漂亮,经常会遇到一些男士向她表白。前些天有一个医生追求她,虽然各方面条件不错,但是因为感觉两人个性不是很合适,她还是选择了拒绝。她先是肯定了对方在工作、待人接物等方面做得很好,然后又自揭了身上的不足,最后才提到两人不合适,"希望以后你找到更好的女子"。这种循序渐进的方式不仅让她拒绝了对方,而且别人也不会觉得面子上过不去。

4. 巧妙断答法

断答法就是巧妙地截断对方的问话或请求,在他还没有说出,或者还没有说完某个意思时,即做出错答,也是一种很好的拒绝技巧。为什么不等对方问清楚,就要抢先回答呢?可能有以下的两种原因:一是等对方把问话全说出,就会泄露出某种秘密,难以收拾;二是待听全问话再回答,比较被动,不好应付。因此,考虑到对方要问什么,在他的问话未说完时,就迅速按另外的方向思路做出回答,一是可以转移其他听众的注意力;二是可以使问者领悟,改换话题,免于因说破造成尴尬局面和其他不良后果。

断答要求才思敏捷,口语技巧娴熟。因为,断答前要摸准对方的心理,"你一张口我就知道你要问什么""未闻全言而尽知其意",这种错答需要巧妙机智。

案例欣赏

不等说破,巧妙断答

一对青年男女在一起工作,男方对女方产生了爱慕之情,男方急于要表白心愿,女方虽心领神会,但是,却不愿将友情向爱情方面发展,女方认为还是不要说破,保持一种纯真的朋友情谊为好。于是,出现了下面的断答。

男青年：我想问问你，你是不是喜欢……

女青年：我喜欢你给我借的那本公关书，我都看了两遍了。

男青年：你看不出来我喜欢……

女青年：我知道你也喜欢公共关系学，以后咱们一起交换学习心得吧。

男青年：你有没有……

女青年：有哇！互相切磋，向你学习，我早就有这个想法。

男青年：……

案例评析：这位女青年 3 次断答，使得男青年明白了她的想法，于是，不再问了。这比让他直率问出来，女青年当面予以拒绝，效果自然要好得多。

三、课堂实战训练

【训练一】 请阅读下列案例，试着自己去模仿演练并谈谈你如何应对和从中受到的启发。

(1) 著名作家钱钟书先生非常幽默，常常妙语连珠。有一次，在婉转拒绝一位英国女士慕名求见时，他说："假如吃了鸡蛋已觉得不错，何必还要认识那下蛋的母鸡呢？"又一次，在谢绝了一笔高额酬金后，钱老莞尔一笑："我都姓了一辈子'钱'了，难道还迷信钱吗？"钱先生首先打了一个比方，把自己比作母鸡，把自己的作品比作鸡蛋，言外之意是你我没有必要见面，巧妙地拒绝了英国女士，还自己的生活以宁静；他巧借自己的姓氏来拒绝他人更是有趣，谁都知道此"钱"非彼"钱"，可听了他的话，谁还会拿"钱"和他说事呢？

(2) 启功先生是我国著名的书法家，在 20 世纪 70 年代末向他求学、求教的人就已经很多了，以致先生住的小巷终日脚步声和敲门声不断，惹得先生自嘲道："我真成了动物园里供人参观的大熊猫了！"有一次先生患了重感冒起不了床，又怕有人敲门，就在一张白纸上写了 4 句："熊猫病了，谢绝参观；如敲门窗，罚款一元。"先生虽然病了，但仍不失幽默。此事被著名漫画家华君武先生知道后，华老专门画了一幅漫画，并题云："启功先生，书法大家。人称国宝，都来找他。请出索画，累得躺下。大门外面，免战高挂。上写四字，熊猫病了。"这件事后来又被启功先生的挚友黄苗子知道了，为了保护自己的老朋友，遂以"黄公忘"的笔名写了《保护稀有活人歌》，刊登在《人民日报》上，歌的末段是："大熊猫，白鳍豚，稀有动物严护珍。但愿稀有活人亦如此，不动之物不活之人从何保护起，作此长歌献君子。"呼吁人们应该真正关爱老年知识分子的健康。

【训练二】 情景应对练习——如何说不。

(1) 朋友游说你抽烟。

你的朋友给你一根香烟并游说你去尝试，你对吸烟是十分反感的，你会怎样拒绝他（她）？

(2) 朋友约你串门。

你的男（女）朋友邀请你到他（她）的家，你知道他（她）的父母会参加一个宴会并会整晚不在家；你觉得不应和他（她）在屋中独处，你会怎样拒绝他（她）？

(3) 朋友邀请你喝酒。

你的朋友在派对中给你一杯酒并游说你去尝试。你对酒是十分反感的，你会怎样拒绝他（她）？

（4）朋友邀请你一起露营。

你的朋友邀请你和他（她）的朋友一起露营。你在后天有一个测验并需要时间温习，而且你也不喜欢他（她）的朋友。你会怎样拒绝他（她）？

（5）朋友邀请你一起去唱卡拉 OK。

你的朋友邀请你和他（她）一起去唱卡拉 OK，但你认为那种场所人流复杂，且你一向歌喉平平，你会如何拒绝他（她）？

（6）同学游说你染发。

你的同学游说你把头发染成红色，但你怕被老师责备，你会如何拒绝他（她）？

（7）朋友向你借钱。

你的同学向你借钱，说是用作购买参考书之用，但你怕他（她）不会还给你，又怕他（她）是用作玩乐的，你会如何拒绝他（她）？

（8）朋友邀请你一起斗地主。

你的朋友邀请你到他（她）的家斗地主，但你觉得玩牌会浪费时间，你会如何拒绝他（她）呢？

（9）朋友邀请你参加生日派对。

下星期三是你的朋友的生日，他（她）会举行一个生日派对，并邀请你参加，但你有一位朋友即将去往美国读书，你已约好在当天为他（她）饯行，那你会拒绝哪一位？如何拒绝？

（10）同学向你借功课抄。

你的同学向你借功课抄，还说会给你钱，但你觉得这样做是不对的，那你会如何拒绝他（她）？

【训练三】 通过练习，在有关的情景中运用类似下面的或婉转、或幽默、或半玩笑的口吻和语句，在不刺伤对方自尊心的前提下，及时、从容、镇定地表达出"不"的意思。

（1）也许你说的有道理，不过我想尝试一下自己的想法。

（2）我觉得这样挺好，请你别为我担心（或多谢你的好意、关心、建议等）。

（3）你觉得那样对我合适吗？

（4）我的想法好像跟你不一样，你愿意听听吗？

（5）你的这种态度让我感觉不舒服。

（6）你这样说，未免过分了吧？

（7）你这样做，叫我说什么好？

（8）实在抱歉，我没法满足你的要求。

（9）对不起，我不能那样。

（10）抱歉，现在不行，以后再说好吗？

（11）对不起，我需要用这本书了，请把它还给我吧。

（12）不好意思，我知道你有点儿失望，可是我真的做不到。

（13）对不起，请你不要这样，好吗？

模块三　辩论与演讲综合口才训练

第五章　辩论口才训练

本章核心内容

　　辩论离不开说服,说服是征服心灵的艺术。拥有了说服力,就拥有了影响他人的能力。在我们每天的生活和工作中,经常需要说服他人。在家里,有时你要说服父母、配偶和子女;在单位,有时你要说服上司、下属和同事;出门办事,有时你要说服与你打交道的各种人等。通过说服,让他人心甘情愿地接受意见、改变态度、转变行为、产生行动。卓越的说服力将为你赢得他人的支持和尊重,将为你的人际交往和事业发展铺平道路。事实上,如果你不想被他人说服,那么,你就要想办法去说服他人。

　　辩论口才广泛运用于劝诫、演讲、谈判、拒绝、推销等口语交际活动中。本章将重点介绍说服、论辩、谈判的基本原则和技巧。

训练目标与要求

1. 训练目标

　　通过本章知识要点的学习和具体实训,使学生掌握说服的基本原则和技巧,能够有效劝说与鼓动他人;掌握论辩的基本要求和技巧,逐步提高思辨能力,能够机敏有效地辩驳谬误;掌握谈判语言运用的基本要求,能够有效运用谈判的相关技巧取得双赢结果。

2. 训练要求

　　认真阅读说服、论辩、谈判的相关知识,积极参与讨论和训练。

第一节　说服口才训练

一、教学案例导入

马歇尔的理由

　　马歇尔在推举艾森豪威尔作为欧洲作战的美军最高统帅的时候,艾森豪威尔还是一个刚刚晋升为少将的军官。不仅艾森豪威尔想不到,整个美军、整个美国都想象不到。因为艾森豪威尔的名字在当时对于美国人太陌生了,他没有打过仗,仅仅是一个参谋。可是,马歇尔在给罗斯福的提名报告里,有过这样一段话:"艾森豪威尔不仅具有军事方面的学识和组织方面的才能,而且还善于使别人接受他的观点,善于调解不同意见,使人感到心情舒畅,并真心地信赖他。而这些品德和长处,又恰恰是我们驻欧洲部队统帅所必须具备的素质。"

案例评析：因为具备高超的说服影响他人的能力，艾森豪威尔超越了资历比他更老的366名美国高级将领，成为美国历史上继潘兴上将之后第二位远征欧洲的统帅。

二、本节知识要点

（一）说服的基本原则和要求

1．攻心为上原则

用兵之道，知己知彼，攻心为上。说服人也一样，必须具有心理针对性，才能把话说到对方的心坎上去。有效说服的前提是了解对象，把握心理。说服前，应充分了解说服对象的基本情况、个性特点、观点态度、需求好恶；说服时，善于察言观色、揣情摩意，摸准其心理特点，搞清其心理需求，找到对方心理症结，从而运用恰当的说服策略，对症下药。盲目劝说，不但没有效果，还容易引起对方抵触、逆反。

案例欣赏

船长的劝说妙招

有一次，来自世界各国的贸易代表乘坐一艘豪华邮轮一面旅游，一面洽谈商务。没想到船开到大海上时，竟然因为机件过热爆炸而使得船舱进水，缓缓下沉。船长要大副通知所有乘客赶快穿上救生衣跳水。可是这些贸易代表就是不肯跳入漆黑冰冷的大海里，即使大副使用威胁强迫的口气。船长只好亲自来到客舱说服他们。他将各国的商务代表分别带到旁边说了几句话，没想到大家都乖乖地穿上了救生衣跳入海里，等待救援。

后来，大副好奇地问船长："你是怎么说服他们的？"船长笑了笑说："啊，没什么，我只是顺着他们的心理去说。我对英国人说，跳水绝对有益健康，不用担心；对德国人说，这是船长的命令；对法国人说，这是伟大革命的一刻；对于美国人，呵呵，我说，上船之前我为他们投了高额保险。"

2．心理相容原则

说服是一个心理沟通与转化的过程。情投才能意合，心悦才能诚服。消除防范、心理相容是接受说服的基础。说服者应注重感情沟通，以自己的真诚、热情、友善赢得对方的好感与信任，消除对方的防范和排斥心理；充分理解和尊重说服对象的情感与选择，语气温和，以请求或商量的口吻提出劝说意见。这样才能拉近双方的心理距离，为说服创造融洽和谐的谈话气氛，使之以一种信任、积极、开放的心态面对说服。说服不是指责与压服，用盛气凌人、教训命令的口气说话，即使道理正确，理由充分，也会让对方感到伤及自尊而心生反感。

3．利益诱导原则

每个人都有自己的利益追求，人们总是根据自身的利害关系来判断是否接受说服者的观点。不同的人有不同的利益追求，有物质利益追求与精神利益追求，有个人利益追求与社会利益追求，有眼前利益追求与长远利益追求等。说服的目的在于调节人们在这些利益追求之间的矛盾,使之趋利避害。说服时,只有设身处地为对方考虑,阐明直接的、间接的或可能的利害关系,才能从根本上打动并说服对方。

案例欣赏

要不要烧掉沙皇的房子

苏联"十月革命"之后,成千上万的农民来到莫斯科。由于他们对沙皇仇恨很深,坚决要求烧掉沙皇住过的房子。有人把这件事告诉了列宁。列宁指示干部们对农民进行说服教育,干部们三番五次进行劝说,可农民就是不服,最后,列宁决定亲自和农民谈话。

列宁对农民说:"烧房子可以。在烧房以前,让我讲几句话,行不行?"农民说:"请列宁同志讲。"列宁问道:"沙皇的房子是谁造的?"农民说:"是我们自己造的。"列宁又问:"我们自己造的房子,不让沙皇住,让我们农民代表住,好不好?"农民说:"好!"列宁再问:"那要不要烧掉呀?"农民觉得列宁讲得很有道理,再也不坚持烧掉沙皇住过的房子了。

案例评析:为什么其他干部三番五次劝不服的农民,却被列宁3个问句就说服了呢?关键就在于列宁把教育农民与关心农民的利益结合起来,使农民不但懂得了自己是国家主人的道理,而且看到了沙皇住过的房子可以让农民代表住的"利",从而意识到列宁的主意正是为他们的利益着想,这就有了心理和语言上的共同点,从而接受了列宁的主张。

4. 时机恰当原则

说服应善于创造和捕捉时机,才能事半功倍。在他人心情高兴、情绪平和时,在他人尚未形成处世主见时,或在实施的过程中遇到了麻烦和困难进退犹豫时进行劝说,往往容易为对方接受。一个人若已形成处世主见,走出了自我肯定与自我否定的徘徊、试验阶段,此时劝说,则往往会失败。一个人处于盛怒、狂热、痴迷、贪恋、疯狂等激情状态时,最为固执,其全部精力都用在维护自己方面,对任何反对意见都会持拒斥态度,此时说服,最难见成效。

5. 理由充分原则

要做到说而服人,除了动之以情,以真挚的情感打动对方、感染对方外,必须摆事实、讲道理,做到以理服人。对于简单的事情、小道理,运用一两个典型事例,再加上简明扼要的分析,就可以讲清楚。对于复杂的事情、大道理,涉及多方面的因素,触动一点就牵动全局,必须全方位、多层次、多角度地进行分析论证。阐述道理时应做到观点新颖、逻辑严密、理由充分、言辞生动。

(二)说服的基本策略和方法

说服的基本方法是晓之以理,动之以情,导之以利。说服的策略有单刀直入与迂回说服,直言劝说与委婉暗示,常规说服与出奇制胜,单面说服与双面说服等。有效说服的关键在于区别对象、把握时机、对症下药、因化施说。

1. 借题发挥,因化施说

说无定法,重要的是随机应变,因化施说。任何说服活动都是在一定的时境、心境、语境、物境中进行的,高明的说服者善于主动适应客观变化,把握时机,充分利用眼前的情、景、物、事等外部条件来引出话题,借题发挥,开展说服。

案例欣赏

"大雨不敢进城……"

南唐时,课税繁重,民怨很大,一些有识之士早想规劝皇上放宽政策,可惜无有利的说服机会。一次,烈祖皇帝在北苑设宴,与群臣共饮。宴间,天气突变,城外阵雨如注,城内则天气晴朗。烈祖问群臣说:"为什么城外雨那么大,而城内却没有雨呢?"这时,大臣申渐高顺势回答说:"大雨不敢进城,恐怕是害怕征税吧。"烈祖皇帝一听,品出其中滋味,不仅没有不快,反而哈哈大笑,并决定减轻赋税。

案例评析:一个严肃的苛政问题,在一般情况下也许很难说服皇上改过,可是申渐高利用宴会上大家兴致很高的有利气氛,抓住对方主动求问的有利时机,借着雨不进城的自然现象,以幽默的表达方式暗示了对苛政虐民的批评和征税宜宽的主张,轻松地达到了说服的目的。

2. 类比譬喻,形象施说

由此及彼,以类相推,是一般人所习惯的思维方法。在说服过程中,对于不便明讲的事理,对于抽象深奥、不易理解接受的事理,对于精深微妙、难以精确表述的事理,往往需要运用修辞上的譬喻和逻辑上的类比办法来提高说服效果。这样可以以具体形象代替抽象枯燥说理,增强说服的生动性;可以以小见大,以简驭繁,增强说服的通俗性;可以避开因好恶、是非的直接表述而引起的心理摩擦,增强说服的可接受性;还可以为说服创造一定的认知条件,增强说服的可理解性。

案例欣赏

唠叨可以比念经

冯梦龙的《古今概谭》里记载着这样一个故事:瞿永令的母亲笃信佛教,一天到晚总是念"南无阿弥陀佛",瞿永令烦透了,但多次劝阻,都不见效。于是瞿永令想了一个办法,让母亲体验一下重复简单的喊声所产生的令人生厌的滋味。一天,瞿永令一个劲地喊"母亲、母亲、母亲……"把他的母亲都喊生气了。这时,瞿永令才停下来对母亲说:"我才叫您三四声,您就厌烦了,您一天到晚一直念叨'南无阿弥陀佛',那菩萨又会如何不发怒呢?"瞿永令的母亲听后有了切身感受,就接受了儿子的劝告。

案例评析:说服人,要使对方有一定的心理体验,要为对方创造一定的认知条件,采用类比、譬喻不失为一种很好的说服方法。

3. 消除防范,迂回施说

劝诫性说服,说服对象往往有强烈的戒备排斥心理,为此,我们可以采取迂回推进的策略。即隐蔽说服意图,先不着正题,以闲聊的方式嘘寒问暖,拉家常,进行感情沟通,让对方放松警惕,消除防范,再自然而巧妙地转换话题,进行说服。

案例欣赏

"的姐"温语劝劫匪

一个"的姐"把一男青年送到指定地点时，对方突然掏出尖刀逼她把钱交出来，她装作很害怕的样子交给歹徒300元钱，说："今天就挣这么点，要嫌少就把零钱也给你吧。"说完又拿出20元找零用的钱。见"的姐"如此爽快，歹徒有些发愣。"的姐"趁机说："你家在哪儿住啊？我送你回家吧。这么晚了，家人该着急了。"见"的姐"是个女子又不反抗，歹徒便把刀收了起来，让"的姐"把他送到火车站去。见气氛缓和，"的姐"不失良机地启发歹徒："我家里原来也非常困难，咱又没啥技术，后来就跟人家学开车，干起这一行来。虽然挣钱不算多，可日子过得也不错。何况自食其力，穷点儿谁还能笑话我呢？"见歹徒沉默不语，"的姐"继续说："唉，男子汉四肢健全，干点儿啥都差不了，走上这条路一辈子就毁了。"火车站到了，见歹徒要下车，"的姐"又说："我的钱就算帮助你了，用它干点儿正事，以后别再干这种见不得人的事了。"一直不说话的歹徒听罢突然哭了，把300多元钱往"的姐"手里一塞说："大姐，我以后饿死也不干这事了。"说完，低着头走了。

案例评析：面对歹徒抢劫，"的姐"先是假装积极配合，消除了对方的戒备防范心理，接着抓住气氛缓和的时机现身说法讲道理，语重心长说后果，开导对方走正道，让对方认识到其错误和后果。最后在对方下车时才真诚地劝导他不要再干见不得人的事了。在整个劝说过程中，从表情、语气、话语等各方面体现出一个大姐对陌生青年亲人般的关爱和善意提醒。机智和真情不仅救了"的姐"自己，更挽救了一个失足青年。

4．运用故事，婉言施说

故事讽喻法是一种含蓄委婉的劝说方法。不直言其事而借助于寓言故事、历史典故、笑话幽默、逸闻传说来暗示、启发对方明白自己的过错。人们都乐意听故事，用故事代替讲道理，通俗易懂，生动形象，发人深思。

案例欣赏

"什么叫够了"

班里有个学生很聪明，成绩也不错，但学习不认真，纪律松弛，骄傲自大，自视过高，瞧不起其他同学，有时甚至也不把老师放在眼里。班主任老师便给这名学生讲了禅宗里的一则故事。

徒弟学艺多年，出山心切，赶去向师父辞行："师父，我已经学够了，可以独闯天下了。""什么叫够了？"师父问。"就是满了，装不下了。"徒弟答。"那么你装一大碗石子来。"徒弟照办了。"满了吗？"师父问。"满了。"徒弟十分自信。师父抓起一把细沙，掺入石中，沙一点儿没溢出来。"满了吗？"师父又问。"这回满了。"徒弟面有愧色。师父又抓了一把灰土，轻轻撒下，还是没溢出来。"满了吗？"师父再问。"满了。"徒弟似有所悟。师父又倒了一盏水下去，仍然滴水没有溢出。"满了吗？"师父笑问。徒弟无言以对……听了这则故事，该学生似有所悟，以后的思想、行为有了较大的改变。

5．诱驴甩尾，借言施说

先设计诱使对方表明对某件事情的看法和处理态度，说出为我所需、可以为我所借的话，再用他先前说的话来说服对方。也就是先绕一个弯，用他本人的理由来说服他自己。

🔊 案例欣赏

妙 言 诱 导

有一个村民家喂养了一只狼狗。一天，在他家院子里，他家的狼狗咬死了前去寻衅挑战的村主任家的狼狗。村民借故约上村支书找到村主任说："主任，如果一家的狼狗咬死了另一家的狼狗，那么狼狗的主人应该负赔偿责任，对吗？""那是当然。""你家的狼狗刚才在我家的院里咬死了我家的狼狗，你说该赔多少钱？"村民说这话时显得理直气壮。"狼狗是不会像人那样去思考问题的，所以狼狗是不应该负法律责任的，对吧？"村主任立刻改变了说法，"既然这样，狼狗的主人也不应该代替它负法律责任。""你是说，当一家的狼狗咬死了另一家的狼狗时，狼狗的主人可以不负法律和赔偿责任，对吗？"为防对方再变卦改口，村民有意高声问了一遍。"是的。"村主任以不容争辩的语气说道。"对不起，主任，我刚才说错了，真实情况是，我家的狼狗在我家院里咬死了你家前去寻衅挑战的狼狗。""这……"村主任望了一眼村支书，但心有不甘地闭了嘴。

思考：咬死狼狗的事情为何就这样不了了之了？

6．引申归谬，正话反说

当对方对其过错认识模糊，情绪又比较激动的情况下，正面说理很难说服对方，这时，不妨换个角度，正话反说，承认对方的做法和观点，并夸大其词地为其错误行为进一步寻找"理由"，或引申推论出一个荒谬的结论，从而让对方认识到其言行的荒谬性，最终达到警醒对方的目的。

🔊 案例欣赏

养马人的 3 条死罪

齐景公有匹马，养马的人把它杀了，齐景公很生气，拿起戈要亲自去打死他。晏子说："这样他还不知道犯的什么罪而被处死，现在让我代你把他责备一番，让他知道自己犯的是什么罪，然后再杀他。"齐景公说："好的。"晏子就把戈举得高高地对养马人说："你替我们主人养马而把马杀掉，你的罪该死；你让我们的主人由于一匹马的缘故，而把养马的人杀掉，你的罪又该死；你使我们的主人由于一匹马被杀而杀人，让四周的诸侯知道了，你的罪更该死。"齐景公说："你放了他吧！放了他吧！不要辱没了我的仁德。"

案例评析：晏子没有正面指出齐景公处置养马人太过严厉，而是正话反说，通过夸大养马人的罪状，委婉地指出齐景公过激行为的后果，语言幽默，劝谏艺术相当高明。

7．展示希望，描绘愿景

人都是靠希望而活着的，都憧憬美好的未来。如果我们在安慰、劝说、鼓动他人时，能够展示希望，为他们描绘出一幅美好动人的蓝图，那么必定能够振奋精神，激发斗志，增强信心或促使其做出决定。

案例欣赏

拿破仑的战前动员

拿破仑对展示希望的技巧掌握得十分熟练。对士兵,拿破仑除加强纪律外,最拿手的是描述未来的美好情景,给他们以克服困难的信心。有一次出征前,拿破仑发表了极富鼓动性的动员演说:"士兵们,你们没有衣穿,吃的也不好,政府欠下你们很多东西,可是它什么也不能发给你们。你们在这些悬崖峭壁间显示出来的勇气和坚韧力量是令人惊叹的,可是这并没有给你们带来任何荣誉,它们的光辉并没有照到你们身上。我想带你们到世界上最富饶的国家里去,富饶的地区和繁华的大都市将受你们的支配,你们在那儿将会得到尊敬、荣誉和财富。意大利军团的士兵们,难道你们的勇敢精神和坚韧力量不够吗?"

案例评析:拿破仑的战争动员使这些饥饿的士兵有了奔头和盼头,那些萎靡不振的士兵重新斗志昂扬,军心动摇的团队唱起了效忠王室的旧国歌。

8. 巧用激将,激起自尊

利用人们不愿服输、希望得到别人重视的心理,故意讲几句表示轻蔑、低估、怀疑、否定的话来刺激对方,激发对方下定决心完成任务。比如故意把任务说得十分困难,暗示对方不能担此重任,或故意怀疑对方能力而另选他人等。通过制造竞争的办法来激励干劲,也是激将法的一种形式。激将法对于那些自负好胜、自尊心比较强的人,更容易奏效。

案例欣赏

诸葛亮妙语激周瑜

赤壁之战前,诸葛亮到东吴寻求合作,诸葛亮深知,东吴军事上,周瑜的意见举足轻重,所以如果能说服周瑜,那么联合东吴抗击曹操的目的便达到了。针对周瑜年轻气盛、颇为自负而心浮气躁的特点,诸葛亮耍了一个小小的手腕,他望文生义,曲解曹植的《铜雀台赋》中的两句诗"立双台于左右兮,有玉龙与金凤。揽二乔于东南兮,乐朝夕之与共",说曹诗的意思是,我若扫平四海,以成帝业,愿得江东二乔,置于铜雀台,以乐晚年,虽死乃恨矣。周瑜听罢大怒,站起来指着北方大骂道:"老贼欺人太甚!"诸葛亮连忙劝阻说:"当年汉朝皇帝曾以公主和亲,今天为了退敌,这民间的两个女子有什么可惜的呢?"周瑜道:"先生有所不知,大乔是孙伯符(孙权之兄孙策)之妇,小乔乃周瑜之妻。"诸葛亮佯装惶恐道:"我确实是不知此事,失口乱说,死罪死罪!"周瑜道:"我与老贼誓不两立,希望先生助我一臂之力。"

案例评析:诸葛亮巧妙地运用激将法说服了周瑜,定下了联合抗击曹军的大计。

9. 阶段要求,得寸进尺

"欲求一丈,先求一尺。"如果我们提出一个大的请求可能会遭到拒绝,那么我们可以先向对方提出一个小的请求,然后再逐步提出更多的要求,最终达到目的。因为通过帮助人们在正确的方向上做出小决定,比让他们做出大决定更为简单。而一旦对方接受了第一个请求,对于第二个请求就会感觉到一种"不好拒绝"的强制力。

案例欣赏

"孱孱"的汤姆

汤姆想去郊外度周末,面对处理家庭预算很严谨而且一贯节俭的妻子,他说:"下个月我们为什么不能到湖边去度个周末呢? 那也花不了很多钱。花上不到 49 美元我们就可以在'快乐山谷汽车旅馆'订个房间,而且我们可以自带野餐,所以吃饭花不了很多钱。"接着他又说道:"你知道湖边的那家旅馆一年之中的这个时候就会降价吗? 我敢打赌住在那儿不会花很多钱。我打个电话落实一下怎么样?"妻子站在一旁,沉默不语,不支持也不反对。

再过两天,他说:"宝贝,我打电话给那家旅馆,可提供整套周末旅游服务,所以我就订了。我们可以在那里住两宿,加上早餐和一局高尔夫球只要 198 美元。"妻子若有所思地点点头。

旅行前一周的一个晚上,汤姆指着报纸上的租车广告说:"我担心我们那辆旧车会在半路上抛锚。租一辆凯迪拉克才 80 美元,我们何苦不抓住这个机会呢? 而且又潇洒又体面。"妻子最后说:"既然这样可以省钱,那就这样好了。"

汤姆就这样得寸进尺地实现了"租一辆舒服的小汽车在山间旅游,晚上在宾馆订套房间"的度假计划。

三、课堂实战训练

【训练一】 请分析下列案例采用的说服技巧,谈谈你从中受到的启发。

(1)某剧场门前不许卖瓜子、花生之类的小食品,怕的是污染环境,影响市容。唯有一位年近六旬的老太太可以例外。用剧场管理员的话说就是:"这老太太年岁大,嘴皮尖,人家叫她铁嘴,不好对付,只好睁只眼闭只眼。"某日,市里要检查卫生,剧场管理员小王要老太太回避一下,说:"老太太,快把摊子挪走,今天这里不许卖东西。""往天许卖,今天又不许卖,世道又变了吗?""世道没有变,检查团要来了。""检查团来了就不许卖东西? 检查团来了还许不许吃饭?""检查团来了,地面不干净要罚款的。"小王加重了语气。"地皮不干净关我屁事,他肥肉吃多了拉稀屎,能去罚卖肉的款吗?"小王无言以对,悻悻而退。管理自行车的老刘师傅随后走了过来,说道:"老嫂子,你这么一把年纪,没早没晚的,又能挣几个钱呢? 检查团来了,真要罚你一笔,你还能打场官司不成? 再说,检查团不会天天来,饭可是要天天吃,生意可是要天天做的呐。""嗯! 姜还是老的辣。好,我走,我走。"老太太边说边笑着把摊子挪走了。

(2)1948 年冬,我军打响了平津战役,为保护历史名城北平,我党敦促傅作义将军举行和谈,但他顾虑重重,拿不定主意。他手下的少将参议刘厚同老先生受我地下党员杜任之之托,出面说服傅作义。他语重心长为傅先生的前途着想,劝道:"宜生,是当机立断的时候了,要顺应人心,和平谈判。万万不可自我毁灭,万万不可。"他还针对傅作义怕被人看成是叛逆的顾虑,开导他,给他讲了商汤放桀、武王伐纣的故事,说:"汤与武王是桀、纣的重臣,后人不但不称汤与武王是叛逆,反而赞美他们。忠,应该忠于人民,而非忠于一人。目前国事败成这个样子,人民流离失所,处在水深火热之中,人民希望和平,如果你能顺应人心,倡导和平,天下人会箪食壶浆来欢迎你,谁还会说你是叛逆?"刘老先生这样设身处地为他着想,以情开路,以理攻心,使傅作义终于答应和谈。

（3）曹操用的马鞍被老鼠咬坏了,曹操认为这是不吉之兆,要以死罪治管理仓库的官吏。曹冲获悉后,戳破了自己的衣服,状如鼠咬一般,到曹操面前故作愁容。曹操问他原因,曹冲乘机答道:"世上一般人认为被老鼠咬破衣服的主人大不吉祥,现在我的单衣被老鼠咬了,所以忧愁。"曹操忙劝慰说:"老鼠咬破衣服,主人就不吉祥,这全是无稽之谈,何必忧愁?"后来管仓库的官吏来向曹操请罪,曹操只得一笑了之。

（4）两千多年前,马其顿国王亚历山大率领军队出征印度,途中断水,全军将士干渴难忍。于是,国王命卫兵四处去找水。但卫兵找回来的却只有一杯水,便把它献给了国王。这时,国王下令,立即把部队集合起来,端着这仅有的一杯水,充满信心地对全军将士说:"水源已经找到了,我们只要前进,就一定能够找到水的!"话音刚落,大家只见国王把手中的那杯水泼在地上。将士们顿时精神振奋,怀着巨大的希望,不顾难忍的干渴,跟着国王继续前进。

（5）一个男青年想约意中人吃饭:"这个周末,你能抽出一个小时的时间吗?""可以呀,什么事?""我正在为送妹妹什么生日礼物犯愁,有两个礼物我都相中了,但是不知道选哪个比较好,你能帮我参谋一下吗? 我觉得女孩子比较了解女孩子喜欢什么。""行啊。""太好了,那我请你吃饭。"

【训练二】 情景应对训练。

（1）假如你是一家工厂的老板,当你到车间去巡视时,发现一伙工人正围在墙角抽烟,而墙上却挂着一块"严禁烟火"的牌子。你怎么制止他们抽烟并让他们认识到自己所犯的错误,并心悦诚服地改正呢?

（2）你同学这一段时间里沉溺于网聊,无心学习,对老师的批评也很抵触,请你跟他谈谈,说服他改过。

（3）小王从大学一年级就开始谈恋爱,到毕业时女友却提出分手。小王非常悲伤,从此一蹶不振。请你以老师或好朋友的身份劝说他振作起来。

（4）某学校的3家食堂使用塑料袋给学生装饭菜,学生吃完后随手丢弃,校园里一片狼藉,蚊蝇乱飞,昔日清洁干净的校容校貌不复存在。请你代表校方说服3家食堂承包人停止使用塑料袋。

（5）学校即将召开运动会,请你以班长的身份在班上作鼓动宣传。

第二节　论辩口才训练

一、教学案例导入

冯玉祥怒斥洋人

爱国将领冯玉祥任陕西督军时,有两个外国人私自到终南山打猎,并打死了两头珍贵的野牛,于是,冯玉祥把他们召到西安问罪——

　　冯玉祥问:"你们到终南山行猎,和谁打过招呼? 领到许可证没有?"

　　对方:"我们打的是无主野牛,用不着通知任何人。"

　　冯玉祥:"终南山是陕西的辖地,野牛是中国领土内的东西,怎么会是无主的呢? 你们不经批准私自行猎,就是犯法行为,你们还不知罪吗?"

　　对方:"这次到陕西,贵国外交部发给的护照上,不是准许携带猎枪吗? 可见,我们行猎已得到贵国政府的准许,怎么是私自行猎呢?"

　　冯玉祥:"准许你们带猎枪,就是准许你们行猎吗? 若准许你们携带手枪,难道就可以在中国境内随意杀人吗?"

　　对方:"我在中国 15 年,所有的地方从来没有不准打猎的;再说,中国的法律也没有不准许外国人打猎的条文。"

　　冯玉祥:"没有不准外国人打猎的条文,不错,但难道有准许外国人打猎的条文吗? 你15 年没有遇到官府禁止,那是他们睡着了。现在我身为陕西的地方官,我没有睡着,我负有国家人民交托的保土卫权之责,就非禁止不可。"

　　两个外国人再没有理由狡辩,只得低头认罪。

二、本节知识要点

　　(一)论辩的含义和种类

　　1. 论辩的含义

　　论辩又称辩论,是观点对立的双方就某一论题为批驳或说服对方而进行的言语交锋活动。与一般口语交际形式相比,论辩具有说理性、对抗性、机敏性等突出特点。通过论辩,可以达到明辨事理、分清是非、消除分歧、统一认识、彰显真理、否定谬论、维护权益、说服他人等多种目的。

　　2. 论辩的种类

　　从论辩的表现形式来看,论辩有对话式论辩、答辩式论辩、竞赛式论辩 3 种类型。

　　从论辩阐述内容的侧重点来看,论辩主要有申辩、驳辩、答辩 3 种类型。申辩重在申述理由,驳辩重在驳斥谬误,答辩重在解释理由。

　　从论辩的应用范围来看,论辩可以分为日常论辩、专题论辩、赛场论辩 3 种类型。

　　(1)日常论辩

　　日常论辩是人们在日常工作、生活、学习、交际中对某一问题的看法不一致而产生的争辩。日常论辩没有时间、地点、人数的局限,即兴而发,兴尽收场,具有随意性、突发性的特点。

　　(2)专题论辩

　　专题论辩是根据社会生活中某种特定需要而进行的辩论,是一种在专门场合下有组织、有程序、有特定目的的论辩。专题论辩准备充分,氛围严肃,是最具实用性的一种论辩形式。专题论辩主要包括法庭论辩、外交论辩、竞选论辩、决策论辩、学术论辩和学术答辩等。

（3）赛场论辩

赛场论辩是按照一定的竞赛规则就某一特定辩题组织参赛双方展开论辩的竞赛活动。赛场论辩以展示辩手风采、锻炼机辩能力为主要目的，论辩双方所持的观点由抽签决定，不代表其真正立场，论辩双方主要通过其论辩技巧、论辩风度、整体配合来赢得评委和观众的好感而取胜。赛场论辩是辩手间品德、学识、思想、智慧与口才的综合检验与较量，论战场景激烈，具有很强的表演性和观赏性，给观众带来深刻的思想启迪和美的享受。

（二）论辩的基本原则和要求

1. 立论高远，观点鲜明

论辩是谋略与立场的较量，立论的高下是决定论辩胜负的关键。正确、深刻、新颖、鲜明的观点本身就具有强大的震撼力和说服力。

日常论辩和专题论辩的立论主要是做好调查研究和分析梳理工作，从客观实际和自身感悟中提炼出具有现实针对性的观点，然后反复推敲，去粗取精，去伪存真，减少不成熟的观点，避免无意义的论争。

赛场论辩的立论，重在辨清辩题，确立角度。一是要在分清辩题的共同点和争论点基础上把握论辩的焦点。二是对辩题涉及的关键概念界定清晰严密。三是对辩题范围进行合理的限定或拓展，使立论严谨。四是拓展思路，趋利避害，确立最佳立论角度。例如对辩题"人类的和平共处是一个可能实现的理想"，正方一辩在开头就指出："人类的和平共处是和战争相对而言，消除了战争也就实现了人类的和平共处。"这样立论就把其他形式的暴力行为排除在外，为本方以后论述打下了较好基础。

2. 理据充分，逻辑严密

论辩的过程就是摆事实、讲道理，以理服人。论辩必须做到理据充分，论证严密。

论据有事实论据和理论论据两大类。事实论据包括各种事实材料和权威的数据资料。理论论据包括科学公理、生活常理、名言警句、民谚歌谣、典籍法规等。无论是事实论据还是理论论据，都应真实、准确、典型，能够充分证明论点。论辩前，应广泛收集材料，然后加以分析加工，改造成有直接使用价值的论据。论据的选取要注意分析材料和论点之间的关系，选择思想内涵单纯、倾向性明显的材料，以免被对方从反面引申利用。

论辩不是单纯地堆砌论据材料，而是应进行精辟的逻辑推理和逻辑分析，才能真正明事晓理，使论辩闪耀出思想的光芒。论辩时，分析说理必须严格遵守逻辑规则，否则必将给论辩造成致命的伤痕。

案例欣赏

"人性本恶"辩词赏析

我方立场是：人性本恶。

第一，人性是由自然属性和社会属性组成的，自然属性指的就是无节制的本能和欲望，这是人的天性，是与生俱来的；而社会属性则是通过社会生活、社会教化所获得的，它是后天属性。我们说人性本恶当然指的是人性本来的、先天的就是恶的。

第二，提到善恶，正如一千位观众会有一千个"哈姆雷特"一样，一千个人心目当中也许会有一千个善恶标准。但是归根结底，恶指的就是本能和欲望的无节制地扩张，而善则是对本能的合理节制。我们说人性本恶正是基于人的自然倾向的无限扩张的趋势。那个曹操不是说过"宁可我负天下人，休叫天下人负我"吗？那个路易十五不是也说过"在我死后哪怕洪水滔天"。还有一个英国男孩，他为了得到一辆自行车，竟然卖掉了自己3岁的妹妹。对这些对方还能说人性本善吗？

第三，虽然人性本恶，但是我们这个世界并没有在人欲横流中毁灭掉，这是因为人有理性（时间警示）。人性可以通过后天教化加以改造，当人的自然倾向无限向外扩张的时候，如果社会属性按照同一方面推波助澜，那么人性就会更加堕落；相反，如果我们整个社会倡导扬善避恶，那么人性就有可能向善的方向发展，这一点也正说明了儒家思想所倡导的修齐、治平、内圣、外王是何等的重要！对方辩友，如果真的是人性本善的话，那么孔老夫子何必还诲人不倦呢？

案例评析：这是首届国际华语大专辩论会决赛关于"人性本善"论辩反方复旦大学队一辩论证"人性本恶"的辩词。这段辩词开头鲜明地表明立场观点，然后采用定义正名、举出实例、引用名言和辩证分析等方式进行论证，不仅明确了"人性""善""恶"等概念的确切含义，而且立论气势磅礴，分析透辟深刻，产生了极大的逻辑征服力。

3. 机智敏捷，辩驳有力

论辩是智慧与口才的较量。论辩的精彩之处就在于临场发挥，随机应变。论辩时，边听边归纳对方话语要点，捕捉对方谬误，在极短时间内迅速提取个人的知识储备进行思辨，兵来将挡，水来土掩，见招拆招，一剑封喉，给予对方致命一击。

所以，经常参加论辩训练，人们注意力的集中性、指向性，思维的敏捷性、灵活性，表达的准确性、条理性，都会得到很好的培养；逻辑推理能力、现场应变能力和即兴讲说能力，都会得到有益的锻炼。

案例欣赏

派克钢笔的由来

一名美国记者发现周总理使用美国派克钢笔。"请问总理阁下，"美国记者讥讽道，"你们堂堂中国人，为何还要使用我们美国生产的钢笔呢？""提起这支钢笔，话就长了，"周总理风趣地说，"这是一位朝鲜朋友的抗美战利品，他作为礼物赠送给了我。朋友说，抗美胜利了，你就留下做个纪念吧！我觉得很有意义，就收下了这支贵国的钢笔。"美国记者听后灰溜溜地走了。

案例评析：美国记者企图借一支美国派克钢笔讥笑中国贫穷落后，周总理巧妙地借助对方的话题引申发挥、依势顺推，以"战利品""做个纪念"等词语暗示了中国的强大，让美国记者讨了个没趣。

4. 礼貌尊重，辩风高尚

论辩时要有良好的修养和风度，有理有节，做到以德服人。

（1）尊重事实，服从真理。做到言之有据，不歪曲事实，不断章取义；不故意歪曲他人原意,篡改对方论点;服从已有的真理性认识,自觉放弃自己的错误观点,不胡搅蛮缠,不强词夺理。

(2) 尊重他人,礼貌谦逊。尊重他人的发言权利,不在对方论说未完时截断话头;尊重他人人格,不恶意讽刺挖苦,进行人身攻击;谦和礼让,语言文明,表现出良好的修养和风度。

(3) 理直气壮,胸襟开阔。不为了个人意气或私利而争辩;取胜时不得意忘形,理屈时不恼羞成怒;得理要饶人,不在对方已经真诚地承认失败并已经停止辩护时"穷追不舍"。

案例欣赏

思维紊乱的原因

在一次外贸谈判中,中方外贸代表团拒绝了一位红头发的西方外商的无理要求,这家伙恼羞成怒,竟然出口伤人说:"代表先生,我看你的皮肤发黄,大概是营养不良造成思维紊乱吧?"面对攻击性的发难,中方代表没有暴跳如雷,而是用平静的声音回敬道:"经理先生,我既不会因为你的皮肤是白色的而说你是严重失血,造成你思维的紊乱;也不会因你头发是红色的而说你是吸了他人的血,造成你头脑发昏。"

案例评析: 面对外商的人身攻击,中方代表以对方的荒谬逻辑还治其身,温和中裹挟严厉,驳斥有理有节,既维护了尊严,又体现了自身的良好修养,与对方形成了鲜明的对比。

5. 知己知彼,准备充分

不打无准备之仗。除了即兴的日常论辩外,专题辩论和赛场辩论前都要做好充分的准备工作。特别是要着重分析设想对方可能的进攻招数,并设计回应对策。

就赛场论辩来讲,论辩前首先分析辩题,确立论点,在认真研究分析双方辩题基础上确立己方立场,设计好立论的逻辑框架。其次,收集材料,撰写辩词。然后进行辩手分工和战略战术谋划,形成论辩设计方案。论辩设计方案应该包括对辩题的理解和剖析,己方逻辑框架设计和底线、主要论点论据,对方可能的立论及对策、战略战术等内容。最后,赛前演练。

(三)论辩的基本策略和技巧

论辩的基本策略,或正面进攻,直击要害;或欲擒故纵,迂回出击;或针锋相对,以刚制刚;或婉转含蓄,以柔克刚;或强攻,或闪避,或妙问,或妙答,或借题发挥,或反戈相击;或驳论点,或驳论据,或驳论证,或义正词严,或风趣幽默……不一而足。其关键在于才学丰富,思想深刻,随机应变。

1. 归谬辩驳

不正面反驳对方的观点,而是先假定其观点正确,然后根据对方的逻辑推演引申,得出一个荒谬的结论,从而凸显其谬误。归谬辩驳可以使反驳显得风趣幽默、犀利泼辣。其方法有两种:一是类比归谬,借助类比事物的荒谬显示对方言论的荒谬;二是引申归谬,按照对方的逻辑进行夸张性的推演,从而得出一个荒谬的结论。

案例欣赏

"流行性感冒也是美的了"

俄国作家赫尔岑在音乐会上,听到满场都是狂暴的节奏和刺耳的声响,用手捂住了耳朵。主办者向他解释说:"这是流行音乐。"赫尔岑说:"流行的东西,未必就是美的。"主办者反问:"但是不美的东西怎么流行呢?"赫尔岑笑着说:"那么流行性感冒也是美的了!"

案例评析:主办者说的意思是,流行的东西是美的。赫尔岑引申后得出结论,流行性感冒也是美的,以结论的荒谬显示前提的荒谬。

2. 针锋相对

针锋相对是指论辩双方观点尖锐对立,你来我往,正面交锋,形成激烈的对攻场面。辩论时双方往往采用相同的手段进行对抗。即对方用什么方法辩驳,自己也同样地用什么方法予以还击。对方用事实,你也用事实;对方用例证,你也用例证;对方引名言,你也引名言。组织强有力的反攻,面对面直接地加以辩驳。

案例欣赏

治愚和治贫哪个更重要

在论题为"治愚比治贫更重要"的辩论中,正方说:"中国作家写了这本书《愚昧比贫穷更可怕》,说明了治愚比治贫更重要,可见对方同学似乎是没有看这本书呀!"反方回击:"中国政府也说:生存权、温饱权是人的第一权利。对方如何回答?"正方回击:"……如果治愚不比治贫更重要,为什么中国人说'养儿不读书,不如养头猪?'"辩论双方短兵相接,各自引用权威言论进行攻辩,充分体现了论辩对抗性、机敏性的特点。

3. 移花接木

以己之花接彼之木,利用对方论据巧妙加以发挥用来证明自己的观点,因敌取证,借箭反击,反守为攻、化被动为主动。在论辩交锋过程中,讲究随机应变,移花接木就是常用的一种方法。

案例欣赏

"如果人性本善,人们怎么可能拿起屠刀?"

在关于"人性善恶"问题的辩论中,正方强调人人有善根,因而能"放下屠刀,立地成佛"。但反方立即提出了一个对方未曾想到的,也难以回答的问题:"如果人性本善,人们怎么可能拿起屠刀?"

4. 以矛击盾

以子之矛攻子之盾。直接指出或巧妙诱导,使对方言行不一,或话语前后矛盾,让对方搬起石头砸自己的脚,自己打自己的嘴巴。

案例欣赏

没 想 到

一天，王阳明和朋友登山观赏风景，一路上滔滔不绝地谈论他的哲学思想。他说："凡是人们心中没有想到的东西都是不存在的，就说这些大树吧，它们之所以存在，就是因为我们看到它们，心中想到它们，否则就不存在了！"他正谈得兴致勃勃的时候，不料被一块石头绊了一跤，帽子滚到山下去了，于是扫兴地说："没想到被石头绊了一跤。"他的朋友便问他："你没想到的东西怎么会存在呢？可见还是心外有物呀。"王阳明无言以对。

5. 两难辩驳

以是非问或选择问的形式提出一个两难命题，让对方做出回答或选择，对方无论是肯定回答还是否定回答，或做出任何一种选择，都对对方不利。两难辩驳作为一种进攻手段，往往让对方措手不及，非常考验对方的应变能力。

对付两难辩驳的办法，一是识别陷阱，推翻其预设前提，做出澄清性的回答。如对方问："你是否停止打你父亲？"回答："我从来就没打过我的父亲。"二是做出非此即彼的其他选择，机智回答。如问："进三步就会死，退三步就会亡，你何去何从？"答曰："我横着走三步。"三是选择其一，先顺后逆。例如，在"思想道德应该适应（超越）市场经济"论辩中，反方发问："请问雷锋精神到底是无私奉献精神还是等价交换精神？"正方则可以回应说："雷锋精神当然是无私奉献精神，但它与市场经济并不矛盾呀！"四是以难制难，用一个两难问题返还对方。如一个将军问降卒想求生还是求死，意在求生求死皆杀。降卒回答："如果杀我，那是将军之威；如果不杀我，那是将军之德。生杀予夺之权操在将军手里，请您自己定度吧。"

案例欣赏

上帝是万能的吗

一次，一位神学家鼓吹"上帝是万能的"，这时有人问："上帝能够创造一切吗？""那当然，这是毫无疑问的。"神学家答道。"那么，上帝能创造出一块连他自己也举不起来的石头吗？""当然可以的。"神学家不假思索地回答。"那他岂不是举不动那块石头，而你怎么能说上帝是万能的呢？"神学家哑口无言。

6. 还治其身

借助对方的话语或话语表达方式或话语推理形式反过去攻击对方，以其人之道还治其人之身。这种反击方式的好处在于反击的性质和力度与对方攻击的性质和力度对等，如果对方是善意的，那么反击也是善意的；如果对方是恶意的，那么反击也是恶意的。这种反戈相击的辩驳方法简洁有力，使论敌自取其辱而有口难言，特别适用于回应对方的恶意攻击。

🎧 **案例欣赏**

他为什么没把你培养成绅士

英国诗人乔治·英瑞的父亲是个木匠，一个纨绔子弟借此污辱乔治："请问阁下的父亲是不是木匠？"当他得到肯定的回答后又问："那他为什么没把你培养成木匠？"乔治很有礼貌地问："敢问阁下的父亲可是位绅士？"这位公子哥得意地回答说："那当然！"诗人又问："那他为什么没把你培养成绅士呢？"

7. 事实反驳

事实胜于雄辩。用活生生的事实反驳对方的谬误。

🎧 **案例欣赏**

谁能把鸡蛋立起来

哥伦布经过长达18年的准备和努力，终于登上了美洲大陆。当他回到西班牙时，受到举国上下的热烈欢迎。但也有人对哥伦布的成功感到嫉妒，在一次宴会上故意对他的成就表示不以为然。于是哥伦布拿起桌上的一个鸡蛋，问："女士们、先生们，你们有谁能不用任何其他东西，把这个鸡蛋立起来吗？"这些人拿起鸡蛋试了半天，谁也没有成功，于是自我解嘲地嚷道："这是不可能办到的事！"哥伦布拿起鸡蛋，向桌上一磕，鸡蛋稳稳地立在那儿。哥伦布接着说："这是世界上最简单的事，每个人都能做到——但却是在有人教给他怎么去做之后！"

8. 釜底抽薪

指出对方论据或论证上的破绽，如论据不真实、断章取义、违反逻辑规则等，让对方的论点失去支撑。

🎧 **案例欣赏**

"有饭不吃"和"无饭可吃"是两码事

在论题为"治贫比治愚更重要"的论辩中。

正方："……对方辩友以迫切性来衡量重要性，那我倒要告诉您，我现在肚子饿得很，十万火急地需要食物来充饥，但我还是要辩下去，因为我意识到论辩比充饥更重要。"

反方从容辩道："对方辩友，我认为'有饭不吃'和'无饭可吃'是两码事……"

案例评析：正方现身说法来论证贫困不足以畏惧和治愚的相对重要性，反方没有与对方纠缠"论辩是否比充饥更重要"，而是立即抓住对方说理中的漏洞，指出"有饭不吃"和"无饭可吃"是两码事，是偷换概念，给对方来了个釜底抽薪。反应机敏，语言简洁，辩驳有力。

9. 设喻反驳

用形象的比喻来说明抽象、复杂的事理，可以使反驳显得生动形象、通俗有力。

📙 **案例欣赏**

大学评议会不是澡堂

德国女数学家爱米·诺德获得博士学位后,还不能立即开课,因为她还没有得到讲师资格。但她的学识和才华受到了从事广义相对论研究的希尔伯教授的赏识。在一次会议上,爱米·诺德能否成为讲师的问题引发了一场争论。一位教授激动地说:"怎么能让女人当讲师呢?如果她做了讲师,以后就要成为教授,甚至进入大学评议会!"希尔伯反驳道:"先生们,候选人的性别绝不应该成为反对她当讲师的理由,我请先生们注意:大学评议会,毕竟不是澡堂!"这一句话,驳得对方哑口无言。

10. 避实就虚

在论辩过程中,对于一些刁钻古怪的问题、难以精确作答的问题以及其他自己不愿或不能正面回答的提问,可以通过模糊回答、答非所问、转移话题、戏谑调侃乃至诡辩等方法巧妙回避,机智应对,这比尴尬无语或简单地说"无可奉告"要显得风趣、机智、幽默。

📙 **案例欣赏**

中国人民银行有多少存款

一个外国记者向周总理提问:"请问总理先生,中国人民银行目前有多少存款?"因为当时新中国刚成立不过十多年,和西方的发达资本主义国家相比,国力还有很大的差距,周总理心知这个记者是存心想影射中国存款少、国家穷。他停顿了片刻,微笑地答道:"中国人民银行的存款目前共计十八元八角八分整。"见外国记者很惊讶,周总理又补充道:"中国人民银行目前共发行十元、五元、二元、一元、五角、二角、一角、五分、二分、一分共十种面额的人民币,所以共计是十八元八角八分整。"外国记者佩服地点了点头。

案例评析: 周总理避开对方的实质性问题,巧换概念,用人民币面值总额回答对方提问,风趣含蓄,显示出高超的应对技巧。

三、课堂实战训练

【训练一】 请分析下列案例运用了哪些论辩策略和技巧,谈谈你从中受到的启发。

(1)古时有儒士张倬与僧人辩论。僧人宣称:"儒教虽正,却不如佛学玄妙,我们僧人能读儒教的书,你们却不能通晓佛家的经典。"张倬回答道:"不对吧,比如饮食,人可以吃的狗也可能吃,狗可以吃的,人却绝不能去吃了。"僧人顿时哑口无言。

(2)王蒙在纽约时,曾有记者问:"据说,中国每公开出版一本新书,都要通过政府的审批,是真的吗?"王蒙回答:"就是政府想那样做,也是不可能的。全国每月要出版一千多部小说,如果每本书都要经过审查,那么中国政府就成'读者俱乐部'了。"

(3)南齐时,有个著名的书法家叫王僧虔,是晋代大书法家王羲之的四世族孙。他的行书、楷书继承祖法,造诣很深。当时,南齐太祖萧道成也擅书法,而且自命不凡,不乐意自己的书法低于臣子。王僧虔因此很受拘束,不敢显露才能。一天,齐太祖提出,一定要与王僧虔比试书法的高下。于是,君臣二人都认真地写了一幅楷书。写毕,齐太祖傲然问王僧虔:"联与公卿书法,谁是第一,谁是第二?"王僧虔既不愿贬低自己,又不敢得罪皇帝,他眉头一皱,计上心来,说:"臣的书法,人臣中第一;陛下的书法,皇帝中第一。"太祖听了,只好一笑了之。

(4) 妻子责怪酒鬼丈夫说话不算话:"你昨天说你要重新做人,再也不喝酒了,怎么今天又喝了?"丈夫则故意偷换概念辩解说:"唉,没想到我重做的这个人还是这么爱杯中之物!"

(5) 古希腊有一位著名的诡辩家欧布利德,他在一位大公手下当谋士。有一天,欧布利德对同事说:"如果没有失掉这件东西,就算是拥有这件东西,对吗?"那位同事回答说:"对呀!"欧布利德继续说:"如果你没有失去头上的角,你的头上就有角,那你就是有角的人了。"那位同事颇不服气,便和欧布利德争辩起来,最后吵到大公那里。大公听了他们的争论后,对欧布利德说:"在我的城堡里,你没有失去坐牢的权利,对吗? 照你所说,那你就有坐牢的权利,我马上成全你,给你应有的权利吧!"于是,大公就把欧布利德关在地牢里,3 天之后才放他出来。

【训练二】 根据情景材料展开回应或反驳。

(1) 某同学洗手之后,没关水龙头,受到管理员的批评,他不仅不转身关水龙头,反而说:"'流水不腐'嘛,难道连这个道理都不懂?"

(2) 一位母亲对未来的女婿说:"你要和我女儿结婚,必须先拿 25000 元钱来。""为什么?"青年问。"我养了她 25 年,1 年 1000 元不多吧?"

(3) 甲攀折践踏校园的花草,乙制止,甲说:"又不是你家的,关你什么事?"

(4) "我常睡懒觉,还没毛病。你每天锻炼,身体还不如我。可见,锻炼不利于健康。"

(5) 甲说:"你的大作我看不懂。"乙说:"大家都看得懂,那怎么能够显示我的水平高呢?"

(6) 一个乡下人进城,一个无聊的家伙戏弄他说:"你们乡下是不是有很多傻瓜啊?"

(7) 甲对乙说:"在你面前有正义和金钱,只能选择其一,你选择什么?"乙说:"我选择金钱。"甲说:"要是我呀,要正义不要金钱。"乙说:"是啊,谁缺什么就选择什么。"

(8) 某同学进机房不换鞋,穿着脏鞋就径直走了进去,在地板上踩出了一串脚印。管理人员批评他,他说:"做人就是要一步一个脚印嘛!"

(9) 小王在候车室看见有个座位,于是问旁边的一个男青年:"先生,这儿没人吧?""没有。不过你不可以坐。"那男青年边说边把一条腿放到座位上。"为什么?""因为你不会说话。""那么,请问该怎么说?""看来你是井里的青蛙,没见过多大的天。你得这样说:'大哥,这儿有人吗? 我坐这儿可以吗?'你若这样说,我就让你坐,怎么样?"

(10) 一个药剂师问一个书商:"这本书有趣吗?""不知道,没读过。""你怎么能卖你自己没读过的书呢?"

【训练三】 就下列辩题,在课堂中进行一对一或多对多论辩。

(1) 大学期间打工创业利大于弊;大学期间打工创业弊大于利。

(2) 大学生就业难,是因为就业机会太少;大学生就业难,是因为自身素质不高。

(3) 要以成败论英雄;不以成败论英雄。

(4) 法制能消除腐败;法制不能消除腐败。

（5）大学生毕业择业的首要标准在于发挥个人专长；大学生毕业择业的首要标准不在于发挥个人专长。

（6）金钱追求与道德追求可以统一；金钱追求与道德追求不能统一。

（7）好人有好报；好人不一定有好报。

（8）机遇比奋斗更重要；奋斗比机遇更重要。

（9）现代社会学会竞争是第一位；现代社会学会合作是第一位。

（10）传统文化的传承需要融入流行；传统文化的传承需要原汁原味。

第三节　谈判口才训练

一、教学案例导入

"请仔细考虑后再答复我好吗？"

处世学大师卡耐基常租用一家饭店的大厅来举办演讲研讨会。一天，卡耐基突然接到那家饭店通知，要求增加 3 倍租金。更改日期和地点已经不可能了，他决定亲自出面与饭店经理交涉。

卡耐基："我接到你们的通知时有点儿震惊。不过，这不怪你。假如我处在你的地位，或许也会做出同样的决定。作为这家饭店的经理，你的责任是让你的饭店尽可能多地盈利。你不这么做的话，你的经理职位就难以保住，也不应该能保住，对吗？"

经理："是的。"

卡耐基："假如你坚持要增加租金，那么让我们来合计合计，看这样对你有利还是不利。先讲有利的一面。大礼堂不租给我们讲课，而出租给别人办舞会、晚会，那么你获利就可以更多，因为举行这类活动时间不会太长。他们能一次付出很高的租金，比我们出的租金当然要高很多，租给我们你显然感到吃亏了。现在我们再分析一下不利的一面，首先，你增加我的租金，从长远看，你却是降低了收入，因为你实际上是把我撵跑了，我付不起你要的租金，势必再找别的地方办训练班。还有一件对你不利的事，这个训练班将吸引成千的受过教育的中上层管理人员到你的旅馆来听课，对你来说，这难道不是起到了不花钱的活广告作用吗？事实上，你花 5000 元钱在报纸上做广告，也不可能邀请来这么多人到你旅馆来参观，可我的训练课却给你邀请来了，这难道不划算吗？"

经理："的确如此，不过……"

卡耐基："请仔细考虑后再答复我好吗？"

第二天卡耐基接到那家饭店的信，告诉他租金是加 50%，而不是 300%。

案例评析：卡耐基与饭店经理的交涉，实际上就是一场谈判，一场双赢结局的谈判。卡耐基没有照普通一般人的做法那样闯进饭店经理室，指责饭店突然增加 3 倍租金，不近情理，见利忘义，然后争吵辩论，而是站在对方角度客观地分析利弊，告诉对方该如何得到他们所需要的利益。

二、本节知识要点

谈判是人们通过协商的方式解决有关涉及切身权益的分歧和冲突的一种社会活动。谈判双方都致力于说服对方接受其要求,其最终目的是要达成意向一致,形成一项对双方都有利的协议。谈判口才就是谈判时所显示出来的口语表达的艺术和技巧。与其他口语交际形式相比,谈判口才主要具有目的的功利性、策略的智巧性、表达的劝服性、应对的机变性等特点。

(一)谈判的基本原则和要求

1. 真诚合作,互利双赢

谈判口才运用的前提是树立正确的谈判理念。现代谈判观念认为:谈判不是你输我赢的棋赛和你死我活的战争,谈判的目的是在争取己方最大利益的同时实现双赢。谈判是一个申明价值、创造价值、克服障碍、达成一致的过程。

谈判双方着眼于各自利益的满足而不纠结于立场的对立,开诚布公,友好协商,平等对话,真诚合作;既为维护和扩大己方利益而据理力争,也考虑对方合理利益的满足;从大局出发,着眼长远,以建设性的态度努力寻找双方受益的最佳方案;本着公平合理的观点去评价对方的要求和立场,按照共同接受的客观标准来处理异议、消除分歧;在不损害双方合作关系的前提下,尽可能实现本方利益最大化。

案例欣赏

分 橙 子

有一个妈妈把一个橙子给了邻居的两个孩子。这两个孩子便讨论起来如何分这个橙子。两个人吵来吵去,最终达成了一致意见,由一个孩子负责切橙子,而另一个孩子选橙子。结果,这两个孩子按照商定的办法各自取得了一半橙子,高高兴兴地拿回家去了。第一个孩子把半个橙子拿到家,把皮剥掉扔进了垃圾桶,把果肉放到果汁机上打果汁喝。另一个孩子回到家把果肉挖掉扔进了垃圾桶,把橙子皮留下来磨碎了,混在面粉里烤蛋糕吃。

案例评析:这是一个在谈判界广为流传的经典小故事。两个孩子事先未做好沟通申明各自利益所在,导致了双方盲目追求形式上和立场上的公平,结果,双方各自的利益并未在谈判中达到最大化。好的谈判者并不是一味固守立场,追求寸步不让,而是要与对方充分交流,从双方的最大利益出发,创造各种解决方案。

2. 知己知彼,准备充分

谈判前的准备工作,主要有信息准备、谋略准备、组织准备、心理准备。

谈判前,应尽可能多地掌握信息,占有资料,广泛收集与谈判项目和谈判对象相关的信息。在知彼方面,应调查清楚谈判对象的实力与信誉、需求与诚意以及对方谈判人员状况。对对方人员各自的身份地位、行为风格、性格特点、谈判作风、情趣爱好、决策权限等方面的情况都要心中有数。

谈判前,应对谈判目标做可行性、合理性分析;明确可以做出的让步的最后底线;分析

立、融洽感情,能使他人愉快地理解、接纳你的观点,达到拒绝和说服的目的,能有效地推进谈判进程。

例如,有一次中外双方就一笔买卖交易进行谈判,在某一问题上讨价还价了两个星期仍没结果。这时中方的主谈人说:"瞧,我们双方至今还没有谈出结果,如果奥运会设立拔河比赛的话,我们肯定并列冠军,并载入吉尼斯世界纪录大全。我敢保证,谁也打破不了这一纪录。"此话一出,双方都开怀大笑,随即双方都做出让步,很快达成了协议。

5. 开诚布公语言

用公开直接的方式和对方沟通感情与想法,以自己的真诚、坦率来获得对方的好感和信赖,从而打动对方。例如:"我们非常喜欢你们的产品,也深为你们的合作态度所感动,可遗憾的是我们只有这么多钱。""如果我们的预算宽松一点的话,你们的这个价格已不算是太高了。""我们公司急需这种设备,只是目前没有这个能力按你的要求完成这笔交易,希望贵方能再降低一点标准。在往后的合作中,我们会以德报恩的。"值得注意的是,在不能可靠掌握对方情况的前提下,我方不能轻易做出重大让步,以防中了对方的圈套。

(三)谈判语言说服技巧

1. 谈判说服的基本要求

从本质上来讲,谈判就是双方运用一定的谋略相互劝说对方让步的行为过程。与其他说服活动比较起来,谈判中的说服更具策略性。从狭义的角度来看,谈判中的说服主要体现为质疑与回应,请求与坚持。基于谈判在对抗中求合作的特点,在谈判说服中,我们要着重注意以下几点。

(1)消除戒备,赢得信任

态度诚恳,友好尊重,不可用胁迫或欺诈的方法说服;重视、尊重对方的观点,对于对方的反对意见,即使你认为它是错误的,也不应该轻视或给予嘲弄;不要直截了当地反驳对方;强调与对方立场、观点、期望的一致,淡化与对方立场、观点、期望的差异;要站在对方的角度设身处地地谈问题;说服用语朴实、亲切,富有感召力。

(2)分析利弊,诱导劝说

研究、分析对方的心理、需求以及特点;强调互相合作、互惠互利的可能性与现实性,激发对方在自身利益认同的基础上来接纳自己的意见以及建议;分析接受你的意见后双方的利弊得失;强调合同中有利于对方的条款。

(3)耐心细致,讲究方法

充分了解对方,以对方习惯性的能够接受的方式和逻辑来展开说服工作;事先做出必要铺垫,不要奢望对方一下子接受自己提出的突如其来的要求;重复地说明一个消息更能促使对方了解、接受;多向对方提出要求,多向对方传递信息,影响对方的意见,进而影响谈判的结果;结论要由自己明确地提出,不要让对方去揣摩或自行下结论;由浅入深,从易到难。要先讨论容易解决的问题,然后再讨论容易引起争议的问题,打开缺口,逐步扩展;不应过多地集中讨论某一反对意见,尤其是开始遇到的一些棘手的问题;一时难以解决的问题可以暂时抛开,等待时机再行说服;运用经验和事实说服对方;等讨论过赞成和反对的意见后,再提出你的意见。

2. 谈判说服应对技巧

（1）同类相比

以同类或近类的事物进行比较，以说明对照事物的本质属性。例如："我在意大利曾询问过和贵公司所供技术相近的技术，但其要价却比贵方要价便宜25%。""我方提供的产品寿命比日本公司提供的产品寿命要长，所以，价值就高，作价也理应高一点。"

（2）推演论证

通过逻辑推导的方式证明己方观点，否定对方说法的真实性、合理性。

案例欣赏

"200万美元的投入是虚的……"

"贵方的解释是：由于科研进行了5年，每年又平均投入200万美元，现仅以20%的折旧计算技术转让费。我方想与贵方讨论该结论的真实性。贵方每年报200万美元应为贵方利润，而贵方损益表反映的利润率却仅为2%，每年积累到不了该水平。那么借贷投入，但在负债中又没有这么大的负债率反映出来，说明贵方并没有借这么多钱。若既无足够利润投入这么大的科研费，又没借贷搞科研开发，那就只有一种可能，即投入没有这么大，年200万美元的投入是虚的，以此计价的技术转让费也是虚的。"

（3）角色互换

站在对方的角度表示理解对方的想法，接着也请对方换位思考理解己方难处，说服对方放弃请求。

案例欣赏

"我们可以少赚些，但不能亏本"

"贵方是发展中国家，外汇储备有限。拿有限的外汇办尽可能多的事，我方十分赞同，也极为理解。可是，我方不是政府给钱，是企业、是各股东的钱，不可能作为政府间援助免费给贵方。我们可以少赚些，但不能亏本。贵方不能拿买棉袄的钱去买皮袄穿。棉袄也够御寒了。贵方有多少钱就买多少东西吧。贵方可否告诉我方有多少预算？准备达到什么效果？我方可以试着配配货。"

（4）虚应故事

对对方的请求敷衍应付，不做实质性的回答。如表面声称多么友好公正但在实质条件上却一点也不含糊，或只说表面问题但不解决实质问题。例如：

"你我双方是多年的关系了，我们特别考虑了贵方的特殊需要，如贵方接受我方的价格条件，我们会尽快给贵方组织供货。"

（5）调侃避锋

以诙谐幽默的手法自我解嘲，从对手设置的尴尬处境中解脱出来的表述手法。例如："贵方刚才的一席话犹如重磅炸弹，把我炸晕了，现在我已不知东南西北，更无法回答贵方的要求了。"面对苛刻的条件要求，可以调侃地说："哎呀！贵方有没有搞错，您是想与我成交还是想让我跳崖呀！"

（6）避重就轻

回避严重不合理之处，专挑问题不大的部分渲染，并以该部分的纠正代替更严重问题的纠正。当受到多种指责或批评时，可用该法。例如，对方已提出培训费、培训人员的待遇（住、行的保证条件）、培训方式、时间4个问题。己方回避培训费、培训时间问题，而着重去谈培训人员的待遇：住什么屋、吃什么、交通保证方式等。

（7）先顺后逆

先肯定对方意见的合理部分，然后加以转折阐明自己的观点或强调己方的其他优势。例如，对方说："你们的产品怎么又涨价了，太不合理了！"你可以说："是的，我们理解你的心情，价格同去年相比确实高了一点。其实，我们也不希望涨价。只是现在原材料紧缺，价格上涨，我们也是不得已呀。"

3. 谈判说服策略

（1）吹毛求疵，制造理由

针对对方的产品或相关问题夸大其词，百般挑剔，或言不由衷地故意提出令对方无法满足的要求，从而为自己还价制造借口，降低对方信心，使其做出让步。

🎧 案例欣赏

买 冰 箱

美国心理学家罗伯斯有一次准备去买冰箱。营业员（以下简称"营"）指着罗伯斯（以下简称"罗"）要的那种冰箱说："259.5美元一台。"

罗：这种型号的冰箱一共有多少种颜色？

营：共有32种颜色。

罗：能看看样品本吗？

营：当然可以！（说着立即拿来了样品本）

罗：（边看边问）你们店里的现货中有多少种颜色？

营：现有22种。请问您要哪一种？

罗：（指着样品本上有但店里没有的颜色）这种颜色同我厨房的墙壁颜色相配！

营：很抱歉，这种颜色现在没有。

罗：其他颜色与我厨房的颜色都不协调。颜色不好，价钱还这么高，要不便宜一点，我就要去其他的商店了，我想别的商店会有我要的颜色。

营：好吧，便宜一点就是了。

罗：可这台冰箱有些小毛病！你看这里。

营：我看不出什么。

罗：什么？这一点毛病尽管小，可是冰箱外表有毛病通常不都要打点儿折扣吗？

营：……

罗：（又打开冰箱门，看了一会儿）这冰箱带有制冰器吗？

营：有！这个制冰器每天24小时为您制冰块，一小时才3美分电费。（他认为罗伯斯对这制冰器感兴趣）

罗：这可太糟糕了！我的孩子有轻微哮喘病，医生说他绝对不可以吃冰块。你能帮我把它折下来吗？

营：制冰器没办法拆下来，它和整个制冷系统连在一起。

罗：可是这个制冰器对我根本没用！现在我要花钱把它买下来，将来还要为它付电费，这太不合理了！……当然，假如价格可以再降低一点的话……

结果，罗伯斯以相当低的价格——不到 200 美元买下了他十分中意的冰箱。

（2）声东击西，转移视线

有意识地在无关紧要的事项上大做文章，纠缠不休，或者欲买此物而故意很感兴趣地谈彼物，以此分散对方注意力，从而在对方无警觉的情况下顺利实现自己的谈判意图。比如，对方最关心的是价格问题，而我方最关心的是交货时间。这时，谈判的焦点不要直接放到价格和交货时间上，而是放到价格和运输方式上。

案例欣赏

买　梨

甲：我们单位让我采购五千斤水果。这不是一个小数目。

乙：我们非常欢迎您买我们的水果，苹果、鸭梨质量都很好。

甲：鸭梨的价钱太贵了。

乙：批发价五斤以上每斤一元。不算贵了。

甲：鸭梨我不太想要。苹果按一元二角钱一斤，怎么样？

乙：差价太大。您出一元四角吧？

甲：不行。那我就只好找别家了。

乙：您先别走，苹果价实在降不了。要不鸭梨按八角一斤批发给您行了吧？

甲：如果是七角五分，我们单位倒可以要五千斤。说实话，单位领导还不一定同意呢？

乙：那好吧！就七角五分！

案例评析：甲实际是奔买鸭梨来的。先抛出一个有五千斤生意的大数目，以吸引对方的注意；然后故意说不想买梨，集中谈苹果；在苹果有意让它谈不拢后，最后回过头来看鸭梨，对方就不得不降价了。这就是谈判中声东击西法的具体运用。

（3）迎合心理，诱导劝说

了解对方的喜好和顾虑，迎合对方的心理，从而达到诱导劝说的目的。对方的心理是复杂的，比如贪便宜、图吉利，怕不守信用，怕价格继续上涨，怕质量没有保证，怕维修困难等。

案例欣赏

价格保值合同

某机器销售商对买方说："贵方是我公司的老客户了，因此，对于贵方的利益，我方理应给予特别照顾。现在我们获悉，今年年底前，我方经营的设备市场价格将要上涨，为了使你方在价格上免遭不必要的损失,如果你方打算订购这批货,就可以趁目前价格尚未上涨的时机,在订货合同上将价格条款按现价确定下来,这份合同就具有价格保值作用,不知贵方意下如何?"在此时,如果市场价格确实有可能上涨,这个建议就会很有诱惑力。

案例评析:厂商采用的是价格陷阱策略,该策略是利用市场价格预期上涨的趋势以及人们对之普遍担心的心理,把谈判对手的注意力吸引到价格问题上来,使其忽略对其他重要条款的讨价还价。

(4)重复说"不",固守坚持

谈判者之间的交锋,不仅是一种智力技能的竞赛,更是一场意志、耐性和毅力的较量。许多重大艰辛的谈判,就好像马拉松赛跑一样,考验着参与者的意志。只有具有坚忍不拔毅力的谈判者,才能以忍耐持久的心态和泰山压顶而不惧的精神,在较量中取得最后的胜利。正如一位谈判家所言:"永远不轻言放弃,直到对方至少说了 7 次'不'。"在谈判中重复说"不",不管对方以什么样的理由、态度来拒绝你的要求,都不做出积极的反应,而对之以微笑、沉默,置若罔闻,不急不火,固守坚持。这样,以逸待劳,以静制动,以平和柔缓的持久战磨其棱角,挫其锐气,然后伺机反守为攻,夺取谈判的最后胜利。

案例欣赏

重复说"不"的效果

一位谈判家的邻居是一位医生,在一次台风过后,医生的房子受到了严重的损害。医生希望能从保险公司多获得一些赔偿,于是请谈判家帮忙交涉。

交涉开始,保险公司的理赔调查员对谈判家说:"根据现场的调查情况,我们不可能赔得太多。请问,如果我们只赔您 300 美元,您觉得怎么样?"

谈判家表情严肃,对调查员说:"你的顾客受到这么大的损失,你居然还有心思开玩笑?任何人都不可能接受这样的条件。"双方陷入沉默之中,过了一会儿,理赔员沉不住气了:"您别把刚才的价钱放在心上,不过我们最多也就能赔 400 美元了。"

谈判家回答说:"抱歉,我们无法接受。"

"好吧,好吧,500 美元总该行了吧?"

谈判家过了好一会儿,摇头道:"500 美元……我不知道。"

理赔员显得有点儿慌了,说:"好吧,600 美元。"

谈判家沉默了好一会儿,缓慢地说:"600 美元,不行。"

就这样,谈判家只是重复着他的沉默,重复着他的痛苦表情,重复着说"不"。最后,这件理赔案终于以不可思议的 1500 美元达成协议。而他的邻居原本只希望得到 500 美元。

案例评析:长时间的沉默会给人造成一定的心理压力,常常使人沉不住气而迫不及待地提出自己的观点和意见。谈判时,一方若干脆不表明自己的态度,只用良久的沉默和"不知道"这些可以从多角度去理解的无声和有声的语言,就可以使对方摸不清自己的底细而做出有利于己方的承诺。

三、课堂实战训练

【训练一】 请分析下列谈判语言的表达技巧和表达效果。

（1）看来双方都有难处，我们可以暂时休会，回头与各自的助手商量一下，看有什么良策可以克服双方面临的困难。谁先想出来好的办法，谁就先打电话约定下一次会谈的时间，这样如何？

（2）在一次谈判中，买主很想了解卖主的实际销售量，突然问："请问贵厂年销量有多少?"买方首席代表巧妙地答道："我厂产品的年销量在全国同行中一直名列前茅，去年第三，货源充足，质量可靠，价格适中，完全可以满足你们的需要。如果市场上我们的产品脱销了，那就说明我们厂破产了。"

（3）贵方如果缺乏诚意，可以请便。我们尚有一定的原料库存，并且早就做好了转产的准备，想必我们今后不会再有贸易往来，先生，请吧！

（4）我们摊子小，实力不够强，但人实在，信誉好，产品质量符合贵方的要求，而且成本较其他厂家低。我们愿真诚平等地与贵方合作。我们谈得成也好，谈不成也好，我们这个"小弟弟"起码可以与你们这个"大兄长"交个朋友，并向你们学习生产、经营及谈判的经验。

（5）有一位客户想买一批皮袄，却担心它怕雨水，于是问："这种皮袄我很喜欢，却不知它是否怕雨水。"厂商代表说："当然不怕啦。难道你见过打雨伞的兔子吗?"

【训练二】 情景应对训练。

（1）请针对本书案例"买冰箱"罗伯斯对冰箱的颜色、冰箱的小毛病、拆掉制冰器的要求分别进行回应性说服。

（2）本书案例"分橙子"中的两个孩子还可以想出哪些方案以更好地满足各自需求?

【训练三】 请分析下列案例双方所采用的谈判策略以及说服技巧。

（1）一家饮料生产企业与其产品代理商就代理费用进行协商。因为气候原因，饮料市场销售情况不如往年同期水平，代理商提出增加代理费用。双方代表坐在一起。

企业代表："代理费用的标准我们有过协议，那是经过我们双方认可的。这一点好像没有问题吧。"

代理商："不错，我们是有过协议，但是现在的情况你很清楚，老天爷不帮忙，商品卖不动，都积压在仓库里，没有利润不说，我还要支付员工工资和各种管理费用，我实在是没有办法了。你们一定要考虑我的困难。你们是大企业，拔一根毫毛就够我渡过难关了。"

企业代表："大有大的难处，我们的压力也很大，别的代理商也向我们反映过，但最终还是相互谅解，协议还是要执行的。"

代理商："协议是死的，人是活的，既然情况发生变化，我们为什么不能把协议修改一下呢?"

企业代表："我想提醒你注意，当你们因为气候原因销售业绩很好的时候，我们可没有提出修改协议的要求。所以我觉得你也不应该提出这个要求。"

代理商："你没有提出要求那是因为你们不在乎，但是我在乎。我们还是考虑怎么修改吧。"

企业代表："如果你坚持修改协议，那么你还要再请一个第三方到场签字，否则以后免不了还要扯皮。"

代理商："请谁到场?"

企业代表："老天爷。只有他才能向你做出承诺保证。"

（2）早上八点，个体摊贩刚把货摆开，一个中年男子说要买一件皮夹克，价格从 280 元谈到了 240 元，买主只出 200 元，卖主说："我把进货单给你看，进价就是 200 元。我起早贪黑还要白赔饭钱了。"买主仍不让步，他一边装着要走，一边说："做生意图个开门大吉，我是今天第一个顾客吧？一桩成百桩成嘛！"卖主立即转为笑脸："好，卖您一件，图个开门大吉吧！"

（3）日本日铁公司曾按某项协议给宝山钢铁厂寄来一箱资料。原谈好寄 6 份，寄来的清单上也写了 6 份，可开箱一看却只有 5 份，于是双方再度谈判，一场交锋不可避免。日方说："我方提供给贵方的资料，装箱时要经过几关检查，绝不可能漏装，是否有可能途中散失，或者是开箱后丢失？"这番话语气强硬，不容争辩。我方代表立即针锋相对地说："很抱歉，事实是开箱时有不少人在场，开箱后立即清点，我们经过了多次核实才向贵方提出交涉的。现在有 3 种可能：①贵方漏装；②途中失散；③我方开箱后丢失。如果中途丢失，外面的木箱应受损坏，现在木箱完好，这一可能应当排除；如果我方丢失，那木箱上印的净重应当大于现有资料净重，而事实是现有 5 份资料的净重与木箱所印净重正好相等，因此，我方丢失的可能性也应排除。剩下只有一个可能，就是贵方漏装。"

第六章 演讲口才训练

本章核心内容

　　演讲不仅是宣传和动员群众的手段,而且还是阐明理论观点、发表学术见解的一种手段,同时又是锻炼和培养大学生口才的一种手段。推销是一门沟通的艺术,是一门说服的学问,而不是简单地把货物卖出去,把货款收回来,也不是简单化的商品推荐和服务推广。

　　演讲与推销口才的提升,是争取他人的信任与支持,是影响他人、赢得他人和社会认同的一项法宝。

训练目标与要求

　　1. 训练目标

　　通过本章知识要点的学习和具体实训,使学生掌握演讲的方法,克服当众讲话的紧张与恐惧,轻松开口,自信说话,富有感染力地表达。使学生掌握推销的基本理念,掌握推销过程中常用的口才技巧,最终赢得顾客的满意和认同。

　　2. 训练要求

　　能根据演讲的要求,准备较好的演讲稿;掌握演讲的基本技能;通过日常积累,建立演讲的素材库,能在任何场合发表即兴演讲或命题演讲;在训练中模拟不同的推销场景,说服对方接受产品或服务。

第一节　即兴演讲口才训练

一、教学案例导入

联合国为何降半旗悼念周总理

　　1976年1月8日,周恩来逝世时,设在美国纽约的联合国总部门前的联合国国旗降了半旗。自1945年联合国成立以来,世界上有许多国家元首先后去世,联合国还没有为谁降过半旗。一些国家感到不公平了。他们的外交官聚集在联合国大门前的广场上,言辞激愤地向联合国总部发出质疑:我们国家的元首去世,联合国的大旗升得那么高,中国的总理去世,为什么要为他下半旗呢?

　　当时的联合国秘书长瓦尔德海姆站出来,在联合国大厦前的台阶上发表了一次极短的演讲,总共不过1分钟。

女士们、先生们：

为了悼念周恩来，联合国降下半旗，这是我个人的决定，原因有两方面。

一是中国是个文明古国，她的金银财宝多得不计其数，她使用的人民币多得我们数不过来。可是她的总理没有一分存款。

二是中国有9亿人口，占世界人口的四分之一，可是周总理没有一个自己的孩子。你们任何国家的元首，如果能做到其中一条，在他逝世的日子，联合国总部将照样为他降半旗。谢谢！

说完，他扫视了一下广场，而后转身返回秘书处。这时广场先是鸦雀无声，接着响起雷鸣般的掌声……

案例评析：这是一篇简短而精彩的即兴演讲。通篇不仅反映了周总理举世无双的高尚品质，也表现出瓦尔德海姆先生机敏的谈吐和机智的外交才能。这篇即兴演讲最大的特点就是言简意赅，内涵深刻，因此获得了"雷鸣般的掌声"。

二、本节知识要点

（一）即兴演讲的要求

1. 适当准备，避免紊乱

虽然叫作即兴演讲，如果一点准备都没有，再好的水平也发挥不出来，上场难免词不达意。但是即兴演讲又有时间上的要求，因此没有过多的时间来准备。这里指的"适当准备"，是指在平时充分积累的前提下，在开讲前的有效时间内，充分地酝酿演讲的大体逻辑构架、分析一下听众的组成以确定演讲的内容及措辞，分析一下场合以确定演讲时间的长短，观察一下现场，考虑一下临场发挥的有利因素等。

案例欣赏

林肯发誓要练习好演讲

美国第16任总统林肯，既是演讲家，又是雄辩家和交谈家。然而，他的第一次演讲却很糟糕。他满脸通红，嗓子里面好像有个棉花堵住了嗓子，嗓音变了，脸色青白，手不知道往哪儿放。

从那以后，他发誓要练习好演讲。他走在乡村路上，见到树桩、高粱地，他对着它们演讲。手势怎么做，面部表情应该什么样，他都一一练习。经过长期苦练，林肯终于成为世界上著名的演说家。他参加葛底斯堡的演说，总共才3分钟10句话，竟使1500人流了眼泪。这篇演说稿已经铸成经文，放在英国的牛津大学里，作为英文的演说典范。

案例评析：林肯演讲的成功归功于平时不断地训练自己的演讲技巧，注重积累演讲需要的各种知识和素材，因此才有可能在即兴演讲中取得良好的效果。即兴演讲大多来不及充分准备，因此需要平时多积淀演讲的技巧和知识，在此基础上，才能利用演讲前极短的时间内迅速组织材料，做成功的演讲。

2. 简明扼要，避免冗长

即兴演讲最好不要超过3分钟，这是即兴演讲的最大时间限度。也就是说，即兴演讲要求言简意赅,在事先利用有限的准备时间理清了思路的前提下,简明扼要地把准备好的观点或意见谈出来。

我们从本节开篇关于为周总理降半旗的案例可以看出,瓦尔德海姆只讲明了两个观点,简明扼要,但是达到的效果却出奇的好。

📖 案例欣赏

简短的主婚演讲

一日,凯达公司的一名员工举行婚礼,公司的林经理被邀请做主婚人。结婚仪式上,林经理做了简短的主婚演讲:

在座的亲朋好友们,大家好!很高兴为这对新人主婚。新郎是我们公司最优秀的员工之一,勤恳踏实,业绩一直居公司同事的前列。在这个大喜的日子里,我首先代表公司的全体同人,祝福两位新人和和美美,幸福美满;同时也代表两位新人感谢各位嘉宾的光临!谢谢!

案例评析:简单的几句话,把主婚人要讲的内容都包含在内了,没有多余的话,简洁明了。

3. 具有个性,避免死板

由于即兴演讲的时间要求很严格,因此要在很短的时间内抓住听众的注意力,并给他们留下良好的印象,独特的、个性化十足的演讲风格才具有"杀伤力"。需要注意的是,有些人为了尽快抓住听众的心,用笑话来吸引他们,这是很冒风险的。笑话不一定都具有普适的价值,并不是每一个人都认同它的卖点,也就是说,这样做并不能讨所有听众的好,因此要慎用。

📖 案例欣赏

魏明伦的自我介绍

三尺童子,一介书生,忽智忽愚,且贫且病,屠龙有术,缚鸡无力,或钩或剑,可屈可伸。我比拿破仑个子矮,同鲁迅、曹禺相当,反复衡量,没力气玩枪,有条件摸笔,于是操起了文字。

案例评析:短短几句话,四川才子魏明伦就把自己不同于别人的特征介绍得很清楚,而且个性鲜明。

4. 精彩开头,避免平庸

既然时间短暂,利用具有个性化的开头来吸引听众很重要,这叫作"龙头"效应。即兴演讲很忌讳在开头讲它的缘由。因为听众都知道你为什么来演讲,这样会显得乏味。听众在第一时间就失去了兴趣,一开讲就注定要失败。即兴演讲的时间短,因此一定要在一开始就把听众的注意力吸引过来,这就需要有一个精彩的开头,称为"龙头"效应。

(二)即兴演讲的技巧训练

1. 恰当的准备技巧

(1)储备知识,避免空谈

"巧妇难为无米之炊。"演讲者的知识积累、兴趣爱好、阅历修养等与演讲的成功有着紧密的关系。要想使演讲获得最好的效果，演讲者应该在思想、道德、品质、学识等方面达到一定的标准和水平，对此做的努力和培养就是演讲者的自我素质修养。许多演讲者感到演讲的最大困难在于没有演讲材料。这就要求我们平时做有心人广泛阅读，积累素材。一是多收集历史资料，对那些重要的历史事件，人物的有关情况要熟记，并分门别类地整理；二是多收集现实资料，对当今国内外发生的重大的政治、经济、文化、科技等各个领域的事件、人物的有关情况要了如指掌，并融合自己的观点进行思考；三是加强记忆，多记名人名言，俗语谚语古典诗词、经典文学、寓言故事、时文政评等。

案例欣赏

"感谢大家前来听我演讲"

"……今天，我很高兴率领一个庞大的美国代表团来到这里……在北大百年校庆之际，我首先要向你们全体师生员工、管理人员祝贺。恭喜了，北大！(掌声)各位知道，这个校园曾经一度是由美国传教士建立的燕京大学。学校许多美丽的建筑物由美国建筑师设计。成千上万的美国学生和教授来到北大求学和教课。我们对你们有一种特殊的亲近感。我很庆幸，今天和 79 年前的一个重要的日子大不相同。1919 年 6 月，就在这里，燕京大学首任校长司徒雷登(John Leighton Stuart)准备发表第一个毕业典礼致辞。他准时出场，但学生一个未到。学生们为了振兴中国的政治文化，全部走上街头领导五四运动去了。我读到这个故事后，希望今天当我走进这个礼堂时，会有人坐在这里。非常感谢大家前来听我演讲。"(掌声)

案例评析：克林顿凭借对北大和中国的了解，让听众"听得懂"，从而轻而易举地赢得了听众的认同，接连获得掌声。

(2) 事先演练，避免失误

演讲者要事先反复演练，并请观众在一旁给予评价。同时尽快观察、熟悉演讲现场，及时分析现场与演讲有关的各种信息，包括时间、地点、场景布置、听众等，以确定自己的话题，增加演讲即兴发挥的可能性。

案例欣赏

功到自然成

古希腊著名的演讲家德谟斯梯尼对事先演练非常重视。他把自己关在地下室书房里达 3 个月之久，用来学习演讲的技巧。为了保证自己不会在达到目的之前出来，他把一边的头发剃光。等头发长出来后，他才走出地下室。凭着这样的努力，德谟斯梯尼终于成为一位造诣颇深的演讲家。

(3) 增强心理素质，避免慌乱

由于演讲是一种特殊性和复杂性相当高的活动，演讲者一般都要承受一定的心理负担，因而有时很容易出现心理失衡的现象。这就要求演讲者平时加强心理训练，具备良好的心理素质，既热情果断，又镇定自若，而且还能侃侃而谈。一般地说，成功的演讲者一般应具有充足的自信心和较强的自制力。即兴演讲多是有感而发,这就需要有稳定的情绪,有十足的信心,才能保证思路通畅,言之有物,情绪饱满,镇定从容。

案例欣赏

萧伯纳曾为自己胆小而痛苦

萧伯纳是 20 世纪上半叶最出色的演说家。但他年轻时是一个非常胆怯的人,去拜访别人时,常常是在河堤上走了 20 分钟或更长的时间以后,才壮起胆子去敲人家的门。对于这一点,就连他自己也承认。"很少有人像我这样为着单纯的胆小而痛苦,或极度地为它感到羞耻。"但他决心把弱点变成自己最强劲的优点。他加入伦敦的一个辩论学会,每逢有公众讨论的聚会,他必定参加。并且,他还全身心投入社会运动,四处演讲。

案例评析:每个人面对公众都或多或少有一些紧张心理。只有克服了这些心理,才能把自己的真实水平发挥出来。最重要的是不要失去自信心。萧伯纳正是坦然面对失败,然后努力奋发,最终成为成功的演说家。

2. 快速思维的技巧

即兴演讲的临场性决定了演讲者必须具有较强的快速思维能力。快速思维即快速组织内部语言,实际上就是一个快速创作、打腹稿的过程。其技巧主要表现为"三定、四思、五借"。

(1) 三定:定话题、定观点、定框架

定话题——应选择你想说的、观众想听的、你能讲的、社会生活需要的话题。

定观点——应确立明确精练、正确深刻、为大家所能接受的、言之有理的观点。

定框架——即兴演讲的框架不外乎两种模式:一是开门见山式,也叫金字塔式。先亮出主题,然后对主题作较详细的论证和分析说明;二是曲径通幽式,先举例,再叙主旨要点,最后说理由,进行论证分析。

案例欣赏

即兴演讲两种构思模式比较

开门见山式。格式如下:

题目:《建设森林重庆,打造宜居城市》

开头

举例说明

论证分析(为什么)

结尾(怎么办)

今天我要讲的内容是:建设森林重庆,打造宜居城市。

直辖近 20 年来,重庆发生了巨大的变化:①……;②……;③……。

由此可见,重庆已经越来越成为一个国际性的大都市。为了让重庆更美丽,让重庆人民的生活更美好,市委提出了建设森林重庆的号召。

要建设森林重庆,我们应该做到:政府应该……市民应该……让我们为建设森林重庆而努力!

曲径通幽式。

昨天,胜利路消防支队收到堆不下的鲜花……

陈述:某天某时在某地发生了小孩坠楼后所幸挂在6楼雨篷上,消防队奋力相救的故事……

分析:消防官兵对老百姓的无私无畏的奉献精神……

也许你会惊奇,这是干什么?消防队全是男兵,要那么多鲜花干什么?……

面对这感人的故事,我们应该感动:当老百姓……时,部队官兵……;当老百姓……时,部队官兵……;当老百姓……时,部队官兵……

案例评析:相比之下,开门见山式虽然能把问题说清楚,却难以赢得听众的关注和兴趣。但是采用曲径通幽式,一定要注意思维的连贯和紧密,切不可将叙述蔓延开来,无法收场,遗忘了演讲时间的限制,最后来不及和演讲的主题呼应。

(2)四思:逆向思维、纵深思维、发散思维、综合思维

逆向思维是指从相反方向思考问题,即一反传统看法提出与之相对或相反的观点。这是一种反向的思维模式,鲜明地表现为对传统的批判精神,但要注意观点必须有理有据,能够自圆其说。篇幅所限,其他内容这里不再赘述。

案例欣赏

东施效颦,何错之有

传统观点:东施盲目模仿,无自知之明,结果适得其反。

逆向思维:

首先,东施固然丑陋,但她心中有对于美的追求的勇气和决心,她不怕嘲笑,不怕挖苦,在这一点上,她比那些对西施的美怀恨在心,嫉妒乃至无聊中伤、恶意诽谤的人要强得多。

其次,在成语中,西施永远是美的,东施永远是丑的。但在现实生活中就不一样了。西施固然天生丽质,但如果不注意自重,而以"美"为资本,追求放纵享乐,"美"就成了"丑";反之,东施如果保持自尊、自重、自立、自强,并注意提高自己的内在素质,在人们心目中也是"美"的形象。

最后,东施对什么是美有她自己的判断标准,完全不是盲目。这至少比有些无价值观、对美丑不分的人要清醒理智。那些随波逐流、跟风追潮、人云亦云、既无自我又无个性的人应是批判的对象。

纵深思维:

从一般人认为不值一谈的小事,或无须作进一步探讨的定论中,发现更深一层的被现象掩盖着的事物本质,即"透过现象看本质"。

(3)五借:即兴演讲中可以"借"的东西很多,"五借"是泛指,包括借题发挥、借人发挥、借物发挥、借事发挥、借景发挥。它要求演讲者要善于观察演讲现场,以获取利于演讲的各种信息。获取到有用的信息后,在脑子里快速地构架与演讲题目切合的逻辑。快速思维的

线路图：观察→抓话题→定语点→扩展语点（组织语言）→语序的排列→表达。

3. 表达技巧

即兴演讲的表达技巧，归纳起来有以下几种。

（1）散点连缀

在即兴演讲前紧张地选材构思时，人的头脑中会出现很多散乱的思维点。演讲时要捕捉住这些思维点，从这些点的关系中确定一个中心，并用它连缀这些点，与主题无关的全部舍去。当需要表达的构架形成后，就可以开始讲话了。

案例欣赏

3 个散点的连缀

2010 年 5 月 6 日，英国皇家建筑协会的低碳示范楼在重庆房地产职业学院奠基。重庆市教委外事处处长发表了如下的即兴演讲（会场、人员、奠基 3 个散点）。

我来参加这次低碳示范楼的奠基仪式，没有想到有这么低碳的会场。这个会场没有富丽堂皇的大厅，没有电子音响，能充分利用日光，没有大量能耗的照明，这就是低碳；咱们参加奠基仪式的老师们都站在奠基现场，没有鲜花，没有饮料，没有空调，这就是低碳。我们今天是为低碳楼的建设奠基。低碳楼的示范性建设除了应用在建筑上外，更多的是要提醒我们，在全球变暖、资源日益短缺的今天，我们更应该低碳地生活……

（2）模式构思

模式构思用前面所讲的两种模式作框架，使自己的表达有条理。

（3）扩句成篇

扩句成篇即开门见山的构思方法。但也要将思维的路线理清，注意逻辑明晰。

案例欣赏

毕业典礼上的大家

上周三，在学校为毕业生举行的毕业典礼上，大家手拉着手，满怀激情地唱起了校歌，用歌声表达了他们对老师的感激，用歌声传达了他们对母校的热爱，用歌声唱出了他们对未来的憧憬。那充满激情的歌声至今还萦绕在我的耳边。

（4）借×发挥

借×发挥即前面讲的"五借"。"借"了之后要扩充成句成篇。

（5）五注重

- 注重开头，引人入胜；注重结尾，耐人寻味。
- 注重内容，言之有物；机敏幽默，蕴含深刻。
- 注重语言形式。以口语短句为主，巧用比喻、排比、设问、反问、引用、反复等修辞手法；注意过渡词、句、段的使用，加强衔接，防止语言陋习，不用粗话、碎屑语和方言。
- 注重语调有激情，把握好语调的抑扬起伏。
- 注重演讲者的形象，防止不良的语言习惯和肢体语言。

三、项目实战训练

【训练一】 以"人多力量未必大"为题，进行逆向思维，写出自己的观点。

【训练二】 在宿舍里，找准大家谈话的焦点，即时发表你的看法。要求措辞得当，有理有据，能够说服别人。

【训练三】 以"从××现象中所想到的"为命题模式，捕捉生活中某一常见的但往往是熟视无睹的现象，深入分析并发表演讲。

【训练四】 假如你的一位同学家庭经济状况不好，而寝室内经常举行聚会，他（她）很为难，参加也不好，不参加也不好；你也为难，请他不好，不请他（她）也不好。双方都很苦恼。想想后，你决定先开导他（她）。请写出你的思路和观点并互相讨论。

【训练五】 以"人生处处是考场"为题，扩句进行演讲。

【训练六】 快速列举出 10 种有腿不会走路的东西。

【训练七】 请用肯定和否定两种视角，思索下列事物或观念，找出它们的好处和坏处、积极因素和消极因素。越多越好，越离奇越好。

考试得了满分；钱；水；梅花；善良；假如天空出现两个太阳；假如学校不收学费。

【训练八】 给出一些图片，仔细观察后做即兴演讲，认真体会快速思维的过程。

【训练九】 请以"大学是有围墙的社会"为题目，用两种模式构思即兴演讲稿，写出思路图（提纲）。

第二节 命题演讲口才训练

一、教学案例导入

"教育就跟喂鸡一样"

有一次，陶行知先生在武汉大学演讲。走上讲台，他不慌不忙地从箱子中拿出一只大公鸡。台下的听众全愣住了，不知陶先生要干什么。陶先生从容不迫地又掏出一把米放在桌上，然后按住公鸡的头，强迫它吃米，可是大公鸡只叫不吃。怎么才能让鸡吃米呢？他扳开鸡的嘴，把米硬往鸡的嘴里塞，大公鸡拼命挣扎，还是不肯吃。陶先生轻轻地松开手，把鸡放在桌子上，自己向后退了几步，大公鸡自己就吃起米来。这时陶先生开始演讲："我认为，教育就跟喂鸡一样，先生强迫学生去学习，把知识硬灌给他，他是不情愿学的，即使学也是食而不化，过不了多久，他还是会把知识还给先生的。但是如果让他自由地学习，充分地发挥他的主观能动性，那效果将一定会好得多！"台下一时间掌声雷动，为陶先生形象的演讲开场白叫好。

案例评析： 命题演讲可以充分准备，因此应该要求出奇制胜，也就是讲究演讲的技巧。陶行知先生运用事物导入正题，首先是将听众的注意力一开始就吸引过来；其次是利用生动形象的实物比喻，将演讲要说明的道理一开头就提出来，为接下来的演讲做好铺垫。

二、本节知识要点

命题演讲一般是指出题者给出一个既定的题目，要求演讲者围绕这个给定题目进行演讲。

由于事先给出了相对明确的演讲主题，演讲者可以从容地围绕主题收集资料，有条有理地展开阐述。命题演讲一般会有较多的准备时间，所以演讲者可以充分地收集资料，合理地安排结构，在语言运用上也可以斟酌思考。应该说，命题演讲的过程开始于演讲稿的写作，演讲稿的优劣直接关系到演讲的质量，所以成功的命题演讲第一步便是演讲稿的写作。

（一）演讲稿准备技巧

由于命题演讲可以有充分的时间准备，所以一般的演讲者都会在演讲前写好讲稿。讲稿准备得充分，演讲才有可能成功，所以，演讲稿是命题演讲的灵魂。演讲稿的结构一般由标题、开头、主体、结尾3部分构成。

1. 标题鲜明，感召听众

有经验的演讲者在拟定标题时都十分用心。好的标题有两方面的作用：一是概括反映演讲内容，使人一开始就清楚你要讲的是什么；二是鲜明、有感召力，引起大家对演讲的兴趣。演讲稿的标题无论是在演讲稿成稿前或成稿后拟定，都必须要求与演讲的内容直接相关。标题有它的适合性，要设计一个简洁、大气而又雅致的标题，能够增加演讲的色彩。如《孩子都是美丽的天使》，不仅揭示了演讲稿的主题，而且饱含着诗意和哲学的思考；《中国的脊梁》，紧扣演讲内容，很有震撼人的气势。演讲中切忌用大而无当的标题，比如《命运》《理想》《挫折》等，泛泛而谈，会给人不着边际之感。

案例欣赏

"同一世界，同一梦想"

某市举行以2008北京奥运会为主题的演讲比赛。一名选手拟定的标题是"同一世界，同一梦想"。这个标题与北京奥运会的主题切合，因此一开始就抓住了听众和评委的注意力。尽管在演讲过程中发挥不尽如人意，但是最终得了不低的分数，这与他的标题不无关系。

2. 开头漂亮，吸引听众

在演讲的开头就能给听众留下深刻的印象，能够抓住听众的心，那么演讲就已经成功了一半。因此，一篇好的演讲稿，一个吸引人注意力的开头是必不可少的。

案例欣赏

"让我们一起把国家推向前进"

美国总统奥巴马在参加总统竞选演说中以这样的形式开头："布什让我们走到当前的境地。麦凯恩就是布什，我不是。现在，让我们一起把国家推向前进。"

案例评析：这样的开头引起听众对他要讲的内容的好奇心。听众为了满足自己的好奇心，就会十分自然地凝神注意他的演讲了。

(1) 开门见山，直切主题

开门见山就是演讲一开始就直接切中主题，这符合现在生活在快节奏时代中的人们的心理。这是演讲稿比较常用的开头方法，它的好处是能让听众一开始就明白演讲者的演讲主题。

📢 案例欣赏

"愿优良学风常驻校园"的开头

"学风是一缕清风，是一种氛围，是一种追求，更是一种精神。它犹如宁静的蓝天，庄严而凝重；它仿佛飘逸的白云，清雅而透彻……"

案例评析：一开头直切主题，清爽简洁，干脆利落。

(2) 适当提问，引发思考

运用设问，引发思考，让听众自然而然地接受演讲者的内容和观点。

📢 案例欣赏

青春是什么呢

青春是什么呢？青春是轻盈欢快的小溪，青春是健康跳动的脉搏，青春是美好生活的依托，青春是事业成功的希望。如果你是一滴水，你是否滋润了一方寸土？如果你是一缕阳光，你是否照亮了一份黑暗？如果你是一粒粮食，你是否哺育了有用的生命？不要轻看这一滴、一缕、一粒，正是这点点滴滴、丝丝缕缕、颗颗粒粒，灌溉的是良田万顷，照亮的是锦绣中华，哺育的是新的生命，而绽放的正是青春中最美丽的花朵！

案例评析：以一系列关于"青春"的设问开头，引发听众一起参与演讲者的思考，有诗歌的节奏，对听众来讲很有亲和力。

(3) 巧借场景，营造氛围

有时候，演讲以讲故事的方法开头，将听众引入故事情景中，也能起到很好的效果。

📢 案例欣赏

"遍地黄金"的开头

"1870 年，我们顺着土耳其底格里斯河……往下走，我们在巴格达城雇了一位向导，领着我们去看西坡里斯巴比伦……"

案例评析："遍地黄金"是有名的演讲，一开头就用引人入胜的故事的叙述将听众带入演讲的氛围中，达到了良好的演讲效果。

(4) 说明背景，巧作铺垫

演讲一开头，将演讲的背景对听众说明，能引起听众的极大兴趣。

案例欣赏

"他一个人留在房间里不过两分钟……"

"3月14日2点3刻,当代最伟大的思想家停止思想了。让他一个人留在房间里不过两分钟,等我们再进去时,便发现他在安乐椅上睡着了——但已经是永远地睡着了。"

案例评析:这是恩格斯在《马克思墓前的讲话》中,以马克思临终前的情况介绍开篇,简明扼要地向听众介绍了马克思临终前的情况,一开始就抓住了听众的心。

(5)展示实物,引发兴趣

演讲开头可通过实物的展示引发听众的兴趣,用简单的实物演示引发听众思考,并自然引申到对主题的阐述。展示的实物一定要与演讲主题有关。

案例欣赏

树倒了,窝摔了,蛋破了……

1938年秋,冯玉祥将军到湖南益阳,向几万人发表演讲,鼓励他们抗日。冯玉祥将军出场时,只见他左手握着一株小树,将一个草编的鸟窝放在树枝的丫间,鸟窝里有几个鸟蛋。下边人都愣了,不知他这是要干什么。这时,冯玉祥将军开口说话了,他说:"大家知道,先有国家,然后才有小家,才有个人的生命的保障。""我们的祖国遭到了日本帝国主义的侵略,我们都要用自己的双手保卫她,那就是起来抗日。如果不抗日——"说到这里,他手一松,树倒了,窝摔了,蛋破了……

案例评析:冯玉祥将军用小树比作国家,用鸟窝比作家庭,用鸟蛋比作个人,用握着小树的那只手比作捍卫国家的人,以实物展示,真实生动,增强了说服力。总之,演讲的开头要根据主题的需要、演讲内容、演讲环境和听众对象来采用恰当的开头。也可以将上述方法结合起来用,但总的来说要简明扼要。

3. **主体充实,论证充分**

主体是一篇演讲稿的中心,所以一定要有合乎逻辑的结构和充分的论证材料。先收集一定数量的事实材料,然后围绕主题取舍材料;写作时可以确定阐述的不同角度,并将材料有机地组合。写作时要注意演讲稿的逻辑性和条理性,做到条理清晰,结构严谨,有理有据,但又不失鼓动性。

(1)层次清楚,避免混乱

演讲稿应该构架合理的逻辑层次。由于演讲者要把自己的观点和看法传递给听众,而混乱的层次会导致演讲者自己都不知所云,听众更是如在云里雾里。为了使演讲在结构上环环相扣,层层深入,演讲者可以用标志性的语言来强调演讲的层次,比如适时地提问,用过渡语加强讲稿内容的内在联系。演讲稿的主体部分可以采用层层推进的方法。

案例欣赏

"你们穿过平原，越过大山……"

1963 年，秘鲁民族战线的贝拉文蒂一上台，就遇到了一场政治危机——罢工。面对来自全国各地的大学生拖着沉重的脚步，在利马的大街上与前来欢迎的利马学生发起的大规模的游行，贝拉文蒂总统进行了一次精彩绝伦的演讲：

"你们穿过平原，越过大山。你们忍饥受冻，历经艰辛来到这里。在表明我的立场之前，首先，作为一个热爱秘鲁的公民，我要从心底感谢聚集在这里的每一个人的忧国之情，并且奉上我的友情。在你们的热情面前，我无法替自己辩解，只是希望把所有的事实真相毫无保留地告诉你们，与你们一道来考虑解决的办法。……你们今天的行动和诚意，将会载入秘鲁的史册。"（节选，有省略）

案例评析：贝拉文蒂的演讲首先从感谢开始，就像对亲人谈话一样，开场白言辞平和，充满着关爱，让人感觉亲切、温暖。主体部分或关切动人，或慷慨激昂，或低声细语。平和的语言将双方针锋相对的行动划归到爱国的情感中，显示出友好平等的态度。既坦陈存在的问题，又把学生和自己放在同一立场上面对问题。很好地化解了学生对他的误解。接着贝拉文蒂总统把自己所想到的问题都讲了出来。最后，以理解和积极的肯定结尾。通篇以问候开始、中间贯穿着赞扬、期待和理解，最后以评价结尾，层次清晰，最后赢得了学生的热烈掌声，化解了一场政治危机。

（2）过渡自然，避免僵化

演讲稿必须重视过渡，使讲稿内容一气呵成，成为一个有机的整体。演讲稿第一需要收集丰富的资料，第二需要从不同的角度讲道理，所以容易导致结构零散。通过必要的过渡使各个内容层次的变换更为巧妙和自然，使演讲稿富于整体感。

案例欣赏

林肯葛底斯堡演说

"87 年前，我们的先辈们在这个大陆上创立了一个新国家，它孕育于自由之中，奉行一切人生来平等的原则。现在我们正从事一场伟大的内战，以考验这个国家，或者任何一个孕育于自由和奉行上述原则的国家是否能够长久存在下去。我们在这场战争中的一个伟大战场上集会，烈士们为使这个国家能够生存下去而献出了自己的生命，我们来到这里，是要把这个战场的一部分奉献给他们作为最后安息之所。我们这样做是完全应该而且是非常恰当的。

但是，从更广泛的意义上来说，这块土地我们不能够奉献，不能够圣化，不能够神化。那些曾在这里战斗过的勇士们，活着的和去世的，已经把这块土地圣化了，这远不是我们微薄的力量所能增减的。我们今天在这里所说的话，全世界不大会注意，也不会长久地记住，但勇士们在这里所做过的事，全世界却永远不会忘记。毋宁说，倒是我们这些还活着的人，应该在这里把自己奉献于勇士已经如此崇高地向前推进但尚未完成的事业。倒是我们应该在这里把自己奉献于仍然留在我们面前的伟大任务——我们要从这些光荣的死者身上汲取更多的献身精神,来完成他们已经完全彻底为之献身的事业;我们要在这里下定最大的决心,不让这些死者白白牺牲;我们要使国家在上帝福佑下得到自由的新生,要使这个民有、民治、民享的政府永世长存。"

案例评析:林肯这篇十分有名的葛底斯堡演说虽然篇幅短小,但是却十分注重内在结构的统一,用了口语化的连接词以使得整个演讲稿结构严谨,一气呵成。

4. 结尾有力,留有余味

美国作家约翰·沃尔夫说:"演讲最好在听众兴趣到高潮时果断收束,未尽时戛然而止。"这是演讲稿结尾最为有效的方法,即在高潮时戛然而止,往往能给听众留下深刻的印象。演讲的结尾要简洁有力。可以用号召性、鼓动性的话结束,也可用诗文名言或幽默的话收尾,无论用什么样的方法,都要力求给听众留下深刻的印象。上面提到的贝拉文蒂的演讲稿最后,以"你们今天的行动和诚意,将会载入秘鲁的史册"结尾,干净利落又满怀激情地评价了学生的行为,明确表明了自己的态度,使现场的气氛达到统一。

🔊 案例欣赏

"我知道,这条路很长……"

于是,我也更加知道卡萨尔斯回答中所具有的深义。怎样才能成为一个优秀的主持人呢?心中有个声音在回答:先成为一个优秀的人,然后成为一个优秀的新闻人,再然后是自然地成为一名优秀的节目主持人。

我知道,这条路很长,但我将执着地前行。

案例评析:这是白岩松《人格是最高的学位》的结尾,他以设问的方式,对自我的人生道路提出了要求,也表明了决心。语言简洁明白,情感真挚,又很好地照应了开头,点明了主题。

(二)演讲技巧训练

1. 强化记忆,避免遗忘

演讲水平的提高是一个不断积累的过程,演讲前的准备主要是考验人的记忆能力。那些口若悬河、滔滔不绝的演讲者,主要是因为有内容可讲。演讲前大量阅读,收集大量的知识和信息,储存大量的材料,写演讲稿时,就可以迅速而准确地将这些信息和知识组织到演讲稿中。当演讲者登上演讲台时,则需要极强的记忆力,否则若经常忘词,就会影响演讲效果。所以演讲准备时可以通过大声朗读,以及反复的训练来加强讲前准备。

🔊 案例欣赏

林肯为演讲做最后修改和高声朗诵

林肯为葛底斯堡的成功演讲所做的准备,值得我们效仿:

葛底斯堡战役后,决定为死难烈士举行盛大葬礼。掩葬委员会发给总统一张普通的请帖,他们以为他是不会来的,但林肯答应了。既然总统来,那一定是要演讲的,但他们已经请了著名演说家艾佛瑞特来做这件事,因此,他们又给林肯写了信,说在艾佛瑞特演说完毕之后,他们希望他"随便讲几句适当的话"。林肯平静地接受。两星期内,他在穿衣、刮脸、吃点心时也想着怎样演说。演说稿改了两三次,他仍不满意。到了葬礼的前一天晚上,还在做最后的修改,然后半夜找到他的同僚高声朗诵。走进会场时,他骑在马上仍把头低到胸前默想着演说词。正是由于林肯对讲稿的多次精读反复修改才有了这场著名的葛底斯堡演讲。

案例评析:熟记背诵讲稿很多时候不必拘泥于具体的字词句,记住主要的观点材料,也可采用一些特殊的记忆法,如词组法,每部分抽出一个富有代表性的词,组成一段好记的话。

2. 表达准确,避免含混

口语是运用最多,也是最便捷、最重要的一种表达方式,没有这种表达能力,演讲就会变得不可思议。演讲和口语表达能力是密不可分的,平时应该注重这方面能力的培养。演讲口才并非天生,后天的培养至关重要。

案例欣赏

演讲口才并非天生

林肯年轻时,为了苦练演讲,经常徒步很长的距离,到法院去听律师们的辩护,看他们如何辩论,如何做手势。他一边听那些政治演说家声若洪钟、慷慨激昂的演说,一边模仿他们。他听了那些云游四方的福音传教士生动的布道后,回来后也学他们的样子。

案例评析:对于一个成功的演讲者来说,口头表达能力并不都是天生的,很多都是通过后天的刻苦训练获得的。

3. 了解环境,避免盲目

演讲者除了掌握论题外,还应充分了解演讲的环境,从而为演讲稿的写作和演讲的顺利进行添砖加瓦。演讲环境包括听众情况、演讲地点、演讲时间、演讲程序等。听众情况指听众的人数、年龄、性别、受教育程度、宗教信仰、工作性质以及参加演讲的原因等;演讲地点如地理位置、场地大小、内部设施等;演讲程序指演讲的安排,如是否安排有听众提问环节等。如果有可能,最好亲自去演讲地点看看,"踩一下点",以至于心中有数。

案例欣赏

心有多大,舞台就有多大(节选)

……

我们的梦也许很小很简单。

我们写话剧也许就是因为和别人打的一次赌,我们演话剧也许就是为了在心爱的女孩面前有一次表现的机会,可那又怎样呢?谁没做过梦呢?就像我此刻站的这个舞台,曾经是多少人的梦想。我坚信,在我们当中,至今还坚持着这个理想的大有人在。当有一天我长大了,当有一天我老了,我可以骄傲地问我正在上大学的儿子甚至是孙子:我上大学时身高不到 1.7 米都敢上台演男主角,你敢吗?

案例评析：演讲者恰当地利用演讲现场的舞台、听众等因素，使演讲更具有鼓动性和说服力。

4. 演讲中的技巧训练

（1）服饰大方，避免繁复

演讲者的服装以朴素庄重为宜，无论是色彩还是式样都不能太夸张。女性端庄典雅，着裙装或裤装，头发束起来，化淡妆；男性庄重严肃，着衬衫或西装，头发前不及额，后不及领，侧不盖耳。

案例欣赏

演讲功夫有时在演讲之外

有一年，尼克松与肯尼迪竞选总统。就当时的政治影响来说，尼克松成功的可能性远远地超过肯尼迪，可是，投票结果却是肯尼迪胜利了。其中一个重要原因就是肯尼迪打扮得衣冠楚楚，精神饱满，气宇轩昂，改变了自己的形象；而尼克松由于患病刚愈，面容憔悴，精神不振，演讲时显得衣服宽大，难具魅力。

案例评析：演讲者在演讲前一定要认真琢磨琢磨如何把自己打扮得更好些。最基本的要求可借用新中国成立前南开学校的校训来衡量：面必净，发必理，衣必整，纽必结。头容正，肩容平，胸容宽，背容直。气象勿傲、勿暴、勿怠，颜色宜和、宜静、宜庄。

（2）情绪放松，避免紧张

怯场是每位演讲者都会出现的情况。哪怕是十分有经验的演讲者，临上场前心理也是紧张的。我们可以采用不同的技巧调节。首先，可以采用心理调节法，反复暗示自己"我能行"，树立自信心；其次，可以在演讲前听听音乐，读读杂志，和别人开开玩笑，以调节自己的心境；再次，情绪放松法。上场前找一个相对安静的地方坐下来，闭上眼睛，反复深呼吸，只关注自己的呼吸或心跳的频率，只需一会儿，情绪就放松下来了；最后，我们还可以采用分散注意力法。将注意力分散到其他事物上，如现场的杯子、扩音器等，想想与这些物品相关的信息。

总之，克服紧张最根本是要树立自信，而让自己充分自信的基础是准备充分。只要有充分的准备，上场的紧张感也就会随之减少甚至消除。

案例欣赏

用演讲来磨炼队员的心理素质

中国跳水队为了备战国奥，用演讲来磨炼队员的心理素质。见惯了大场面的世界冠军们站在演讲台上，竟然紧张得像第一次站上跳板的小运动员。台下冥思苦想，台上突然卡壳，甚至泪流满面。郭晶晶在作完《梦，还在远方》的演讲后，自述在台上"腿有点哆嗦"，但在经历第一场演讲比赛的考验后，大多数跳水队员们在演讲台上已经从容了许多。

案例评析：当众演讲，紧张在所难免。要正确面对这种心理，才能找到有效的方法克服它，让自己在演讲台上表现出自己的风采。

（3）处理忘词，避免慌乱

有时由于紧张，演讲时思维会出现一时的短路，忘记了原本准备好的演讲词。这时切不可将演讲停下来，或抓耳挠腮，分散听众的注意力，而应随方就圆，想起哪儿，就在哪里接着往下说；或者有意重复前边的内容，边重复边回忆。

🔊 **案例欣赏**

演讲忘词怎么办

美国有位名气不小的演说家有次演说时，由于对讲稿不熟，讲到某处突然记不起下面的内容了，这时，他友善、关切地向听众问道："女士们，先生们，我刚才所讲的是否听清了？"就在听众点头或小声回答的一瞬间，他很快就想起了下面的词句。

案例评析：显然，这位演说家就是运用提问法以赢得回忆时间的。一般来说，在情绪波动不大和讲稿纯系自己所写的情况下，只要有一定的回忆时间，大多数演说者都能很快理顺思路，使演说能比较自然地进行下去，而随机提问就是争取回忆时间的一种有效之法。

（4）弥补错误，避免"露馅"

有时紧张也会导致偶尔的口误，这时切不可道歉说"对不起，我刚才说错了"，破坏演讲的完美性和连贯性。我们可以将错误置之不理或紧接着说"这难道是对的吗？""刚才明明是错误的思想，偏偏有个别人信奉为真理"等修正刚才的口误。

🔊 **案例欣赏**

袁鸣"口误"后的"修正"

袁鸣有一次在海南主持庆祝狮子楼京剧团成立文艺晚会时，望文生义，把一位"南新燕"先生误说成了"南小姐"，当这位南新燕先生走上舞台时，台下嘘声一片。袁鸣急中生智，赶忙说道："哎呀，非常抱歉，我望文生义了。不过你的名字让我想起了一首古诗：'旧时王谢堂前燕，飞入寻常百姓家。'这可真是一幅充满诗意的美妙图画啊！同样，国粹京剧作为宫廷艺术，一直盛演于北方，如今随着狮子楼京剧团的成立，古老的京剧艺术也首次飞过了琼州海峡，到海南落户，这不也是一幅美妙的图画吗？"

案例评析：袁鸣的这段话犹如迎面掠过的一丝和煦春风，犹如眼前流过的一条跳动的小溪，给观众带来的是一种美的享受和启迪，令人拍案叫绝，使人们忘记了先前的尴尬局面，而是沉浸在她所临场勾画的美景中。

（5）应急处理，避免混乱

演讲中出现了意外情况，应该保持冷静，判断现场的意外情况是否跟自己有关。比如是否与自己的内容、演讲技巧或时间等有关。如若有关要及时进行调整。

🔊 **案例欣赏**

不慎被话筒绊倒以后……

某单位举行演讲大会，一位演讲者随着掌声走上讲台，不慎被话筒绊倒了。台下的听众顿时出现了一片嘘声与倒掌声。然而,这位聪明的演讲者从地上爬起来,不慌不忙地走到话筒前,微笑着对听众说:"同志们,我确实为大家的热情所倾倒了! 谢谢!"顿时,欢呼声大作,大家都为他绝妙的应变和开场白叫好。

案例评析:这个例子说明,面对失误,最关键的是要镇定,要有应变能力,善于摆脱被动,善于变坏事为好事。

(三)演讲中的态势语训练

演讲中除了"讲"之外,还要注重"演"。演讲者的目光、表情、动作、身体的姿势等,都要与演讲的内容相协调,这叫作"态势语",也叫作身体语言。除了声音、语气等给听众造成听觉上的冲击力外,在视觉上也要给听众以感染力,增强演讲的效果。只有合理运用了态势语,才能使演讲真正成为"演讲"。

1. 身体放松,避免僵硬

演讲时的身姿应该保持自然地挺胸,身体的重心平稳,双脚略微分开,既要让观众感觉到演讲者优良的精神状态,也要避免给人僵硬之感。演讲者上下台步子轻捷从容,面对观众务必大方自然,亮相得体。上场后首先环视一下全场,接下来可以进行开场白。演讲的开场白没有一定的固定模式,一般是向听众问好致意并作自我介绍。面前有演讲桌时,双手交叉自然放在身体的前面,或者自然下垂于身体两侧;切忌在胸前抱臂,或把手放在另外一个手臂上,也不能把手背在后面。目光平视,忌盯住一点或看天花板。

演讲时一定要保持镇定,紧张、慌乱、装腔作势,都会影响听众的情绪。同时,演讲中要避免一些下意识的细小动作。诸如摇头、抬眼、摆弄衣角、文具等,会将观众的注意力吸引到这些无意义的小动作上,影响演讲效果。

2. 表情自然,避免做作

演讲者应善于通过自己的面部表情,把自己的内心情感最恰当地显示出来。通过自己的面部表情,与听众构筑起交流思想感情的桥梁。

面部表情中眼睛是关键,内心世界的各种活动都能通过眼睛表现出来,视线要依据演讲内容做调整,切忌眼睛向下盯着演讲桌,看着天花板的一角或不停地看讲稿,或者只盯着观众席中的某一个人或某一个地方,这些动作会影响演讲内容的表达,影响演讲者与听众间的情感交流,从而影响演讲的效果。

3. 手势恰当,避免繁复

每个人的手势语言都不尽相同,演讲中应该根据不同的内容做出恰当的手势。但演讲中对手势语言没有特殊规定,也没有必要将两个特点各异的人训练成手势完全相同的人。手势语言由演讲者的气质、演讲的主题和演讲的内容决定,注意手势与演讲内容的一致。但演讲中切忌大幅度的动作和重复使用一种手势,同时也不能有太多的手势,以免让听众感到眼花缭乱。

三、项目实战训练

【**训练一**】 以"青春是一只绚丽的苹果"为题,用不同的开头方式,写 3 份演讲稿的开头。

【训练二】　自己找一篇你认为优秀的演讲稿,分别列出它的结构、逻辑、语言、开头及结尾的优点,并说明理由。

【训练三】　在班上组织一次集体命题的演讲比赛,要求准备演讲稿,设以"最佳开头""最佳结尾""最佳演讲稿""最佳口才""最佳表现"等奖项,并评出综合名次。

【训练四】　在课堂上敢于回答老师的提问,并阐明自己的观点。

第三节　实用推销口才训练

一、教学案例导入

额外的推销

当一位家庭主妇走到肉店门口,肉店老板那沧桑的脸上马上变得面色红润,绽放出友好、灿烂的笑容,带着浓浓的乡下口音,招呼她说:

"早上好啊,李大姐,今天买点什么?"

"给我来一斤三线肉。"

"是给你老公做凉白肉下酒的吧?"

"是啊。"

"告诉你一个好消息,我刚刚进了一批绝对正宗的川味腊肠,今天早上我自己煮来尝了一下,味道真的好。我已经煮熟了切成片,你拿回家放冰箱里,随时取出来用微波炉热一下就成。怎么样,称点回去给你老公做下酒菜吧?"

"行,你推荐的一定不会错,先称一斤回去试试。"

他一边熟练地把腊肠包好,一边又说:"还有呢,我碰巧有个机会,从天台山进了一批'虫草鸡',那可是真正的土鸡哩,在树林草丛中放养的,吃虫子长大的,要不要我替你留下一只,等你儿子周末回家时炖着吃?"

"你为我想得太周到了,太谢谢你了!"

案例评析: 李大姐走进肉店时,原本没有想过买腊肠和土鸡,在她买了原本不准备买的东西之后,也没有觉得心里不痛快,埋怨肉店老板强人所难。肉店老板运用"拉家常"式的说服技巧,促使顾客买完东西以后再买一些其他的东西。要赢得顾客,提高销售绩效,贵在使用说服技巧。

二、本节知识要点

(一) 找准兴趣,避免"跑偏"

万事开头难。推销员与顾客的接触中,最难的就是开篇一席话,既要创造良好的推销气氛,又要尽可能捕捉到顾客的兴趣点和关注点。推销员设计的问题或开场白必须与顾客的兴趣直接相关,方能打破僵局,求得主动,导入正式的推销活动。

无论是卖场推销还是行销拜访,找准时机和顾客的兴趣点,引发话题,洞悉顾客的心理预期,是成功推销的不二法门。再好的推销口才,如果顾客没有兴趣交流沟通,只能是自说自话,无从激发顾客的购买欲望,更无从打开顾客的心门。

假如你是卖场的推销员,当顾客走向你的柜台时,你会观察顾客的年龄、衣着、眼神和姿态,采用问候或夸赞来引发顾客的谈话兴趣;当顾客开始把目光聚焦于某个产品时,你要采用关切的问询方法来探知顾客"为谁买?""干什么用?",而不是急于恭维顾客的眼光,或急于介绍产品的卖点。

杰出的推销员总是能够自然而得体的切入话题,还会利用身边的道具或看似不经意的闲扯来激发顾客的好奇心或是注意力,然后从顾客主动问询中探知对方的兴趣点。

好的开场白,一般应从寒暄开始,诱导顾客提出问题,聚焦顾客所关心的方面展开沟通,让顾客轻松愉快解除戒备心理,再用真诚的关心和顾问的姿态出现,为顾客释疑解惑。为沟通和说服做好铺垫是必不可少的环节。

📀 案例欣赏

为顾客培养起来的爱好

英国有一个叫布奇的推销高手,为了在与顾客的沟通交流中引发共同话题,一生共努力培养了 25 种不同的兴趣爱好。要知道,他是在了解到准客户对钓鱼、桥牌、台球、国际象棋、高尔夫球、足球等有浓厚的兴趣,为配合与他们相关的话题而一一学习的。他的努力使他得到了充分的回报,销售额的提高不在话下,一生因此结交了许多行业里的精英朋友,并在生意上得到长期照顾。

下面列出大多数推销员在洽谈时所选择的话题,各个项目后面的数字是该项目被作为话题的百分比,下面的调查结果可以看出多数人的关心所在:

提起对方的兴趣爱好 72%;提起美食、爱情和婚姻 60%;提起对方的工作 56%;提起时事问题 36%;提起孩子教育培养 34%;提起影视歌明星 25%;提起故乡及所读的学校 18%;提起健康养生等 17%;提起理财技术 14%;提起街谈巷议 13%。

(二)善于倾听,避免废话

人际沟通始于聆听,终于回答。在哪儿说得越少,在哪儿听到的就越多。要找准顾客的需求,你必须学会倾听,这是推销事业发展的根本。

利用推销口才,并不意味着利用口舌之利强加于人。有太多说起话来滔滔不绝的推销员,他们大都业绩平平,喋喋不休只能让人不胜其烦。推销口才所需要的,不是口若悬河的天分,而是洗耳恭听的本领。

用心倾听顾客的谈话,是一门艺术,需要在具体实践中细心揣摩。关注顾客的兴趣和爱好,善于用简短的提问诱导顾客展开话题是最基本的。此外,还要掌握下面几点。

(1)在顾客谈话时,要面带微笑凝神注目于顾客的眉心之间,那里被称为"真诚三角区",同时还要手掌展开,手心朝上,这样,你就是一副开诚布公、坦率而毫无隐藏的样子了。

(2)在顾客谈话过程中,千万不可轻易打断对方的谈话,即使非常想提问或插话也要忍住,至少也要在对方结束谈话或告一段落之后,停留 2~3 秒钟。否则对方会认为被打断而失去谈兴,变得兴味索然,不想再讲下去。

(3)要善于与顾客共情,即通过模仿顾客的表情和姿态,与顾客产生情感共鸣。或一同眉飞色舞,或一同忧伤叹息,或延缓 3 秒钟模仿顾客的手势和其他身体语言。若是能接受对方所讲的内容,虽不至于赞同但能理解时,也可以适当地加以附和。适当插入"是吗""对""真是奇了""太好了""真不错"等词和"哈""哇""耶"等叹词。对方就会感到引发了你的共鸣,从而会越发想把话说好。

(4)顾客讲话中断或偏离了话题,可用"是吗? 是不大好办?""总是那样的吗?""那么,这样做好不好?""我要是没听错话,是不是这个意思?"等话加以衔接或确认,将谈话连接上或引回原来的轨道。

案例欣赏

倾听展示能力和诚意

美国著名的演讲大师罗伯特·考可林应邀到一家公司演讲,150 多位推销人员济济一堂,聆听了他的演讲。认真且热心地作了一场演说后,考可林对该公司经理说:

"能让我猜猜今天在座的诸位中谁是最优秀的推销人员吗?"

对这突然的提议,经理感到半信半疑,还是请他猜猜看。考可林立即从 150 多人当中挑出了 3 个来。

"真叫人吃惊! 您是怎么知道的? 他们真是我公司名列前茅的台柱子呢。"

包括经理在内的领导们惊讶不已。怎能通过仅仅一次的演讲就准确无误地辨别出一个人来? 这真是太神奇了。

可是考可林的秘诀却是意外地简单。他只是挑选了台下最热心倾听的几个人而已。

考可林最后说:"有能力的人,就像看重自己说的话那样,也会倍加珍惜别人讲的话。倾听是向对方展示自己的诚意,也是一种想获得新信息的姿态。"

(三)善于赞美,避免奉承

有句名言说得好:"赞美是畅销全球的通行证。"顾客都有着受尊重、被认同和被爱戴的需要。虽然人人嘴上都不说,但内心都渴望别人赞赏我们的言论、行为和选择。

真诚地赞美,适度地恭维,巧妙地逢迎,会使对方的自尊心和虚荣心得到满足,可以让顾客自豪,使对方心情愉悦,拉近顾客和你的关系。赞美是润心的清泉,恭维是醇厚的美酒,逢迎是迷魂的汤药。美言与善行一样,既能使人心旷神怡,也能使人神魂颠倒。学会并懂得适时适度赞美对方,是推销口才发挥极致的表现。有经验的推销员说出的赞美之语,既不流于俗套,又不让人肉麻。

如果你去上门推销,在主人的院子里看到一条小狗而并未注意,依旧介绍你的产品,恰恰这条小狗是人见人夸主人引以为豪的宠物,自然会产生失望和抗拒心理。无形中让你错失良机——一个博得顾客好感的机会。如果当时你亲昵地拍拍小狗,说一句:"多漂亮的小狗啊!"你成功的机会也许就多了一分。

类似的夸赞语言还有:

"您的小宝贝长得真惹人喜爱!"

"房间装修得真漂亮!"

"这些花长得多美啊! 是您的杰作吧!"

"我进你们厂的第一感觉就是气派,大公司就是不一样啊!"

"我听很多人说起你们厂生产的产品,品质和服务都是一流的!"

🎧 案例欣赏

"远近闻名的老板"

有"日本推销之神"之称的原一平,有一次去拜访一家商店的老板。

"先生,您好!"

"你是谁呀!"

"我是明治保险公司的原一平,今天我刚到贵地,有几件事想请教您这位远近闻名的老板。"

"什么?远近闻名的老板?"

"是啊,根据我调查的结果,大家都说这个问题最好请教您。"

"哦!大家都在说我啊!真不敢当,到底是什么问题呢?"

"实不相瞒,是……"

"站着谈不方便,请进来吧!"

……

案例评析:原一平用简单、真诚而不着痕迹的赞美让要拜访的顾客大感受用,这样,他轻而易举地过了第一关,也取得了准客户的信任和好感。

(四)善于提问,避免争辩

学会向顾客提问,不但能避免对方的争辩和反对,还能引导对方的思路,获取对方的信任。提问的首要目的是获取对方的信息和需求,等同于调查研究,可以探知对方的底细,以便投其所好进而从容应对;其次是吸引对方注意,让对方觉得你举足轻重。我们本能地认为,凡是问问题的人都是诸如父母、老师、医生、法官、警察、领导等,通过提问,会让对方感到受到关注、关心和关怀。

所谓"问对问题赚大钱"。美国一名书籍推销商常向顾客提出 3 个问题。

第一,如果我送您这套十分有趣的有关个人效率的书,您会读一下吗?

第二,您如果读了之后非常喜欢这类书,您会买下吗?

第三,如果您发现这些书不太有趣,您可以把书回寄给我,行吗?

这名书籍推销商的话题切入点找得好,这 3 个巧妙的假设性提问,从哪个角度上讲都让人无法拒绝。

提问如同一名优秀的记者在采访,要事前设计提问的内容,掌握提问的技巧。问题问得好才是顾客回答的动力。杰出的推销员会首先提出探索式的问题,以征求意见或请教的方式,发现顾客的购买意图,以及怎样让他们从购买的产品中得到他们需要的利益,从而就能针对顾客的需要为他们提供恰当的服务;其次,再通过引导式的提问,诱使顾客回答一系列的"是",进而让顾客对你打算为他们提供的服务产生信任。当顾客对你的产品表示某种认同,你要立即应答,把他的见解肯定下来,一步步地促使他下决心。

提问过程要把握好以下几个要素。

第一，掌握恰当的提问时机，不要贸然开口。

第二，平等的提问视角，不要低声下气。

第三，互动式的询问过程，不要单纯提问，通过诱导引发顾客的问题。

第四，保持提问时节奏沉稳，态度温和，条理清晰，激发顾客的倾诉欲。

第五，及时对顾客的问题进行总结并表示认同。

第六，提问失败之后莫忘致歉。

案例欣赏

限定式提问技巧

在推销工作中常常要和顾客约会，怎样才能订下约会呢？精明的推销员从来不会问顾客："我可以在今天下午来见您吗？"顾客会说："不行，我今天的日程安排实在太紧了，等我有空的时候再给你打电话约定时间吧。"

精明的推销员在提问时提供两种答案供选择："王经理，今天下午我正好要经过你们公司，您看我是在下午2点钟来拜见您，还是3点比较好？"

"3点钟来比较好。"当他说这话时，你们的约定就成了。

假如你推销喷气式客机，如果你问："您打算付我多少定金？"那先生可能递过来一张100元的钞票，对你说："好吧，我只带了100元钱，这架飞机我订下了。"

这能行吗？你必须根据公司的有关规定策略地问："先生，我们现在谈的是一笔重大的交易，您愿意付给我们5％还是10％的定金？"

他会怎样回答你的问题呢？毋庸置疑，会是"5％"。

（五）善讲故事，避免生硬

举例说明问题，或用讲故事的技巧，可以使观念更易为顾客接受。用一个事实或故事来证实一个道理，比用10倍的道理去论述一件事情更能吸引人。人类大脑中最古老的思维通道就是用于制造故事和比喻的。伊索、庄子讲寓言，耶稣、孔子、释迦牟尼喜欢打比方。成人和儿童都喜欢听故事。

任何商品都有它迷人而有趣的内容，它是怎样发明的？怎样生产出来的？产品带给顾客哪些好处？推销员挑选生动有趣的部分，编成令人着迷的精彩故事，就能吸引顾客的注意，使顾客产生兴趣，达到推销目的。

案例欣赏

大公司的故事

可口可乐就一直在卖故事，讲他们当初如何获得一个绝妙的配方，如何神秘地埋在后花园中，后来又如何发展成为一种全球最受欢迎的饮料。肯德基在世界各地拥有超过一万多家的餐厅，最爱讲的故事就是那位肯德基大叔如何在创业之初，如何发现独特的炸鸡方法，年届66岁才开始带着配方，在遭遇了1009次拒绝之后，终于开办起第一家肯德基餐厅，最终他用一只鸡，改变了人们的饮食世界。在国际上声名鹊起的海尔品牌，最爱讲的故事则是张瑞敏先生如何把冰箱推到大院里砸碎,从此在顾客心目中,海尔不会再有质量差的冰箱,一举树立起企业界的英雄形象。娃哈哈的掌门人宗庆后也是讲故事的高手,他常向人们讲述自己如何在创业之初踩着三轮车到处卖冰棍,如何白手起家发展成今天的规模,如何推己及人发誓要照顾好小到零售店大到批发商的生意……

人们对某个产品的良好性能的记性很差,但是对精彩的故事总能记忆犹新。所以懂得讲故事,懂得感动别人,就懂得如何成功推销。以下介绍10种常用的故事型推销模板。

(1)介绍性故事:我是谁?为什么到这里?我怎样帮助顾客?

(2)引人关注的故事:使顾客对你、你的产品和服务的公司感兴趣并予以关注。戏剧性的故事,能使他们想听你说的话。

(3)产品信息故事:不是简单地罗列产品的卖点,而是把它们融入故事的情节之中。

(4)克服担心的故事:顾客害怕承担购买风险,推销员应向他们表示别的客户也有过同样的害怕,然而对本公司,顾客们从不担心。

(5)金钱的故事:向顾客解释他们怎样买得起你的产品和服务,而你的产品和服务又是怎样让他们省钱、赚钱。

(6)自我陶醉的故事:向顾客们表明拥有你所推荐的产品的自豪,以及别人对它们的羡慕等。

(7)提高生产力的故事:向顾客表明你的产品能帮助他们提高效率、降低消耗、增加产量、减少差错等。

(8)家庭亲密的故事:向顾客表明你的产品如何推荐给亲戚朋友等,能使顾客家庭幸福。

(9)安全故事:表明你的产品能使人心平气和、情感安全、经济安全等。

(10)成交故事:绘声绘色地描述顾客的感受,精选顾客的评价和认同。

(六)热情专业,避免平庸

热情会带来高质量的工作,推销是热情的传递,信心的转移。若要打动人心,你说的话就必须声情并茂,不同凡响。

作为推销人员,你不可能是这个行业真正的专家,但要想表现出专业水准,就得学会明明白白地表达。推销人员能够进行明确交流的能力,就是这个人掌握专业知识最有力的证据。表达内容越清楚明白,你就越在行。

清楚明白的表达就是你的专业技能。把你的观念、信息传达给顾客,使他们相信你没有兜圈子,没有欺骗,没有做手脚,才有可能消除顾客的疑虑,最终赢得顾客的信赖和惠顾。

杰出的推销人员善于总结自己的产品和服务,用一句话就能引起顾客的注意和重视,用3句话就能清楚说明你的产品和主要卖点,以及能给顾客带来的好处。如果顾客有兴趣听下去,进一步的沟通交流才成为可能。

热情和专业水准就像是硬币的两面,缺一不可。

案例欣赏

我热爱"它们"

有一天,一位富有的荷兰收藏家拜访温斯顿,要求看看温斯顿库存目录中的一颗钻石。

温斯顿为来访者指派了一位他手下最好的推销员,那位推销员马上描述了那颗钻石的完美无瑕,可是那位收藏家却没有买,并说要考虑一下。

就在收藏家快要离去的时候,温斯顿拦住他问自己能否向他再次展示那颗钻石。那位收藏家同意了,于是温斯顿带着他和那颗钻石进入他的办公室,并讲述他对钻石的热爱,特别是他对这颗历史上著名的钻石的爱慕。在很短的时间内,那位荷兰人就决定购买。

行前荷兰人意味深长地问:"温斯顿先生,为什么我会从你这里购买这颗钻石,而不是你的销售人员那儿?"

温斯顿微笑着回答道:"那个推销员是这一行里最棒的一个。他可能比我更加了解钻石,但他只是能够分辨钻石,而我却是热爱它们!"

(七)讲述生动,避免生硬

产品带给顾客的利益在顾客未使用之前,都是抽象的和空泛的。推销员要善于把产品利益变成让顾客能够明确感受的东西。比如产品能使顾客节省,推销员就要把"节省"一词具体化,变成事实的数据。具体的细节比笼统的说法更易打动顾客。餐馆里推销铁板牛排,最令人无法抗拒的是耳朵所听到的"嗞嗞"的声响,以及鼻闻四溢的香味,这些是最形象生动、最具体的例证。推销员对商品的介绍,局限于产品的功能配置和售后服务是远远不够的,难以使顾客动心,要激发顾客的购买欲望,就要学会勾画梦幻般的图景,以增强吸引顾客的魅力,让顾客怦然心动。

案例欣赏

心动的理由

一位高压锅推销员对顾客说:"三口之家用高压锅,每天可节省5角钱燃气费,每年可节省180元。高压锅按国家规定的标准可使用8年,这就是说,您家使用高压锅,不仅省时、省事,节省的燃气钱就达1440元,而我们的高压锅才卖98元。"

一位吸尘器的推销员对顾客说:"请您设想一下,使用吸尘器,您可以从繁杂的家务劳动中解脱出来,这样,您就可以有更多的时间和精力关心您孩子的学习与进步,辅导他的作业,或和爱人外出散步,和家人一同享受生活的乐趣。"

一位推销天蓝色瓷砖的推销员用一句话打动顾客:"在卫生间铺上这种天蓝色瓷砖,您洗澡时就有置身大海的感觉。"

(八)记住顾客,避免陌生

杰出的推销员都有一个共同的认识:记住顾客的名字能增加顾客的忠诚度!

"被别人记住"是大多数人内心的潜在渴望,如果推销员都能充分地发挥自己的记忆能力,记住你的顾客,也让顾客记住你,顾客忠诚度必将大大提高。西南航空公司的售票台工作人员在工作一年之后,能一字不错地记住数百位顾客的名字。

记住的内容不仅仅是顾客的名字,还要能记住客户上次购买的产品类别、数量、时间、价格甚至是洽谈的过程,"回忆本身就是一种乐趣",这会让顾客觉得自己在无数消费者中受到尊重,自然就记住了你的名字、你的企业的名字,当然,我们追求的是双方记忆!

加强双方记忆应该抓住几个要点。

（1）不断以各种方式进行自我介绍。

（2）随时完善自己的客户档案。

（3）记住顾客的举止特征，客观描述其性格特征。

（4）记住顾客周围相关人员的名字或者事迹。

（5）敢于叫出顾客的名字，描述往期购买情形。

（6）体现自己的个性特征，尤其是体现自己对产品的熟悉程度或服务水准。

案例欣赏

心细的陈实

陈实是推销手机的，作为某品牌派驻地州的销售代表，联系的经销商和零售商多达130家。不到3个月，他不但熟悉了这些商家的老板，能够直呼其名，而且弄清楚了各自的进货渠道、亲属或同乡等盘根错节的关系。

"嗨，李老板，上个月10号你进的货都铺下去了，库存没货了吧？"

"我正想给你电话哩，你是怎么知道的？"李老板很惊讶。

"你的温州老乡阿兴那儿拿走了10台，卖得只剩下2台了；你表弟黑子那儿拿走了5台，他卖得不太好；你侄儿阿黄很厉害，8台全卖完了。"陈实如数家珍地回复。

陈实去了县城两个大的经销商的商店，车上100多台备货就推销一空了。他又到市区一个较大的卖场，手里拿了些公司给他准备的小礼品，一一叫着人们的名字，分发给卖场专柜的营业员。

"陈哥，我又帮你推销了2台M28手机，还有1台V18。"小玲兴冲冲地告诉陈实。

"陈哥，我推销了3台V18，还有1台PDA的手机。"小敏接过小礼品，很开心！

"好的，小玲、小敏，晚上吃串香，我请客，不来的话，今天的提成不发了哈。"陈实热情地邀请。

案例评析：陈实在短时间内，将大大小小130家老板和众多专柜营业员的名字熟记于心。一方面得益于他的良苦用心；另一方面还得益于他手中的智能手机。他总是在别人不经意之间用智能手机拍下照片，回头整理他们所有的包括亲属、渠道、卖场，以及各自的兴趣爱好等信息，时常拿出来记忆。

三、项目实战训练

【训练一】 组织一次模拟推销活动，将自己闲置的书籍或用品在学校指定区域出售，将学到的推销口才技巧加以实际运用。

【训练二】 阅读下面这个案例，分析女推销员成功的推销运用了哪些推销的口才技巧。

一名女推销员来到女大学生宿舍推销一种新颖的小型按摩器，一进门便向大家问好："你们好！"她非常热心地让这几名大学生试用她的产品，却并不多做介绍，任大家议论纷纷。只不过偶尔会插话说：

"你们长期使用计算机,眼睛累了,可以用这个按摩器,比做眼保健操效果好!"

"你们都是很有孝心的,买一个送给父母,让他们下班后也可以轻松一下。"

"我也是刚大学毕业没几年,可以算作你们的大姐姐。"

看到一个女生的床头上精美的布娃娃,说:"我也有这么一个布娃娃,真可爱!"

最后,大家开始询价,她很巧妙地说:"我在家属楼卖的是 12 元一个,9 元是上交公司的本钱,3 元钱是我的利润。但你们是学生,只消费不挣钱,我怎么能忍心多赚你们的钱呢?但一点点辛苦费总是得有的吧,够吃饭喝水坐车就行!这样吧,算 10 元钱一个。"话说到这份儿上,自然没有人砍价了。就这样,全宿舍 8 个人,有 7 个人买了她的产品。

【训练三】 试比较以下两种说法,看哪种效果好。

甲:"使用这种机器,可以大大提高生产效率,减轻劳动强度。它受到用户们的好评,订货量与日俱增。"

乙:"海龙钢铁厂使用了这种机器,生产效率比过去提高了 40%,工人们反映操作方便、效率高。现在,该厂又追加了 10 台订货。"

【训练四】 阅读下面的案例,若是你,该如何继续进行你的推销?

一位推销员在超市里现场演示钢化玻璃杯。他向顾客展示的卖点之一是抗摔,但他却恰巧拿起了一只质量不过关的杯子,猛地往地上一扔,杯子却碎了。这样的事在他整个推销过程中是前所未有的,大大出乎他的意料。他心里很吃惊,但没有流露出来。而顾客呢,则个个目瞪口呆,原来听了这位推销员口若悬河的说明,只不过想得到印证而已,结果却出现如此令人尴尬的场面……

此时,若换成你,接下来该怎么做?

【训练五】 有一家手机卖场,见顾客来了,马上就有推销人员紧跟上去。顾客走到哪里,推销员就喋喋不休地介绍到哪里。这样似乎很热情,也很周到,但效果却不佳。为什么?假如你是手机卖场的推销员,你会怎么做?

模块四 求职与在岗职场口才训练

第七章　求职口才训练

本章核心内容

　　职场如战场,在求职中或许你会忽然发现平时在身边表现得并不是那么出色的同学,在面试场上竟然完全变了样,他们或许成为整个面试场的焦点,或许成为用人单位争相抢夺的宠儿。而他们成功的秘诀究竟在哪里呢? 在面对现代社会的激烈竞争中,对一个人综合素质的要求与日俱增,过去常常听说过的"学好数理化,走遍天下都不怕"或者将考上大学比喻成了"象牙塔"的概念已经过时了。求职场上,成绩、证书以及装饰华丽的自荐书仅仅只是敲门砖,能够掌握以及具备推销自我的能力,才是求职必胜的重要砝码。

　　求职面试中,如何进行有效、顺利的求职沟通,如何在短时间内最大限度地推销自己,应该成为每位求职者关注的重点。本章就大学生如何做好求职前的口语训练准备、求职中的自我介绍、应答等技巧以及求职后的问询交流做了较为详尽的表述。

训练目标与要求

1. 训练目标

　　通过本章知识要点的学习和具体实训,使大家了解求职口才的特点,掌握求职口才的特殊性,以及在实训过程中掌握求职面试的表达技巧,学会思考并能灵活运用应答策略,增强求职能力,提高大学生综合素质。

2. 训练要求

　　认真学习求职应聘知识及语言表达技巧,按照实训要求进行坚持不懈的模拟训练,同学之间彼此合作,互相促进,多练和反思是提高求职口才的必由之路。

第一节　求职模拟口才训练

一、教学案例导入

招聘广告的启示

　　随着大学的扩招,大学生人数直线上升,就业压力空前增大。2013 年全国毕业的大学生有 699 万人,被媒体称为"史上最难就业季",而 2014 年毕业人数为 727 万人,被媒体无奈地称为"史上更难就业季",2015 年更是高达 749 万人,比 2014 年再增加 22 万人,大学生就业面临新的挑战,据预测未来几年毕业生依然会持续增长。2015 年 4 月,××高校组织了一次大型招聘会,参加招聘的单位近2000家,但签约人数却只有不到700人。排除各种主观和客观原因外,通过观察发现就业市场需要人数最多的岗位为市场营销、销售代表、市场督导、置业顾问等,除这些岗位外,还有很多的招聘岗位明确提出应聘者要有较强的语言表达能力、沟通能力、人际交往能力,甚至有的单位直接开设条件"有演讲专长者不限学历、专业"。

案例评析:美国职业学家罗尔斯曾说过,求职成功是一门高深的学问。但是只要找准了方向做好了准备,求职也并不难。从大量的招聘广告中,可以分析得出市场需要大量的口才出色的销售类人才,而几乎所有的岗位都需要求职者具备一定的沟通能力和表达能力。在这种情况下,改变"茶壶有饺倒不出"的表达困境,掌握求职技巧,锻炼自己的求职口才,为求职做好准备尤为重要。

二、本节知识要点

大学生就业制度的改革,一方面给大学生施展才华提供了机遇;另一方面也给刚走出校门的大学生带来了挑战,转变就业观念,树立自信心,从现在开始着眼于自身素质的提高,拓展自己的发展领域,提高自己的语言素养,是求职成功人生发展的当务之急。语言是我们提高素质、开发潜力、驾驭人生、改造生活、追求事业成功的无价之宝,是通往成功的必经之路。有技巧和智慧的语言是求职应聘成功的重要桥梁。

世界上最伟大的销售员,连续12年荣登世界吉尼斯纪录大全的世界销售第一的美国著名的推销员乔·吉拉德曾经说过:"人生只做一件事情,那就是推销你自己。"推销无处不在,推销不仅仅局限于对产品的销售,在供需见面的前提下,求职就业实际上就是自我推销。想要成功就业,首先需要拥有推销自己的口才,即求职口才。求职口才是指在求职过程中,求职者运用准确、得体、恰当、巧妙、有效的口语进行语言表达所传递出来的一种才能。求职口才是一门艺术,它可以让求职者灵活运用语言表达技巧,巧妙规避面试中的陷阱,趋利避害,恰如其分地表达自身的优势,从而获得求职的成功。这种才能不是天生具备的,它是需要进行系统严谨以及不畏艰辛的训练才能习得。

(一)求职口才技巧训练

求职中,无论是行政事业单位还是公司企业都会进行供需见面,并需要双向选择。行政事业单位多采用结构化面试的方法,一些特殊的职业会对专业技能进行单独考核,比如应聘教师岗位,一般会采取笔试＋面试。笔试以破解高考题为主,面试分为说课或讲课再加现场提问的环节。公司企业的面试更注重考查求职者的综合素质、求职者的性格特征以及今后的发展潜能。但无论是应聘何种岗位,都需要将习得的专业知识、工作经验、自身优势等转化为有声语言,在极短的时间内获得面试官的青睐以及应聘单位的认可。

口才的训练不是一蹴而就的,同样求职口才的训练更应该早日提上日程。求职口才训练,可分为长期和短期两种方式。长期训练包括普通话训练、语言表达的流畅度训练、语言表述技巧训练等,长期训练需要在职业生涯规划时就做出计划,并坚定不移地执行,大学生可以采用晨读的方式坚持进行。短期训练是在长期训练的基础上,重点针对某一应聘求职的工作岗位,进行有针对性的训练,具有实战性和暂时性的特点。它是在长期训练的基础上的一个战略性的提升,通过一定的方法和途径在短期内达到目的和效果。对于短期求职口才的训练而言,最基础的训练就是建立表达者的逻辑性和条理性,换句话说,实际上是对思维的训练。

1. 叙事逻辑训练

叙事的方法可以用"七何公式"和"五何公式"来练习,所谓"七何公式"是指叙事中的七大要素:何时、何地、何人、何事、何因、何果、何观。比如我们常听到的交通报道就是由这七大要素构成,它能在简短的语言表达中清晰明了地讲清楚事情的来龙去脉,蕴含较大的信息量,其优点在于叙事严密,逻辑清晰。

案例欣赏

交 通 报 道

2010年2月1日11时40分,江口县闵孝镇新岭村305省道85号桩处发生一起交通事故,事故的原因是一辆大货车和一辆本田小轿车相撞,造成2人受伤。事故发生后,江口县及石阡县两地人民政府即率相关部门赶赴现场开展先期救援处置等工作。在此提醒广大司机朋友,一定要小心驾驶,尊重他人生命。

案例评析: 在这则交通报道中,紧扣了七大叙事要素,因此表述清晰明了,用语简洁,实现了最大限度的用简短语言蕴含最大信息量。在我们日常的运用中,实际上可以省掉其中的何因、何果成为"五何公式",那就是何时、何地、何人、何事、何观。掌握了这五大要素可以让我们在求职中灵活组织和表达运用各种叙事性语言。

案例欣赏

"作为一位女生,为什么要选择学习生物专业?"

对于生物专业的选择,源于一个我小时候的故事。小时候,邻居家的弟弟曾问我:"姐姐,人是由什么组成的?"这个奇思妙想的问题,激起了我对于生物学最初的兴趣,随着年龄的增长,我阅读和学习了生物学的相关书籍,逐渐地确定了我的人生目标和理想,于是在高中毕业填报大学志愿的时候,我义无反顾地选择了生物专业,经过大学4年生物专业知识的学习,我了解到细胞是人体的基本组成部分,人的生命活动离不开细胞。而我在4年期间学习的生物知识当然不止于此,在大学4年期间,我主要有以下3点收获……

案例评析: 在这个案例中,考官的提问貌似普通,而实际上却带有一些质疑的成分,因此如何巧妙转移话题,顺理成章地推销自己显得尤为重要。而这位女性求职者运用"五何公式",通过讲述小时候的一段成长故事顺势导入对自我优势的介绍中,不仅逻辑清晰,说理透彻,而且还富有温情和智慧,体现了一位应聘者的临场应变能力。

2. 叙事条理性训练

我们常常遇到这种情况,那就是在日常的闲聊或者在和朋友的交流中,绝大部分人都能口若悬河,滔滔不绝;但是一旦到正式的场合,要么声音变得很小,要么说话前言不搭后语,或反复重复,或时断时续,感觉头脑一片空白,无法回忆自己的表述,更有甚者出现全身冒汗、嘴唇发青发紫的现象。出现这种情况,一方面是因为自信心的缺乏以及平时在语言表达能力上训练不够；另一方面是因为在表达的方法上没有掌握到分条理表达的技巧。自信心的训练这是需要长期的积累才能够达到的，而方法的掌握却可以通过教学获得。就条理而言，实际上只需掌握条理表述的方式：数字＋标题＋内容，以及掌握几种逻辑关系：总分、分总、总分总，加强训练就可以达到。

🎧 案例欣赏

"除了简历上的内容外，你还有哪些优势？"

除了简历上的个人情况之外，我还想通过"一等奖""两创始"和"三特长"来介绍自己。首先说一下"一等奖"。我在今年4月于某大学举行的第三届全国大学生技能大赛中获得了一等奖，是本院迄今为止唯一一个取得全国一等奖的学生。其次介绍一下"两创始"。大学期间我是两个社团负责人，在图书馆担任中心主任，管理六大部门约200人；同时，我创办了技能协会，管理五大部门。最后说一下"三特长"。第一，我会说，是某市三高校青蓝杯超级演说家，在200名参赛选手中名列第五名。第二，我会写，我是一名网络文学编辑，即将出版的新书获得了"世界华文翼书网女作家"一等奖。第三，我会创新，我获得过省级创业大赛团队三等奖。

案例评析： 大多数求职者都会出现面对面试官重复介绍自荐书上出现过的个人情况的问题，面对面试官的现场提问，一方面需要做好充分准备；另一方面要善于总结和提炼自己的特长。该案例中的求职者运用条理叙事来总结个人特点，沉着机智，取得了良好效果，折服了面试官，获得了用人单位的青睐。

（二）求职口才表达原则

众所周知，在面试中存在晕轮效应，在短则几分钟，长则15~20分钟的面试中，任何一个求职者都不可能向面试官展现全面的自己。而面试官的判断绝大多数都来自与求职者的短暂交谈，从而以求职者现场的回答及反馈为依据来做出决定。这就决定了在应聘的现场，求职者的口语表达必须有所偏重，集中火力，一举突破。

1. 人无而我有的原则

求职者往往有一种心理，即不愿意让面试官看到自己任何的不足。有的求职者一旦在求职过程中被问及为什么没有奖学金，为什么没有担任过学生干部一类问题时，瞬间的反应是找借口来弥补不足，于是常常会回答"奖学金评比不公平、同学对我有偏见"等为自己开脱，而这类回答恰恰是面试官最不愿意听到的答案，因此往往会让求职结果事与愿违。实际上，面试官非常清楚世界上没有任何一个人是完美的，更没有任何一个求职者是完美的，面试官想要看到的是在众多求职者中与众不同的你，因此在日常学习中培养和发展自己的特长，在面对求职中努力发掘和凸显自己的特长，寻找到自己的独特之处，大胆地自我推销，提高求职胜算概率。

需要注意的是，虽然求职进入买方市场，但是求职中的自我推销绝不等同于产品推销。对人才的推销，更不是小商小贩类的缠人廉价式销售。它要求我们必须在面试前做好充分的准备，透彻地分析和认识自己的优缺点。求职前不妨先自问：与其他竞争者相比，我最大的长处和特色是什么？哪些是我在大学期间做得最好的事情？我目前具备什么样的专业技术、知识？先对自己进行全面的了解，再针对相关的招聘岗位进行衡量，最后选好时机，有备而来，志在必得。

案例欣赏

"我的特长不仅仅是书本知识"

大学生小张到某家公司面试，该公司以毕业生工作经验不足为由进行了拒绝，但是小周不卑不亢，从容不迫地说：如果能将所学的专业和职业结合起来是一件幸福的事情，但在现实中并不一定能够实现。而我的优点在于可塑性较强，喜欢尝试新鲜事物，我的特长不仅仅是书本知识，而是——我曾经发表过一些文章，可以搞企业宣传的工作；我做过大型的校内活动，可以进行公司的广告宣传和活动策划；我心理素质较好，抗打击能力强，能够从事销售工作，而且我较为擅长人际交往，可以为公司做业务。老总一边听，一边点头，最终决定破例留下这名大学生。

案例评析：在校期间，努力发掘培养自己的特长，求职之前，认真思考自身优势与应聘岗位之间的关系，在推销自己的过程中，巧妙地在自己的特长和应聘的工作之间找到着力点、相关性，凸显自己的求职优势。

2. 标新而不过的原则

从古至今，出其不意，与众不同，总是容易被引起注意。面试不能过于谦虚，太过谦虚，面试官发现不了你的优点和特长，甚至还会觉得你缺乏自信，面试时要以正确的心态去把握机会。在进行自我推销时，适当抬高自己，获得面试官的好感是必要的。但道理固然如此，如果矫枉过正，过分追求标新立异，反而会拖累自己。标新是为了抬高自己，而抬高自己不等于自吹自擂，炫耀自己。恰到好处的突出自我优点，展现自我特长，不等于吹牛。但是一定要注意把握说话的分寸，不要给人一种华而不实的印象。有一位大学生一路过关斩将，进入最后一轮面试，当面试官问他，如果被录用，你认为能为公司带来多少销售额？在其他求职者尚未开口之时，他不假思索地回答道：以我的能力，起码能在现在销售额上翻上两番。就在他认为自己一定会被录用之时，最后却被淘汰。淘汰的原因在于用人单位认为他过度炫耀，夸大其词，难以相信。

案例欣赏

谁能成为销售经理

几个求职者同时去应聘销售经理的职位，甲说自己在这个行业干了 8 年，关系广泛，网络庞大，朋友遍天下，只要自己一发话，没有办不成的事。乙说，自己口才十分了得，多次应邀出席各种论坛，某某名人对其评价甚高。丙平静地说我仅有 2 年的工作经验，也没有口吐莲花的口才，但是我带来了对新工作的设想和计划方案，以及我 2 年来在原公司的销售业绩。最后，丙被录取了。

案例评析：标新而不过度，自我抬高而不夸耀，掌握好求职口才表达的度，才能促使成功早日到来。

3. 诚恳而不迂腐的原则

自我推销不仅是一门艺术,更是一种智慧,要讲究方法的有效性与合理性,设计要独具匠心,才能达到很好的效果。在求职中,必要时,可以用一点小技巧去获得别人的信任,或以一些小方法来弥补自己的缺点,从而取得成功。

这些小技巧有3种表现方式:第一,以虚掩实。为了谋求一份理想的职业,在推销自己的过程中,可以利用自身的优势去求职。曾经有一位学习计算机软件工程的大学生,为了谋求一份英语翻译的职业,谎称自己是英语专业的毕业生。最后"过五关,斩六将",其能力获得用人单位的认可,在签约之时,他诚恳地向用人单位说明情况,并得到谅解,最终成功入职。如果他一开始就以计算机专业应聘,可能连参加面试的机会都没有,为了让自己的实力被认可和欣赏,运用了善意的小技巧。第二,以实掩虚。用人单位对求职者的要求不仅仅是专业技能,还会考量求职者的外在条件,很显然外表靓丽、身高突出的求职者会在面试中占据一定优势。因此对于一些身材条件不是很好的求职者而言,需要智慧地破解这个问题。第三,虚实相间。求职中的语气表达要坚决,态度明朗地对面试官的提问进行回答,说话时要信心十足,有说服力,要抱着一种为应聘单位添砖加瓦、解决其需要的态度。

最后,要注意求职中小技巧的运用一定要适可而止,如果一味醉心于技巧的运用,将会失去求职的最本质的核心,即一定要真诚。

案例欣赏

你很优秀,但是你的身高不符合我们的要求

曾经有一位身高不足1.5米的女性求职者,在求职过程中屡屡因为身高问题而碰壁,在多次碰壁之后,她决定不再掩盖和漠视这个缺陷,对于面试官的质疑,她非但不自卑,反而列举了多个伟人的案例,从拿破仑到邓小平,从斯大林到普金,她对面试官诚恳地说道,我相信这样的一句话:"我们无法延长生命的长度,却可以把握它的宽度;无法预知生命的外延,却可以丰富它的内涵;无法把握生命的量,却可以提升它的质。"最后打动了所有的面试官并成功就职。

案例评析: 面对劣势迎难而上,不避讳不自卑,运用语言表达的技巧合理转化劣势为优势,为自己的求职之路添上浓墨重彩的一笔。求职中的语言表达和组织需要真诚而有策略,求职者可以多向有经验的师哥师姐们学习。

三、课堂实战练习

【训练一】 请运用求职相关知识评析下列案例,并尝试在生活中运用。

(1)寻找下列叙事缺少的表达要素,并分析出现沟通障碍的原因,请尝试改正。

甲:今天我想请你吃饭?

乙:哦,谢谢!

甲:你想吃什么?

乙:都可以。

甲:那我们吃牛排吧。我已经订餐了。

乙：也行。

甲：那我们下午见。

乙：哦，晚上我要加班，来不了。

甲：……

乙：……

（2）结合所学知识分析并学习下列案例的表达特点，并寻找身边事例进行模拟表述。

昨天早上 8 点，北京四环太阳宫至望京桥附近，一辆大客车与水泥罐装车相撞，据统计，因冻雨致路面湿滑，共发生交通事故 12 起，涉及 40 多辆车，共造成 4 人受轻微伤。事故全部采用简易程序处理，至上午 10 点，道路恢复通行。在此提醒各位司机朋友，要小心驾驶，注意安全。

【训练二】 条理表述。

（1）请从语言表达上分析下列求职者失败的原因，并尝试运用条理原则进行修正。

某单位面试现场，招聘人员问一位应聘者："你觉得自己有什么缺点？"这位应聘者马上回答说："我工作过于投入，人家都说我是个工作狂；我是个急性子，为人古板，喜欢坚持原则，所以比较容易得罪人，但是只要跟我相处久了，习惯了就会了解我；我朋友很多，善于交际，这个与我大方、外向的性格有关，但是有时候又比较容易被人情拖累……"

（2）请从语言表达上分析下列的表述有什么特点，在生活中找出类似的例子进行练习。

同学们，这节课我们一共学习了 3 方面的内容，第一方面是西周的发展脉络，主要通过时间轴的方式来呈现的；第二方面是西周灭亡的原因，从政治、经济等角度做了详细的分析；第三方面是对西周灭亡的评价。通过运用不同的史观，我们可以得出不同的结论。以上就是我们这节课主要的学习内容。

（3）请运用条理公式，分析一下自己有什么优点，并运用相应技巧来大声表述。

【训练三】 训练活动。

（1）运用"五何公式"，围绕与求职的相关话题进行即兴演讲。

（2）运用条理公式，围绕求职相关话题进行模拟答问。

第二节　求职实战口才训练

一、教学案例导入

自我介绍决定求职成败

各位尊敬的考官，下午好！

作为国内住宅地产经纪、金融按揭服务和商业地产服务方面领跑者的链家房产公司，能给我这样一次面试的机会，我觉得非常的荣幸。那么，我希望接下来的自我推销，不会让你们失望。

我是周琳琳，是××学院 2014 届毕业生，应聘贵公司销售一职。为了成为一名合格的销售员,在校期间我曾做了康师傅兼职促销员,2个月便升任促销督导。另外,办了2年的暑寒假培训班以及周末辅导班,规模达到20几个点位,在校担任学生分会主席期间,牵头组织策划了多次展演大赛、模拟公招、励志成才颁奖晚会等大型活动,这些活动需要的不仅是组织能力,更需要宣传鼓动能力。在学生工作中,曾任学院学生分会主席、礼仪队队长、办公室委员、文娱部干事、舞蹈队队员,以及班里的班长、组织委员等职位,有较强的管理能力、策划能力、交际能力和表达能力。

我认为销售就是把"骗"字圆润化、诚实化。为什么这么说?圆润化就是让客户钻不到你语言的空子;诚实化就是说我们推销内容的真实性,但是要把真实性的强度拉大,让人一听,就是那么一回事,俗称"神乎其神"。另外,还要讲究心理战术,这心理战术就是要让客户觉得你是他那一边的,始终在为他考虑。

希望贵公司能提供一个让我发挥专长的平台,我一定会竭尽全力地在工作中取得好成绩。以报答贵公司对我的信任,谢谢!

案例评析:这位同学不但具有销售工作的实践经历,同时也具有组织策划能力,但是在人才市场却屡战屡败,她百思不得其解,通过多方了解后来终于得知她认为销售就是"骗"的观点着实"雷"到了应聘单位,谁也不敢聘用"骗子",所以百般纠结之下,所有单位都选择了放弃。在求职过程中,不但要会说,还要善于说。

二、本节知识要点

(一)在微笑中开始求职面试

求职面试是求职者与面试官之间的交谈,而交谈是一个综合而科学的技艺。在交谈中,我们首先是通过视觉来观察和感知对方,目前而言,面试形象的重要性已经得到求职者的普遍认可,但是求职者却往往忽视了无声语言——表情的表达。从心理学上说,如果我们在讲话的过程中毫无表情,那么对方只能接收你信息的25%;如果我们能配合生动的描述,再配以恰当的手势、动作,其信息的接收率会高达75%以上。面试就是一个自我推销的过程,如果你的语言信息不被认可和接受,其实也就意味着面试的失败,因此面部表情是交流中的第一要素,在丰富的面部表情中,最高级的表情语言则是微笑。

微笑是眼睛、眉毛、嘴和面部动作的集合,是最美好的形象。在深受广大同学喜欢的韩剧中,许多的男女主角都是用他们动人的微笑来博取人们的好感,获得观众的喜欢。微笑可以缩短人与人之间的心理距离,闻名全球的希尔顿酒店凭借的就是用微笑服务来打动每一个顾客,获得了战后发展的黄金时期。而真正能打动人心的微笑也需要注重两方面,一方面是必须发自内心,需要真诚;另一方面是需要不断地锻炼,练就完美的微笑。缺乏第一个条件会给人带来假的感觉;而不掌握练习微笑的技巧,随意为之,则会弄巧成拙,起到反作用。

将微笑形成一种生活习惯,它不仅能让我们不断地成长和坚强起来,更能为我们赢得一种和谐的人际交往环境。同时微笑也能在面试场合中发挥出巨大的作用。请一定记住微笑的原则:真诚!自信!什么样的微笑最能打动我们?那就是婴儿的微笑——那样的纯真,那样的真诚,因此如果我们已经忘记了如何微笑,不妨想一想孩子们的微笑吧!

🔊 案例欣赏

老师请微笑

萧老师,我有点抑制不住自己的激动。我想了好久,想给您提个意见。开学两周了,我发现您上课似乎很严肃,一直板着脸讲话,没有欢声笑语。好些同学都感到有一种重压,原以为很愉快的历史课,而今却使人透不过气来。也许您是位严肃的老师,也许各种社会活动和家务使您劳累。但不管怎样,我们还是要说:老师,请您多一点微笑。微笑的春风会吹开我们这些晚开的花朵!再说,笑会使您驱走烦闷,增进健康。而您的健康更是我们坚持学习的基础和保证。萧老师,为了您的健康,为了您的工作,为了我们——您的学生,请您面带微笑,让微笑滋润我们求知的心田……

案例评析:微笑是最好的语言,在生活中不要吝惜微笑,在工作中不要忘记微笑,而在求职中微笑更是一张展现自信和获得好感的重要的表现。微笑是面试中绝对不可或缺的,而且不能看到主考官才笑,最好是在敲门前,笑容就已经在脸上准备好了。从踏入面试场合的那刻起,就要保持好心情参加面试,时时保持嘴角上扬的微笑曲线。

(二)以妙解姓名留下深刻印象

名字既是我们重要的社会符号,也是父母给予我们的第一份人生礼物,更是面试场合中开口的第一句话。名字代表了个体的某种存在,有时更是机会的所在,因此应该将名字深刻地留在面试官的脑海中。但是在名字介绍中不要出现负面信息,比如,"大家好!我叫陶学易,就是喜欢逃学,逃学容易"这样的介绍可能会博取大众一笑,但是很有可能会留下负面的暗示信息,反而得不偿失。

此外,姓秦的,不要用秦桧;姓汪的,不要用汪精卫。此外,介绍名字男女有别。男生在拆字的时候尽量用具有男子汉特色的要素。比如,姓杨不要用杨玉环、姓李不要用李清照等女性名字;反之,女生在介绍名字时,也尽量不要用男性特色较强的要素。比如如果女生的名字中有强、勇等字,在解构时就要注意,不要给人带来僵硬、强势之感。

据统计,记住他人的名字理论上讲只需 0.5 秒。如果能让面试官迅速记住你的名字,无异于给自己多了一个胜出的可能性。介绍名字可以运用重音介绍法和拆字介绍法。为了让面试官迅速记住求职者的名字,可以参照以下范例。

第一类,简洁类名字。这类名字的特点是简单、明了。比如,王勇、王强、周丽之类。这类名字的介绍方法,一般可以采用重音介绍法。注意停顿和重音的把握。

第二类,意境式名字。这类名字的特点是容易根据字面的组合,形成一幅有意义的画面。针对这类名字我们可以采用图画介绍法。比如,江明菊这个名字,在应聘或者演讲等正式的场合我们可以这样来介绍自己:"大家好!我叫江明菊,是来自长江边上的一朵明亮的菊花。"在人类对于文字和图画的记忆规律中,对于图片的理解和记忆要明显强于文字。

第三类,谐音类名字。这类名字的特点是名字本身就是一组谐音词。比如,肖利华,具体方式可以参考以下范例:"大家好,我叫肖利华,各位也可以叫我小梨花。"以此类推,只要寻找到自己名字的谐音特点,都可以尝试。

第四类,典故类名字。这类名字的特点是名字本身有出处,要么出自经典文献,要么出自古典诗词。因此,这类名字本身就有一定的内涵,一般而言,不用再特意拆解破坏其结构。比如,"大家好!我叫陈琪文,古语有云:奇文共赏之。我愿意与大家共赏天下奇文。"

第五类,生僻字类。这类名字,由于采用了汉字中不常使用的生僻字,优势在于避免了重复率,但是由于普识度不高,所以会造成认读困难,因此,在介绍中如何化繁为简就显得尤为重要了。比如,张垚、周淼等,对于此类名字,要么采用拆分法,要么直接谐音化。先让听众记住其名字的发音,然后再及时说明具体写法。

案例欣赏

毛冯的典故

一位学习中文的叫毛冯的女孩子,其名字是父母姓氏的组合。为了让名字更加响亮,在求职的场合,她是这样介绍的:"大家好!我叫毛冯,古有毛遂自荐,得出使机会,成就奇功;后有冯唐易老,感慨英雄迟暮。希望各位老师能给我一个自荐的机会,我一定会认真把握。"

案例评析:对于一些虽然无特殊含义,但是却能与典故结合的名字,毛冯就属于这种情况。她这样的一番介绍,不但结合了历史上有名的典故,而且还切合了该名同学中文专业的特点,有力地展示了自己的学科优势与文学特长。

(三)以逻辑清晰的自我介绍赢得成功

自我介绍是求职中为自己赢得完美第一印象的关键环节,因此为自己精心准备自我介绍,既是对面试官的尊重,同时也是对面试机会的珍惜。

有机会进入面试场,实际上就意味着你的面试已经成功了50%,剩下的50%就看自己的把握了。自我介绍的准备可以说是一个长期的过程,从宏观上讲,从大家进入大学的那刻起就在为求职自我介绍做准备。从微观上讲,自我介绍是由一定科学的方法来构成的。

先讲宏观,自我介绍是对大学生活和经验的一个浓缩,在短短1~3分钟之内,是对自己大学生活的一个总结和一些片段的梳理,有什么样大学生活就有什么样的自我介绍;而从微观来说,自我介绍包含3个方面,分别是经历、经验和作用。这3个方面是有逻辑线索联系的,比如大学期间的主要经历是什么,通过这些经历给我们带来了什么样的经验,而这些经验又有什么作用。

在这3个方面中,经验和作用较为重要,特别是作用。道理很简单,因为用人单位要的就是你能给它带来什么作用,没有任何一家用人单位愿意聘用一位吃白饭、无能力、不做事的庸人。理解了这些原则,就要求我们一定要提前准备一篇自我介绍,要反复修改并且烂熟于心,随时随地、随手随口都可以清晰明了地叙述。只有这样,在求职的环境中才会应用自如。

案例欣赏

(1)销售类职位自我介绍。

从自我介绍走向成功

各位尊敬的考官,下午好!

我是周琳琳,是××学院2014届毕业生,应聘销售职位。首先感谢链家房产公司能给我面试机会,我感到非常的荣幸。我非常喜欢销售工作,在大学期间,我非常注重对自身销售能力的训练,我曾在南充市的家乐福超市的"康师傅"专柜兼职做过2个月的促销员,由于工作能力突出,2个月便升任促销督导。

为了获得更多的工作经历,积累经验,我还创办了中小学生暑假培训班,在2年的时间里,通过努力,现在已经将我的寒暑假培训班以及周末辅导班的规模发展到了20几个点位。在办培训班的过程中,我展示了自己的销售的能力,同时,也感受到了销售的乐趣,并愿意从事销售工作,从而树立了我想成为一名优秀销售员的目标。

除此之外,我在学校还曾担任过学生分会主席、礼仪队队长、办公室文员、文娱部干事、舞蹈队队员,班里的班长、组织委员等职位,我是一个综合能力较强的人,我和大家一起,曾牵头组织策划过南充市五高单位历史剧展演大赛、模拟公招、励志成才颁奖晚会等大型活动,这些活动的承办与策划,不仅锻炼了我的组织能力、合作能力,而且还让我从中感受到了团队协作的重要性。

我个人认为作为当代大学生,我们不仅需要知识,更需要能力。因此,希望贵公司能提供一个让我发挥专长的平台,我一定会竭尽全力地在工作中取得好成绩,以报答贵公司对我的信任,谢谢!

案例评析:在周琳琳同学的求职经历中,不当的自我介绍导致她屡屡受挫。这是她经过调整,掌握了自我介绍的诀窍后,经过反复打磨和修改所做的一次成功的自我介绍。她很快应聘上了一家外资企业,从事了自己喜欢的销售工作,并不断创造业绩来得到公司的认可,很快获得了"销售之星"的称号。

(2)教师类职位自我介绍。

尊敬的各位领导、老师:

你们好!

我叫张婷,弓长张,婷婷的婷。来自××师大历史文化学院,是一名应届研究生。我今天应聘的岗位是中学历史教师。

成为一名教师是我的人生理想,为了实现理想,我已经在历史教育专业上坚持学习了6年。在本科和研究生阶段,由于成绩优秀,我一共获得过7次奖学金,以及××师大本科"优秀毕业生"和"优秀研究生"等荣誉称号。

此外,作为一名教师除了需要专业素养的提高外,还需要苦练师范教学技能。在本科阶段,我获得了校实习生课堂教学比赛"第一名"的成绩。研究生阶段,在2015年11月,通过层层筛选,我成为参加首届全国高校教育硕士学科教学技能大赛的选手,我的教案获得了"优秀教学设计奖",在比赛中,所讲授的《太平天国运动》一课获得了全国"三等奖"。

除了学科知识与教学能力的训练外,组织能力与管理能力的提高也非常重要。在校内,我担任过第一、二届图书馆文献助理,参与策划、组织了××师范大学第一届"世界文化"艺术节系列活动。校外,参与了南充市档案局关于南部档案测量和拍摄工作。这些工作经历提高了我的组织管理能力、团队协作能力、沟通交流能力。培养了我严谨、耐心、认真、踏实的工作态度。

通过这些经验的积累,使我坚信,在今后的教学中,我一定有能力管理和组织好我的班级,做一名合格的班主任。

我相信通过大学 4 年以及研究生 2 年的学习,我所掌握的教学技能及所具有的综合能力一定能够胜任贵校的历史教师。请各位领导老师给我一次机会。谢谢!

案例评析:张婷同学作为一名研究生来求职教师类岗位,具有一定的学历优势。在自我介绍时张婷同学不但凸显了该优势,而且还展现了自己的教育理想、师范技能以及班级管理方面的能力,加上谦逊和流畅的表达,自然在应聘场上游刃有余。

三、课堂实战练习

【训练一】 微笑的练习。

首先,你得准备一面镜子,对着镜子告诉自己,我是最棒的,我充满了自信。其次,向左右两边舒缓双眉,舒缓面颊,舒缓嘴角。最后,嘴角向上轻轻外翘,可以对着镜子说"颖",请记住一定是上声练习。在练习中,不要机械地认为一定要露出八颗牙,只要觉得是自己最好的笑容就很好。也不要受到误导而认为一定要咬着筷子练习,如果那样尝试,你会发现自己的口水会止不住地往外流。

训练:找到了正确的方法之后,请每天坚持练习。

【训练二】 挖掘名字内涵。

请认真观察并思考下列名字,寻找名字的特点,运用名字介绍的方法进行设计。比如,周丽、王艳、张芳、周意嘉、王紫薇、刘旭东、吴招霞、刘艺、张起立、万学易、石宝洪等。

训练:通过训练寻找名字的特点和规律。

【训练三】 自我介绍的修改。

尊敬的老师:

您好! 王者之风,志在千里。我是来自教育学院 2010 级小学教育 3 班的王××。首先,感谢领导和老师能给我这个面试的机会。在上大学之前,我的班主任告诉我,一定要苦练教师技能。我一直谨记着这句话,为了提高教师技能,大学期间努力学习小学教育专业知识,获得了国家励志奖学金、特等奖学金、一等奖学金、二等奖学金若干次。为了提高自己的口语和写作能力,通过多次参加大学的演讲赛,提高了自己的表达能力。工作上,担任班级团支书 3 年,和其他班委一起为班级、同学、老师服务,并领导其他班委一同成功申请到优秀团支部、优秀文明班集体荣誉称号,受到领导、老师、同学的一致好评,并被评为××师范大学优秀团干部,提高了我的人际交往和沟通能力。在综合素质方面,我积极参加各种活动,获得多项先进个人。尤其在演讲赛方面,我获得校"青年与国防"演讲赛一等奖、校"第十六届非英语专业英语演讲赛"二等奖,此外,在校征文活动中也有不错的成绩。我相信机会垂青准备好了的人,我已经准备好了,希望贵校能给我一个机会,我深信,我不会让大家失望,我能做得更好! 同样,我也深信,选择我,贵校也将是最明智的伯乐。最后,不管贵校是否选择我,请接受我最真诚的谢意,祝贵校事业蒸蒸日上! 谢谢!

问题:请运用所学方法寻找上面自我介绍中的失误和不妥之处,并作分析和修改。

【训练四】 运用名字介绍方法,模拟面试场景进行名字介绍。

【训练五】 运用自我介绍的方法,模拟面试场景进行自我介绍。

第三节 求职完备口才训练

一、教学案例导入

面试官错了吗

在一次集体面试中,有位面试官对所有面试者提了一个问题:请讲一下,你们最讨厌的一个历史人物。所有的求职者都逐一进行了回答,轮到最后一个求职者时,他"语重心长"地说道:"尊敬的面试官,您错了。您不应该用讨厌和喜欢来单纯地评价、衡量历史人物……"面试的结果是他首先被淘汰。

案例评析:该案例中的求职者被淘汰,在许多同学看来都认为是求职者丢了面试官的面子,面试官显得不够大度。然而仔细分析却发现,面试提问的角度和求职者回答的逻辑根本不在同一思维上,是典型的答非所问。求职过程中,听答问题是非常重要的考量环节,要想答好面试官的提问,除了能说会道外,还要以听懂提问为前提。

二、本节知识要点

(一)求职倾听技巧

在初期的求职过程中,许多求职者虽然获得了面试的机会,但是往往在问答环节折戟沉沙。高压的问答环境,往往导致求职者出现两种状况,一种是大脑一片空白,多次"不知道";另一种是不假思索,滔滔不绝,油嘴滑舌。甚至有的求职者在被"问烦了"之后还会爆发出强烈的负面情绪。究其原因在于根本没有听懂面试官的提问,要么答非所问,要么不知所云,两种情况都是面试中的大忌。在求职过程中,为了理解面试官的提问意图,你需要去听取有效的信息。请注意在表面上听是一种声音的传递,而实际上要做到听懂,还需要开动脑筋对信息进行加工处理。即听见不等于倾听,听到不等于理解。求职中的倾听自然有其特殊的要求和技巧。

1. 做好倾听的准备

做任何事都需要"备战",倾听也是这样。积极倾听可以帮助我们快速提高理解、欣赏和判断能力;积极倾听,可以在求职过程中帮助我们快速寻找到答问的关键。求职实际上是一个充分准备的过程,同样倾听也需要准备。在面试之前,要做好倾听的准备,从心理角度讲,事先阅读有关面试单位和岗位的相关资料、背景知识,会帮助你在倾听时保持清醒的头脑,既可以增强你在倾听时的理解能力,也会加快你的理解速度,还可以为答问提供素材。心理上的准备可以让你在倾听面试官提问时更加主动积极。

2. 保持积极的心态

求职是双向选择的过程,面试官和求职者之间并不是对立的,面试官提问并非有意"为难"求职者,求职者也不用把自己放到被"审查"的地位,保持不卑不亢,真诚大方地与面试官一起以问答为桥梁寻找彼此之间的默契,互相衡量彼此的选择。而作为求职者,更应该主动去面对问题,保持精力集中,积极倾听面试官的提问。积极的心态不仅表现在精神上,在身体上也要有所体现,比如与面试官的眼神接触,手势、面部表情,以及对面试官提问的专注度。

此外,求职中的坐姿同样也能反映倾听的态度,不要长久地保持一个坐姿不变化,要轻微地变换姿态,集中精力对信息进行听和接收,尽量完整而认真地听问题,并在头脑中不断地进行判断。听得完整有助于帮助判断,应让快速判断成为你积极听问的组成部分。

3. 听懂言外之意

面试官与求职者的交流,有些时候并不是直接、正面的,而是迂回、隐蔽的。为了更好地考量求职者,面试官会故意释放"虚假"的信号,在提问中隐藏真正目的。这些隐藏的目的本身并没有恶意。只有识破了这些烟雾弹,才能真正理解面试官提问的目的。要想突破重重迷雾,没有捷径可走,那就是要保持冷静,开动脑筋像阅读一样投入地去倾听,让大脑高速运转,积极关注我们所听的每个字。去捕捉面试官所说的每个字、每种想法、每种意思。

案例欣赏

"同学,你来自哪里?"

面试官:"来自哪里?"

面试者:"泸州。"

面试官:"会喝酒吗?"

面试者:"一般都不喝酒。"

面试官:"那酒文化就要在你这儿失传了。你在某公司实习的时候,销售这个职业给你的感觉是怎样的?"

面试者:"累。"

面试官:"没有了吗?"

面试者:摇头。

面试官:"好的,你出去吧。"

案例评析:从问答中,我们可以寻找到一些规律,比如面试官的问题一定不是无的放矢的,它一定是有指向性和目的性的,有的是环环相扣的。当面试官在一个问题上无法继续的时候,往往就会转变方向,从其他侧面来提问,以便多方面了解求职者。而绝大部分的求职者因为没有提前准备,往往在机会面前一再错失。

(二)求职答问技巧

在面试过程中,回答面试官的提问必不可少。而面试官的问题或巧妙迂回,或暗藏锋机,在高压而短暂的时间内迅速明白面试官的提问目的,合理组织语言做到巧解妙答,应对自如则是面试取胜的关键要素。如前所述,答题的前提是听题,听懂题,在听到问题之后,切记不要马上开口作答,应巧妙地留足思考的时间,迅速开动大脑,运用语言,表达的逻辑与条理的方法合理组织语言,做到一击而中,最终获得面试官的青睐,从而成功入职。

1. 用礼貌的话语争取思考的时间

在面试的高压情景下，绝大多数求职者都会在面试官提问后直接开口作答。表面上看似乎没有什么不妥，但是往往因为太过紧张和太过积极而产生很多的失误。许多求职者在离开考场并冷静思考后会后悔万分，或者感到自己答得不满意，没有完全表现出自己的应有水平，有的求职者更是失误迭出、满嘴胡话。作为高明的面试者应该学会在面试官提问后保持短暂的沉默，留下思考的痕迹。但是，这样的思考不能太长，5秒钟左右较为合适，长了会给面试官留下不良的印象。

如果想要赢得比其他考生更多的思考时间，合理运用礼貌用语，在礼貌用语中为自己争取思考时间非常必要。当面试官提问后，思考几秒之后，使用"谢谢""谢谢您的提问"等话语，如果面试官的提问涉及个人问题，诸如大学期间是否谈过恋爱、是否介意公司地点离家太远等，那么可以采用"谢谢您的关心"等感谢用语，看似简单的语言实际上能让求职者比对手多赢得 2～3 秒钟的思考空间。而这几秒钟或许就能令求职者茅塞顿开，迎刃而解。同样，当回答结束后，也要说"谢谢"，既表示感谢，也表示答题结束。有时往往会因此影响面试官对你的印象。

2. 用敏锐的观察组织作答的内容

通过短暂的沉默和礼貌用语的使用可以为自己增加思考问题的时间，但是面试官最关注的依然是答题的内容是否能让自己满意。俗话说"一百个人眼中，就有一百个哈姆雷特"。什么样的回答才能迎合所有面试官的喜好，获得绝大多数面试官的青睐，这就要求求职者除了具有扎实的专业基础、敏捷的思维、严密的逻辑、流畅的表达之外，还得具有敏锐的观察能力。在进入面试场后，要迅速观察考场环境以及判断面试官的喜好。

首先，观察考场环境，主要集中在面试官的座次以及考场的安排上。比如一般而言，坐在关键位置的面试官多为主面试官，主面试官的意见往往可以对面试的结果起到主导意见，判断并迎合主面试官的喜好可能就是求职成功的关键。对考场环境的观察有利于面试者迅速熟悉考场环境，缓解紧张氛围并融入面试情景。

其次，除了判断主面试官的座次外，还需要判断面试官的年龄构成以及性别构成，通过观察年龄及性别可以帮助考生选择表达内容以及兼顾面试官的需求。对于不同年龄层次的面试官，即使针对同一个问题也会有不同的期待和看法。对于面试者而言，观察面试官的年龄结构，投其所好地选择回答内容会帮助面试者增加成功的概率。此外，面试时不必特别紧张，除了积极回答面试官的提问外，还应学会观察和思考面试官的提问目的，从而营造良好的面试沟通气氛。

再次，逻辑清晰，从容作答。在初步分析了面试官的提问之后，迅速提炼面试官所提问题中的核心信息，围绕问题的中心合理组织语言，然后再回答。在答问过程中注意控制时间，一般而言，回答问题不要超过 2 分钟。其理论根据在于一旦超过 2 分 10 秒，容易让听者产生疲惫的感觉，不利于最后的得分。因此一定要合理控制答问时间。

最后，总结归纳，换位反思。面试结束后，一定要进行事后回顾和总结，并根据面试结果分析自己的得失。作为求职者，不管面对什么样的面试官、什么样的求职环境，只要稳定心态、镇定应对，都会向成功迈出更近一步。

案例欣赏

在工作上，你有哪些优点

针对年龄偏大的面试官，应回答："工作踏实，吃苦耐劳。"

针对较为年轻的面试官，应回答："认真负责，创新意识强。"

针对女性面试官，应回答："责任心强，踏实勤奋。"

3. 用批判的思维积累答题的经验

面对面试官的"刁难"，作为求职者是否只能"人为刀俎，我为鱼肉"？答案是否定的，在求职前首先要了解求职岗位单位的背景知识，从而进行面试官可能提问方向的判断，做好充分的准备。即使这样，在正式进入问答情景时，可能也难以避免紧张，这就要求我们首先要控制情绪，耐心专注。特别是当主考官在说明单位或公司背景时，要认真聆听，不时点头予以回应，争取获得好感。此外，学习和分析前辈的答题经验，提炼答题要点，通过不断地总结和整理，一定能让你的面试轻松顺利。而其中有一些问题方向是绝大部分面试单位都会多少涉及的，为大家整理如下。

（1）如何回答关于优缺点的问题。

随着心理学理论的不断普及，无论是政府行政机构还是企事业单位，都日益重视求职者的个性测试，除了在笔试中加入性格测试、EQ 测试的内容之外，在面试环节也会针对个性因素从不同的角度提问，其中最经典的问题就是问求职者的优缺点是什么。

回答优点并不困难，但是回答缺点、自我剖析对于求职者来说显然较为纠结。于是，大家经常采用的方法就是把缺点说成优点。诸如"我的缺点就是没有缺点，太过完美"，我的缺点就是"做事过于认真"，很多毕业生会说"我的缺点是只有理论知识，没有工作实践经验，希望能到贵单位好好学习"。这些回答要么过于圆滑，要么过于"老实"，在答问过程中都不太好。面试单位之所以要问这个问题，在于考查求职者对自身缺点的认识和反思精神，以及判断求职者的"诚实度"。因此，对于自己的缺点不必太过遮掩，也不用随大流含糊其词，重要的是指出自己缺点的同时，还要以乐观的态度来面对，提出积极的应对措施，表明自己有改正缺点、自我完善的信心和能力。同时向面试单位表明自己能够虚心接受别人的批评，而不是故步自封、讳疾忌医。

此外，面对缺点的表述也不能机械迂腐，一个人身上的优缺点都不是绝对的，不同的岗位有不同的要求，有的缺点对某些岗位来说是致命的，而有些缺点和某些岗位联系在一起时，有可能成为应聘者的优势和长处。所以要对招聘岗位的具体要求有所了解，有针对性地分析自己的缺陷和不足。一个人只有做自己所擅长的、适合自己的工作，才能发挥最大的潜能和积极性。

（2）如何回答求职动机问题。

"你为何想到我们单位来工作？"这是求职者经常遇到的问题，对于求职者而言，特别是应届毕业生他们的回答往往是："贵单位是我一直关注和期待加入的，作为一名刚出学校的大学生，我的工作经验还很欠缺，我是来学习的，希望能在贵单位获得更快、更大的进步。"而这种过度谦虚的回答，一般都会被拒之门外。换位思考一下，如果你是老板，愿意雇用一个成熟的能给单位或公司带来价值和效益的求职者,还是愿意雇用一个想来带薪学习的半成品呢?所以回答此类问题时,要兼顾自己的需要和企业的需要,表明自己能为招聘单位做什么,带来哪些效益。

在组织答案时,可以从3个方面进行考虑:即行业、单位、职位。行业可以从整个行业的良性趋势和乐观前景去作答。单位可以从该单位的文化理念和自己的职业规划去作答。职位可以从该单位提供的职位给予自己很多发挥特长的空间和平台去作答。回答这个问题仅仅保持诚实度,比如说出这个职业的优势,诸如教师有假期、医生收入稳定、企业福利好等因素是不够的,必须表现出自己对这份工作所抱有的兴趣和热情,证明自己的能力、特征和岗位之间的匹配。

求职者的求职动机与应聘职位不一定完全匹配,但是求职者可以从中找到一种平衡,在回答中体现出自己的现实需要与工作岗位需要有可以结合的地方,体现出自我价值与岗位价值有互相一致的地方,再结合自己的实际经历来说明问题,就能赢得面试官的认可。在回答问题的过程中,则不必回避自己对物质利益的渴望,但要对其进行升华,要表现出自己强烈的责任心和事业进取心以及自强自立的精神,就有可能获得面试的成功。

在答问的时候,求职者回答问题的口气要平和,说话要婉转,既要谈出用人单位的优势和吸引力,又不给人阿谀奉承之感,既要诚实地表明自己的需要,又要说明自己如何将自己的知识能力和用人单位的业务有效结合,还要说明自身理想如何与用人单位的目标相调节。总之,倘若能对用人单位有关情况做出简明扼要、恰如其分的概括,并能自然表露出自己的思想倾向,最后再来谈自己为何要应聘该单位,这样一定能给面试官留下好印象。

(3)如何回答关于薪酬的问题。

薪酬问题是一个欲说还羞的问题,作为求职者实际上非常希望知道和了解薪酬情况,但是通常却只能说一些"工资不是我首要关注的问题,我只是看重公司给我的这个平台","我想我干出成绩,公司一定会给我相应的报酬"。有的求职者为了迫切地得到一个岗位,甚至说"无所谓,怎样都可以"。这些回答要么比较老套,要么比较虚假,不但不会得到面试官的青睐,有时反而会起到反作用。所以,无论对于刚走出大学的毕业生,还是有工作经验的人,在面试中讨论这个问题时,都不必扭扭捏捏、闪烁其词,但是一定要掌握一定的分寸和技巧。

首先,不要开门见山地讨论薪酬。一开口就谈待遇问题会被应聘单位认为是一个看重利益刺激的人,缺乏对工作的事业心和主动性,会质疑求职动机。其次,提前了解该行业该地区的平均工资水平,结合自己的情况,如自己的能力、生活需要、原来的工资水平等,先划出一个下限。对于没有工作经验,同时又面临激烈竞争的毕业生而言,重要的是一个工作机会,对薪资的要求不能太离谱。最后,如果求职者对应聘的工作非常在乎,那么在讨论薪酬的时候就需要有一定的灵活性。

🔊 **案例欣赏**

薪资与实力

一位专科毕业生打电话到某软件企业咨询,不问公司产品、技术、背景,也不报上自己的名字、专业,以及能做什么,第一句话就问一个月工资多少,对方回答:每月1200元到8万元,你要来面试,交通食宿自理。在坐了1天1夜火车赶到面试地点后,结果却连最基本的编程都不能完成,只好悻悻而归。

案例评析:作为初次就业的毕业生,在所学专业没有优势的情况下,应该不要与用人单位在工资报酬问题上做过多的纠缠,完全可以大方地向用人单位表达一个高姿态:尊重用人单位的工资规则,抱着学习的态度为单位做贡献。而每个用人单位都有自己的财务制度,除非作为特殊人才引入,否则不会为了某一个求职者而改变制度。

(4)女生在面试时,如何面对尴尬提问。

在职位的竞争中,不可否认的是比之女性,男性更有求职的优势。作为女生要想在求职过程中得到理想岗位,除了日常学习更加刻苦努力外,掌握答题的技巧更加重要。在找工作的过程中,面对一些不同于男性的问题,有的看似犹如"鸡毛蒜皮"的小问题,诸如晚婚晚育、办公室恋情、家庭与事业等问题应该怎样去面对呢?

职场中的女性面对的就业压力及工作压力往往大于男性。即使这样,在求职中面对一些无理的提问及要求也要表明自己的态度。不可摆出一副可怜相,乞怜用人单位。同时谈话的内容应保持在一定范围界限内,不谈隐私及敏感话题,要学会适度巧妙地拒绝。

面对各种不同类型的问题,女性应聘者的回答不能千篇一律,在回答问题时要机动灵活,要了解面试官提问的最终目的,找准脉搏,沉着应答,回答问题要有的放矢。例如,你喜欢出差吗?绝大多数女性会这样回答:我现在比较年轻,特别喜欢出差,出差对于我而言不仅是为公司办事,同时还可以作为一次旅行。这个回答,首先就会让面试官质疑你出差的目的,究竟是工作重要还是旅行重要了。该问题的实际目的在于,考查求职者对工作的态度,以及家人对从事这个工作的态度。

案例欣赏

你的优势在哪里

李同学:我个人觉得我的优势很明显,首先在成绩上,我比其他同学都优秀,获得过国家级的奖学金;除此之外,我的个人能力较强,组织过大型的校级晚会;而且我还特别自信,非常适合这个职位。我认为贵公司如果聘任我,绝对是你们最好的选择。谢谢!

张同学:谢谢各位面试官的提问。说实话,能够被贵公司选入参加最后一轮面试,足以证明大家都是非常优秀的。而就我而言,如果一定要与其他几位同学在市场销售这个岗位相比的话,我想可能我具备这样一些优点吧:第一,有一定的销售经验。在校期间经常利用课余时间做很多品牌的销售兼职,并且取得了较好的业绩。第二,做事踏实讲诚信。在做兼职销售员的过程中,有一次公司多给我派送了货物,我卖完之后将货款全部上交了公司,我认为诚信是做销售工作的必备品质。第三,我很谦虚好学。虽然我有一定的销售经验,但是我深知学无止境,特别是销售工作,如果我能有幸进入贵公司,还请各位领导和前辈多多指导我。非常感谢!

案例评析:李同学和张同学在进行求职的过程中遇到了一个棘手的问题,那就是需要现场进行两两"PK"。对对手的评价和对自己的评价都需要一定的技巧与艺术,过度地贬低对手并不能达到抬高自己的目的;反之,还会让面试官反感,认为面试者目空一切、盲目自大,甚至质疑你的个性品质。因此,建议采用先扬后抑的方式,既要突出个人的特点和特长,同时也不能打压和贬低竞争对手。此外,在自我展示语言的组织上一定要围绕应聘的岗位需求进行,这样一定能取得事半功倍的效果。

（三）求职询问技巧

1. 询问要把握时机

面试之后,许多用人单位仅仅只是留下一句"回去等通知",这可能是求职者最不愿意听到的话。作为求职者而言,"等通知"不仅太过空洞,而且等待的过程更是让人煎熬。如果还有需要应聘的单位,是继续应聘,还是等待上一个单位的答复?而作为招聘单位,在面试结束后,都要进行讨论,有的时候还要对面试者进行投票,然后再报送单位领导批复,最后才通知面试者,这个过程可能要等3～5天,因此,求职者在这段时间内一定要耐心等候消息,不要过早打听面试的结果,以免让用人单位产生不好的印象。

但是,这并不意味着求职者只能在这段时间被动地等待。在等待的过程中,还可以做这样的一些事情,比如打电话给主考官表示感谢,这种感谢可以在面试结束后的一两天内,当对方接通电话时一定要自报家门,引起对方注意,同时电话感谢要简短,如果对方没有交流的愿望,记得不要超过2分钟,而且电话中不要过于急迫地询问面试结果,一定要放平心态,这个电话只是为了表现你的礼貌和让对方加深对你的印象。如果应聘单位提供了咨询的时间,那么如果没有收到任何信息,求职者也可以及时打电话追踪反馈,但要讲究语言的艺术。

2. 询问要学会谦虚

在电话询问过程中,因为担心而忐忑,因此很多求职者不擅长询问面试官面试结果。这样的紧张造成的后果就是许多求职者在接通电话后直接询问:"我被选上了吗?"或者"我有没有进复试?"这种问法太过直接,因此很容易被拒绝,且被拒绝之后,连回旋的余地都没有。所以,如果确实很紧张,你不妨先在纸上写好,然后再拨通电话。在询问过程中,一定要保持谦虚,注意礼貌用语。

如果你采用短信询问的方法,一定要注意用语和措辞以及重要的标点符号的正确使用,求职中任何一个细节都展示着求职者的综合素养,而任何一个细节都可以作为成就你以及淘汰你的理由。此外,我们在等待的过程中,务必选择信号好的手机保持通信的畅通。

案例欣赏

为什么录取了李同学

张同学和李同学同时参加了一家公司的面试,自我感觉都不错。公司承诺3天后给答复。但是3天过去了两位同学都没有收到公司的答复。于是他们各自打了一通电话给主考官。

张同学:请问一下,我被录用了没有?

主考官:请问你是谁?

张同学：哦，我是那天参加公司面试的张某某。

主考官：哦，想起来了。我们还正在讨论。有结果了会跟你联系。

随后，挂断了电话。

李同学：王老师，您好！我是××学院的李某某，××月××日参加了贵单位的面试，想问下，我什么时候可以到贵单位签约呢？

主考官：目前还没有确定下来，等确定下来再通知你。

李同学：请问，大概还需要几天？我非常愿意到贵单位工作，希望能给我这个机会。

主考官：你非常不错，这样吧，明天我给你一个答复。

第二天，李同学被录取了。张同学被淘汰了。

案例评析：对面试单位的询问，要讲究技巧，用李同学的问法会留有余地，让面试单位不能马上拒绝你，让自己可以继续询问你想知道的问题。如果对方确实没有签约你的意思，那么他也会委婉地拒绝。彼此也能保持良好的沟通。

3. 询问要放平心态

求职需要低姿态，但是低姿态并不代表没有尊严和底线。如果能够得到对方进一步确定的反馈，或者没有得到想要的结果，不要沮丧，放平心态，不妨写一封电子版的感谢信，在写信的时候，一定要注意信件格式的规范，处处展现出个人素质和文字功底。如果得到反馈，则应感谢对方给予机会，表示自己继续努力的决心；如果拒绝，也真诚地感谢对方当时的认可与肯定，但同时不要忘记询问被拒绝的原因，态度一定要谦虚，希望于对方给予一些指导，有利于你的下一步求职。这样的信件，不必寄希望于对方是否回复。因为说不定这封信也会给你带来另外的一个机会。

三、课堂实战练习

【训练一】 目光语及体态训练。

(1) 重要的目光语

眼睛是心灵的窗户，在与人交谈时，目光应该注视着对方。但是注视不代表直视，更不是许多同学曲解的那样“直勾勾”的眼神。求职中目光的使用是有角度的、有技巧的，最好是面试官的鼻眼三角区，具体来说，可以上至对方额头，下至对方衬衣的第二粒纽扣的位置，左右的目光以两肩为准的方框中。在交谈中，如果要显示出对面试官所谈论的某个话题或者某个点的关注以及兴趣，或者希望面试官多注意自己，那么可以用友善的目光正视对方的眼区，但是切记一定不能直视或者猛盯对方的眼睛，更不能将目光长时间地集中到对方的脸上或者身体的某一部位，特别是男同学面对女考官。有的面试官会给面试者介绍其他的副考官，这个时候一定要注意眼睛要看对方的脸部，但是不能将对方上下地打量。

当我们面对多位面试官时，注意目光要环视四周，表示对每位面试官的尊重，最忌讳只盯着一位面试官，忽略其他面试官，以及目光闪烁不定，给人眉来眼去和满不在乎的感觉。此外，在使用目光语的时候还要注意控制眉毛的动作，不要随便皱眉、挑眉、动眉毛。即使遭遇到不公，有什么不满，也不要摆出噘嘴、撇嘴、努嘴的动作。

当我们面试结束后，想要多了解面试的信息时，可以在询问过程中，耐心地等待对方的回答，并且眼睛朝下看，表示谦恭和恳请。

训练：模拟面试现场，轮番上场充当求职者和面试官，其他同学注意观察和纠正不当的目光语。

（2）要命的抖腿

在求职中，肢体动作的最大忌讳就是反复抖腿，对于抖腿，南怀瑾先生曾这样说道："脚不要抖，这个习气要戒掉……一个人千万不要抖脚，这是一个相，威仪庄重，庄严很重要……"据调查，抖腿是在交流活动中最让人讨厌的肢体动作，它会给人一种心不在焉、毫不在意的心理暗示，在面试中，更会让面试官产生不良印象。除此之外，还有的面试者会出现各种手上的动作，比如反复晃动胳膊，反复敲动手指头、捏手指、搓手等，都可以通过有意识的控制不断地来改进直到让它们全部消失，控制这些动作一方面可以表示对面试官的尊重；另一方面也可以在面试官面前展示自信大方的自我，从而增加获得工作的机会。

训练：模拟面试现场，轮番上场充当求职者和面试官，其他同学注意观察和纠正不当的体态语，特别是注意腿和脚。

【训练二】 认真思考下列案例，帮助该女性求职者寻找最佳答问方式。

面试官："来自哪里？"

求职者："泸州。"

面试官："会喝酒吗？"

求职者："一般都不喝酒。"

面试官："那酒文化就要在你这儿失传了。你在某公司实习的时候，销售这个职业给你的感觉是怎样的？"

求职者："累。"

面试官："没有了吗？"

求职者：摇头。

面试官："好的，你出去吧。"

问题：请大家认真思考并重新设计面试答问。

钱小姐是某职业技术学院的高才生，主学专业为数控，选修文秘，应聘某知名集团公司的文秘岗位，面试中双方谈得非常愉快，快接近尾声时，人力资源主管问她："对你来说，现在找一份工作是不是不太容易，或者说你很需要这份工作？"钱小姐说："那倒不见得。"主管果然就没有录用她。

问题：假如你是钱小姐，该如何回答？

【训练三】 在面试前，可以模拟面试情景，进行角色扮演，一部分同学充当面试官，然后轮流担任不同角色进行模拟面试，或者设置多名考生集体面试。

训练要求：在模拟面试结束后，参与的同学一定要及时总结归纳，并从考生和面试官的角度来分享面试心得。在分享过程中，还要尝试换位思考，从面试官的心理层面思考，面试官希望能听到什么，最后形成文字分析材料。

【训练四】 某师范大学毕业生小英，参加重庆某重点中学巴蜀中学的面试，此为面试答题部分。

面试官1：请你作一个自我介绍。

小英：3位老师好，冬日晴窗、梅影横斜，我是张雪梅，来自某某师范大学历史文化学院,接下来我想通过 3 个方面来介绍自己。

一是一项师范技能。大学期间我一方面努力学习专业知识,先后获得了一、二、三等奖学金;另一方面我通过家教、暑假兼职、高中见习和学校集中实习的方式不断地提高自己的师范技能,在重庆西南大学举行的第三届全国高等师范院校历史专业本科生教学技能大赛中获得了全国说课一等奖。在刚刚结束的成都实习中,我不仅独自承担指导老师 3 个班所有课程作业的批改,而且在他的推荐之下,还给初一和初三的老师上过课。在班级管理中,我创作的朗诵诗歌获得了初一最佳原创奖。实习期间,自己的班级管理能力和师范技能得到很大的提升。

二是两项核心能力。第一,管理能力,我曾担任有 100 多人的学生社团的负责人,并成功地筹建和运行了社团工作。第二,多媒体运用技术。我在课件制作、办公软件和视频剪辑等应用上进一步培养了自己的操作技能。

三是三种经历。即演讲、写作和创业经历,首先,在演讲方面,我先后两次担任听众400 余人的讲座主讲人;其次,在写作方面,大学期间发表了各类文章 30 余篇;最后,在创业方面,参加省级创业大赛的经历进一步培养了自己的写作能力和团队意识。

面试官 1:你觉得你和其他学生相比,最后获得一等奖的优势在哪里?

小英:获得一等奖是我们学校和学院共同努力与付出的结果。具体到我自己,可能最大的优势在于,经过老师们的指导和一次又一次的锻炼,自己在比赛时很淡定,心态较好(老师一边思考一边点头)。

面试官 2:刚刚听了你的自我介绍,觉得你的大学生活过得很丰富多彩。你提到自己在写作,主要内容是什么?

小英:谢谢老师的关心,我写作的主要内容是我大学的学习和旅行,最重要的是记录自己一步步的成长经历(老师微笑)。

面试官 1:你对我们巴蜀中学了解多少?

小英:巴蜀中学是"百强学校"之一,是大家公认的一所名校,对于学习历史专业的我来说,我更关注与巴蜀中学相关的历史,比如周恩来曾在操场上做演讲,林森曾经亲笔题词,以及重庆作为陪都时期大批文人都在巴蜀中学留下了足迹(老师点头微笑)。

面试官 2:你是一个很有能力的人,我们涪陵巴蜀中学初中部作为一个新校区,如果你来了之后发现自己的才能没有办法施展,你会怎么办?

小英(思考之后)回答:谢谢老师对我的肯定。一方面,据我了解,巴蜀中学是一个很重视对老师,特别是年轻老师的培养的学校,我相信贵校会给刚进来的新老师一个适合他能力的岗位安排;另一方面,我是一个喜欢挑战的人,只有在新的地方,才能去学到新的能力,而且,及时适应新的环境本身就是一个优秀的人应该有的能力,不知道我这样的回答老师你是否满意(3 位评委老师都微微点头)。

面试官 1:好的,谢谢你,接下来请关注我们的通知。

小英:谢谢各位老师(再一次鞠躬,关门出去)。

第二天,小英主动找到校方某面试官询问——

小英:老师您好,抱歉打扰您 1 分钟,我是昨天参加巴蜀中学面试的历史老师小英,得知自己没有进入第三轮,想请您给我接下来的面试提供一些有效的建议。

面试官（诧异之后，微笑地回答）：我对你的印象比较深刻，挺好的，真的挺好的，但是这个结果不是我一个人能决定的，这是整个巴南区教委会决定的，你继续加油。

小英：谢谢老师，再见。

问题：你认为为什么小英会失败？失败的原因是什么？如果让你回答，你会如何作答？

附表　求职口才发展性评价层级表

C级	存在下列情况： ① 注意力不集中，不能够准确把握信息，不能提炼面试官考点。 ② 答问条理性不强，缺乏逻辑。 ③ 不能整合相关信息来加强自己的观点，不能清晰表达想要表达的内容。 ④ 情绪波动较大，遇到难题想要放弃
B级	① 注意力比较不集中，不能够准确把握信息，基本能提炼面试官考点。 ② 不能敏捷灵活应对，不能用完整的语言强化自己的观点。 ③ 条理性不是很强，表达不充分。 ④ 情绪不够稳定，情绪易激动
A级	① 注意力比较集中，能够准确把握信息，能准确提炼面试官考点。 ② 表述较为积极，语言组织流畅，用语规范。 ③ 能适当整合相关信息来加强自己的表述。 ④ 谈吐文雅，心态较为平静
A＋级	① 注意力集中，能够准确把握信息，能较好地提炼面试官考点。 ② 应对敏捷，能用流畅的富有条理性和逻辑性的语言表达自己的思想观点。 ③ 能围绕考点进行阐述，清晰地说明答题理由。 ④ 尊重面试官，谈吐文雅，仪态大方，语气谦逊自然。 ⑤ 有一定掌握发言权的能力

自评：

他评：

当前的困惑：

解决的途径：

第八章　职场口才训练

本章核心内容

对于刚刚步入职场的新人,总抱有一丝幻想,认为新的社会身份需要适应,就算自己在沟通方面有什么不足之处,上司和同事都会对自己网开一面,不会影响到工作的开展。但殊不知,在当代社会,要想在职场中取得成功,不仅要会"做",同时也要学会如何"说",甚至在某些时候,"说"比"做"更为重要。

身处职场的很多人,都会有这样的抱怨:自己有很好的创意,却不被同事或上司欣赏;自己在办公室里总是默默无闻做最累最苦的工作,而夸夸其谈的同事却能得到升迁;同时毕业的同学找到了好的公司,遇到了好的领导,只有自己运气差,连找了几个单位都不尽如人意……本章从上下级关系以及平级关系等方面入手,就如何在职场中表达自己,什么时候该怎么说做了详尽的描述,让步入职场的新人们能脱离学生气,并尽早地融入社会。

训练目标与要求

1. 训练目标

通过本章知识要点的学习和具体实训,使学生懂得职场的通用沟通方法,再在此基础之上掌握面对不同的对象时如何进行不同的对话的方法,并通过一些有代表性的实例,掌握在具体情况下应对的方法。

2. 训练要求

认真学习职场口才的相关知识,在训练中积极参与讨论,并利用实习或短期工作的机会,将所学的知识运用到实际情况中去。

第一节　职场通用沟通口才

一、教学案例导入

恰如其分地运用职场口才

青音从一所名不见经传的大学里毕业,由于她能说会道,被一家大型的房地产公司相中,做了一名售楼小姐。在工作了 2 年之后,青音不仅业绩一直遥遥领先,而且在公司里口碑很好,从同事到领导都对她赞不绝口。而与她同窗 4 年的大学班长李楠却一直表现平平,在一家不大不小的公司里勉强工作着。李楠为此很是不解,为什么成绩比自己差那么多的青音能在职场中如鱼得水呢？为此她专门约青音出来叙旧,顺便询问一下个中原因。青音听完老班长的问题之后,轻轻一笑,说:"班长,在职场中除了有能力之外,还必须要具备另一个方面的素质,那就是会说话。对待客户、同事和老板,不同的场合有不同的说话方式,我就是靠着在说话方面投其所好,才能得到大家的认可。"

案例评析: 这个例子说明了一个道理,职场中进行交流离不开良好的口头表达能力,"会说话"就是指在职场中要有口才,口才是职场中走向成功的桥梁。如何搭好这个桥是至关重要的。职场中的人不仅要多读书,充实自己讲话的内容,而且要能正确利用自己的发音器官,把话说得清楚、流畅,并能用它来打动交流对象。职场交际必须充分运用沟通口才技巧,除了前面我们学到的一些技巧之外,还有一些是在职场中运用的通用口才。它能恰如其分地应付各种场合,恰到好处地运用口才更能让你的职场生涯如虎添翼。

二、本节知识要点

(一)初入社会,建立好的印象

1. 职场定位,脱离学生气息

很多同学刚踏上工作岗位,涉世不深。由于初出校门,身上总是会带有在学校里养成的各种习惯。大多数同学都能注意到要改变自己的穿着,脱掉学生装,让自己在外表上和那些工作了一段时间的上班族差不多,这是一个好的方面。但是更多的学生气,确实隐藏在一言一行中,如果不加以注意,一些在学校中养成的说话习惯,就会变成职场上的"陷阱"。

案例欣赏

职场里不要"有啥说啥"

李艳是一位刚刚从美术大学毕业的学生,由于在学校中的专业成绩优秀,所以进入了一家资深的设计公司,这让很多同学都非常美慕。在进入公司的头几天,主管安排李艳将公司以前的成功案例看一遍,学习一下,并让她在3天后的例会上说说自己的心得。李艳非常认真地看完了所有的案例,发现有一些设计过于老旧,也太大众化。她还专门将这些设计摘抄下来做成笔记,并写了自己的意见。3天后开例会,李艳对做过笔记的所有设计都提出了自己的看法,主管都一一地听取了,并对李艳的认真态度给予了表扬。在去卫生间的时候,李艳却听到了主管和几位同事的对话。他们都说李艳初来乍到就咄咄逼人,以为自己是名牌大学出来的就想要显山露水,对前辈们不尊敬。

案例评析: 李艳之所以在主管和同事面前失去了最宝贵的见面分,就是因为她还保留着学校中地说话习惯。以为可以像以前那样在同学和老师面前畅所欲言,可以完全将自己所想的毫无保留地说出来。殊不知,在职场中说话是要"话到嘴边留半句"的,特别是刚去一个公司,在不熟悉环境的情况下,必须更加谨慎地发表自己的意见,做到"三缄其口"。

2. 打破僵局,见面即是朋友

很多人不习惯和陌生人交流,往往他们会表现出一种两面性。在一个陌生的环境中,面对不熟悉的人,就会比较拘谨,透露出一种胆怯的表情。而与自己的朋友家人在一起的时候却非常放得开,甚至有些高调。但这种性格却不适合现代的职场,俗话说"朋友多了路好走",有的时候,主动与对方沟通,利用一些闲暇时间聊天,也许会有意想不到的收获。那么,在一个陌生的环境里,如何才能有效地和别人进行对话,并找到共同话题呢?你可以观察一下你身边的人,看看他们是否有比较特别的地方,比如说女孩子穿着非常漂亮的衣服,或者是有异族风情的配饰,谈论这些细节很可能会立刻吸引对方的兴趣,并以此为开头,就此展开一段话题。同时还要注意,聊天时不要选择一些比较严肃的也比较私人的话题,最好选择节奏感比较轻松明快的,能让双方开心一笑,会瞬时拉近你们之间的距离。同时我们还要注意,在与别人进行破冰谈话时,尽量不要提出一些只能让人回答"是"或者"不是"的问题来。这样等于在剥夺对方发言的机会,要给他人能够展开话题的余地。

案例欣赏

话题不能涉及隐私

菁菁刚刚到一家公司做事,周末时,公司专门为此次的新进员工开了一个欢迎会,希望能让他们尽快融入公司。在欢迎会上,菁菁试着和旁边的部门经理李女士进行交谈。她看见李女士的手包很漂亮,便问道:"李经理,你的包很漂亮啊,是你先生送的吧?""不是,我还没有男朋友呢。"说完,李经理就把头扭到一边去,和其他人聊天去了。

案例评析: 菁菁因为简单的一句话,得罪了李经理。她本来想从女性共同感兴趣的配饰着手展开话题,这个想法是好的,但是在不了解对方的情况之前,最好不要妄自揣度。李经理在面对一个比自己年轻的女孩子的时候,本来就会产生危机感,而菁菁再在其面前提及婚姻问题,就更让她感觉自己是个"剩女",谈话自然就无法进行下去。

(二)善解人意,学会换位思考

换位思考是基本的道德教谕。古往今来,从孔子的"己所不欲,勿施于人"到《马太福音》的"你们愿意别人怎样待你,你们也要怎样待人",不同地域、不同种族、不同宗教、不同文化的人们,说着大意相同的话。工作中,同事之间难免会有摩擦,可能是对工作的意见不同,也可能是因为老板的厚此薄彼。不管是哪一种情况,都需要大家冷静一下,让自己站在对方的角度来处理这个问题,也许就会有一种新的感觉,能够在工作中达成一致。汽车大王亨利·福特说过这样的至理名言:"如果成功有什么秘诀的话,那就是站在对方的立场来看问题,并满足对方的需要。"对于刚步入职场的同学来讲,学会理解别人,学会换位思考,是非常重要的一个步骤。

大家都听说过《触龙说赵太后》这个故事吧。赵国因为形势危急而向齐国求救,但齐国出兵的条件是必须把赵太后最宠爱的儿子长安君送去做人质,这一要求遭到了赵太后的拒绝,任何人的劝说都无济于事。大臣触龙以自己宠爱小儿子为话题入口,和赵太后打开了话匣子。然后用换位思考的方式,劝说赵太后要让长安君为国立功,才能提高他的地位。赵太后果然采纳了触龙的意见,送长安君去齐国,齐国出兵,赵国得以解围。

蹲下来看看孩子的世界

有一位母亲很喜欢带着 5 岁的女儿逛商店,可是女儿却总是不愿意去,母亲觉得很奇怪,商店里琳琅满目、五颜六色的东西那么多,小孩子为什么不喜欢呢? 直到有一次,孩子的鞋带开了,母亲蹲下身子为孩子系鞋带,突然发现了一种从未见过的可怕的景象:眼前晃动着的全是腿和胳膊。于是,她抱起孩子,快步走出商店。从此,即使是必须带孩子去商店的时候,她也是把孩子扛在肩上。

案例评析:大人总是想当然地用自己的角度去看事情,从来没有考虑过孩子的感受。那么在职场中,你是否也只看到了自己的理由呢? 当两个人为了某件事情争得面红耳赤的时候,如果能从对方的角度去想想,或许问题就会迎刃而解。

（三）把握情感,避免喜怒哀乐

1. 多听少说,避免口无遮拦

俗话说,祸从口出。很多时候,意外就是在你不经意间的一句话之后发生的。在办公室里,人多嘴杂,在不了解事情的来龙去脉之前随意发表评论,也许会招来无妄之灾。对于那些喜欢在办公室里嚼舌根的人,最好的方法就是只听不说,甚至为了避免是非,连听都不要听。在一些敏感问题上,千万不要卖弄自己的口才,对道听途说来的事情滔滔不绝,要知道,此时最好的口才就是没有口才。

"八卦"的后果

侯婷婷是公司刚来的小秘书,还没有过试用期,为了和办公室里的同事搞好关系,她总是爱在其他人聊天的时候插上几嘴。果然日子一长,就和几个女同事关系不错,经常一起闲聊。这天,一个老员工神秘地说:"你们知道不,我昨天看见老总和一个年轻漂亮的女孩子手挽手地走在街上。""老总不是结婚了吗?"一个同事接嘴。"哎呀,现在这种事情已经很多了",另一个女同事笑嘻嘻地说着。侯婷婷虽然觉得不是太好,但为了附和大家,她也说了一句:"老总好像有四十了吧,人家不是说,男人四十一枝花吗?"结果刚好被路过的老总听到了,侯婷婷却并没有看到。第二天,老总就带着那个年轻漂亮的女孩子到公司来介绍给大家,原来她是老总在国外念书的女儿。而侯婷婷试用期还没满,就接到公司的通知,不用再去上班了。

案例评析:想要和大家打成一片是好的想法,但是通过"八卦"这样的方式却欠妥。在办公室的生存法则中,最好是远离这样的是非圈。

2. 拒绝抱怨,避免情绪外泄

很多同学在学校里面就有一个坏习惯,那就是喜欢抱怨。抱怨食堂的饭菜不好吃,抱怨寝室的条件不好,抱怨老师的水平不高,抱怨最近的天气不好……如果在职场中依然保持这样的心态,那么可能会影响你的每一份工作。

　　有一个很聪明的大学生,进入一个公司后,看到公司内部存在一些问题,于是总向他人说公司这不好那不好。有时他甚至会向与公司有联络的人说,"公司这样下去是没有前途的!""公司领导管理上有问题……"其他的人都以为他对公司的意见非常大,而领导也逐渐知道了他在外面所说的这些内容,当然最后就被公司辞退了。这个大学生非常委屈,因为他本来希望让单位领导看到自己的能力,想告诉领导自己的单位存在的问题,但结果是他的意见不仅没有被采纳,自己反而失去了工作。最主要的原因就是他不停地抱怨。

　　我们可以看到,一些单位中处于低层的职工,他们大多是充满抱怨的人。有这么一句话:"当你伸出两根手指去谴责别人时,余下的三根手指恰恰是对着自己的。"这句话告诉我们,对别人不要百般挑剔,随意指责,应当学会宽容。我们应该记住,抱怨对事情结果的本身不会有丝毫的帮助,它只能使人更加消极和痛苦。

📀 案例欣赏

不要时时处处抱怨

　　吕燕刚到单位,住在单位的集体宿舍里,几个同事住一间房,水电费都是大家平摊的。后来吕燕买了房,经常不在宿舍住,所以当水电费平摊下来比较高的时候,她心里非常不痛快,就在办公室里一个人抱怨起来:"真是的,她们怎么会用那么多,以前我们 3 个人一起住的时候,1 个月每个人分摊 50 元,现在我都不怎么在寝室里住了,怎么还是 50 元?她们两个人真是越用越多了!"抱怨完之后,心里觉得痛快了,也就不再去计较了。哪知道,过了几天之后,寝室里一个和她关系比较好的同事说,她抱怨的那些话,被同一个办公室里的人讲给寝室里的另一位同事听了,对她的意见很大,认为她是那种对小事斤斤计较的人,对她的态度也非常冷漠。吕燕万万没有想到自己随口几句抱怨,居然会造成这么大的误会。

　　案例评析:要学会控制住自己的情绪,办公室里不是发泄自己情绪的地方,当你用嘴把所有的不满都发泄出来的时候,别人却用心记住了你的不是,无形中你会多很多敌人。几乎每个职场人都知道要处理好人际关系,但往往找不到十分有效的方法。其实很简单,那就是要做到真正地去欣赏他人,要学会从内心深处去尊重他人。要做到这一点,必须能客观地评价别人,能找得出别人的优点。若能客观地发掘别人的优点和真诚地尊重与欣赏别人,那就能在职场中做到游刃有余。一个懂得用欣赏人、尊重人的人会过得很愉快,同样的,别人也会欣赏和尊重他。而抱怨不仅不能让自己的烦躁得到愉快地释放,同时还会让听到自己抱怨的人感到不舒服。

三、课堂实战训练

　　【训练一】 请运用职场通用沟通技巧评析下列案例,谈谈你从中受到的启发。

　　(1) 萍萍由于日语非常棒,幸运地进了一家日本公司,做了一名小职员。一天,萍萍复印完文件回办公桌时,路过公司那条长长的走廊,发现走廊边上有一片废纸片,萍萍手里有很多文件夹,但她还是很吃力地弯腰捡起了废纸片,把它放进了垃圾桶。

　　第二天,课长对萍萍说,老板要找她谈话。老板详细地询问了萍萍的个人资料,然后对萍萍说:"尊敬的萍萍小姐,昨天我看到你路过走廊时,虽然抱着很厚的文件夹,但是仍然弯腰捡起地上的废纸片,并把它放进了垃圾桶。这说明你有着良好的道德。坦白地说,这是我做的一个测试,在经过的 5 个人中,只有你一人走过时捡起了那片废纸片。我深信,良好的道德是做一名合格秘书的首要条件。我的秘书下月要移民海外了,我非常希望你能够担任我的新秘书。"从老板办公室出来之后,萍萍很开心地对课长说了刚才发生的事情,想要和大家分享一下喜悦。大家也纷纷对萍萍表示祝贺,可是萍萍总觉得他们的表情不是很自然,尤其是课长,先是显得很吃惊,但马上又堆满了笑容,一看就知道是装的。

萍萍做了老板秘书以后,还是像过去那样每天都很开心地来上班,很开心地和每位同事亲切地打招呼。可是,大家和她之间的距离却越来越远了,工作也常常会遇到以前没有过的麻烦,而且她发现有时同事们会在她背后窃窃私语。有一次,萍萍在卫生间里偶然听到两个女同事在洗手时说:"你今早看到老板的那个新秘书了吗?瞧她那个飞扬跋扈的腔调,讨厌!""就是那个捡废纸的女人?神气什么,不就是捡了张废纸片吗?谁不会啊。""就是。"听到她们的谈话,萍萍愣住了,怎么会这样呢?

（2）妻子正在厨房炒菜。丈夫在她旁边一直唠叨不停:"慢些,小心!火太大了。赶快把鱼翻过来、油放太多了!"妻子脱口而出:"我懂得怎样炒菜。"丈夫平静地答道:"我只是要让你知道,我在开车时,你在旁边喋喋不休,我的感觉如何……"

（3）有一个年轻的农夫,划着小船,给另一个村子的居民运送自家的农产品。那天的天气酷热难耐,农夫汗流浃背,苦不堪言。他火急火燎地划着小船,希望赶紧完成运送任务,以便在天黑之前能返回家中。突然,农夫发现,前面有一只小船沿河而下,迎面向自己快速驶来。眼看两只船就要撞上了,但那只船并没有丝毫避让的意思,似乎是有意要撞翻农夫的小船。"让开,快点让开!你这个白痴!"农夫大声地向对面的船吼叫道:"再不让开你就要撞上我了!"但农夫的吼叫完全没用,尽管农夫手忙脚乱地企图让开水道,但为时已晚,那只船还是重重地撞上了他的船。农夫被激怒了,他厉声斥责道:"你会不会驾船,这么宽的河面,你竟然撞到了我的船上!"当农夫怒目审视对方小船时,他吃惊地发现,小船上空无一人。听他大呼小叫、厉声斥骂的只是一只挣脱了绳索、顺河漂流的空船。

【训练二】 情景应对训练。

（1）钟鸣初到一个单位,中午时在餐厅和同事一起用餐。他旁边坐着一位女同事,身材比较苗条,钟鸣想要和她聊天拉近关系,便称赞苗条的那位女同事说:"你穿工作装很好看,不像其他的女同事,穿起来要么古板,要么就老气。"女同事出于礼貌,向钟鸣点头微笑,钟鸣继续说:"看你的样子,最多只有二十八岁吧?"女同事听后,则不太高兴,继续埋头吃东西了。事后钟鸣才知道,那位女同事只有二十五岁,刚生完一场大病,身体很虚弱,所以看上去比较瘦,同时脸色也不太好。

问题:钟鸣在这个对话中犯了什么错误?如果你是钟鸣,准备如何找话题与该同事聊天?

（2）一个哲学家在海边看见一艘船遇难,船上的水手和乘客全部淹死了。他便抱怨上帝不公,为了一个罪恶的人偶尔乘这艘船,竟让全船无辜的人都死去。正当他深深地沉思时,他觉得自己被一大群蚂蚁围住了。原来哲学家站在蚂蚁窝旁了。有一只蚂蚁爬到他脚上,咬了他一口。他立刻用脚将他们全踩死了。

问题:如果你在哲学家的旁边,你会怎么跟他说?

（3）小芸是你刚进入这家公司里的同事，你们年龄相仿，性格相近，很快就成为好朋友。小芸有个习惯，老是喜欢挑剔一些事情，并不停地在你面前抱怨。比如早上小卖店的包子不好吃、公交车太拥挤、办公桌对面的男同事老是抽烟……并且她的这种习惯还波及了你，总是试图在你遇到的人或事里挑出刺来，然后帮着你抱怨一番。

问题：针对小芸的这个习惯，你应该如何应对？

【训练三】 与熟悉自己的同学一起，列举出自己学生气的语言习惯有哪些，并讨论可以用何种方法进行改进。可以逐条列表。

附表　学生气的语言习惯及改进的方法

学生气的语言习惯	改进的方法

【训练四】 试着和一位从来没有说过话的老师或同学进行交流，并在交流之后，能保持你们这次交流的成果，和这位老师或同学成为朋友。

第二节　上下级沟通口才

一、教学案例导入

正确称呼自己的领导

张婧刚到一个单位入职，听见大家平日里的称呼都非常随便，很庆幸自己在一个氛围很融洽的单位里上班。她听见其他老同事都叫李主任是李姐，李主任也非常乐意，而自己由于刚来还很生硬地叫李主任，就准备换换称呼。有一天，张婧走在单位走廊上，刚好碰到李主任，她一时有点紧张，想要换称呼以表现出亲密感，结果一开口变成了"李大姐"。张婧看到主任的脸扭曲了一下，什么话也说不出来。等张婧走过去，李主任对其他同事说："她怎么能叫我大姐呢，这个称呼实在太恐怖了。"直到几个礼拜后，李主任还是耿耿于怀，"怎么能叫大姐呢，就算叫声姐姐也比大姐好上几百倍。"

案例评析： 不少人在职场中都遭遇过不知道该如何称呼别人的难题，到底是称呼"老师""老板"，还是称呼"老大""老总"好呢？而同事之间，以什么样的方式来称呼最好呢？职场称呼，运用得恰如其分，可以拉近上下级、同事之间的关系，运用得不恰当却有可能带来不必要的烦恼。如果你是和上级一同"摸爬滚打"混出来的"老人"，那么就完全没有必要在称呼上加上职务，否则反而刻意增加了距离；而如果是普通的工作关系，或是刚进单位的新人，当然还是用尊敬的称谓为好。

二、本节知识要点

（一）恰到好处，与上级有效沟通

1. 主动交流，避免过冷过热

对待自己的上司，一定要注意不能表现得过于生疏或亲热。在不了解上司的爱好之前，最好是按兵不动，仔细观察。有些上司喜欢下属对自己毕恭毕敬，事事都按照自己的意思去做，不能有丝毫的反抗；有的上司则喜欢与下属拉近距离，树立一个对下属亲切的好榜样。但不管是哪种上司，都必须注意分寸，一方面表现出对他的尊敬但不能太拘谨，否则会让上司觉得你初入社会，在人际关系上还不成熟。另一方面表现出对上司的认同但不能过于亲热，在很多时候还是要注意区分自己和上司的身份等级，如果不分场合地和上司亲近，就会让上司觉得你蹬鼻子上脸，在其他人面前充老资格，对他不够尊重。说不定你为此得罪了他还不知道怎么回事。同时，和上司沟通一定要主动，俗话说："你不撞钟难道要钟来撞你"，作为下属，不可能让上司来对你嘘寒问暖。所以在工作中遇到任何问题，一定要主动与上级进行沟通。

案例欣赏

小马的烦恼

今年的应届毕业生小马愁眉苦脸地对自己的好朋友抱怨着。在公司里，他是个人人羡慕的角色，大学刚毕业就当上了"总经理秘书"，成了离老板最近的人。同事们都说他的工作最接近高层，最容易得到老板的欢心，也最容易高升。但小马从小在一个优越的环境下长大，父母都是有钱有势的人，所以向来都是别人讨好他，逗他开心，因此，他根本不知道如何与比自己身份高的人相处。不管怎样下决心，有很多话他都说不出口，哪怕是一些很正常的话。因为在他看来，那都是在讨好上司。一开始上司还对他问长问短，而小马只能有问必答，并没有多说一个字。渐渐地，上司不太愿意和他搭讪了，即使说话，也局限在工作范围内。工作伊始，他和上司的关系就陷入僵局，这让小马非常苦恼。

案例评析：一个人的生长环境确实会造成他性格某方面的缺点。但工作也是一个环境，当融入这个新的环境之后，就应该迅速学会适应。一开始上司可能还会理解小马是新手，不会人际交往。但如果长此以往，小马则会因为这个不起眼的小毛病而毁掉他的好工作。

2. 点到即止，避免越俎代庖

在很多时候，上司都会和你商量工作上的事情，这个时候一定要注意观察上司的言行。如果他是真的不太清楚这件事情，那么你可以轻描淡写地将自己的想法说出来，不露痕迹地提示自己的上司，这样既不会让上司觉得你没有办事能力，又不会让他觉得你太过于能干，可能会超越他，而在以后对你处处提防。而如果自己的上司本身就已经对所问的问题有了自己的想法或者答案，这个时候最好就让上司说出自己的意见，让他能有在下属面前露脸的机会。杨修的故事大家都听说过，就是因为他仗着自己有些小聪明，处处都想表现自己,结果落了个杀头的下场。

案例欣赏

揣测上司心理一定要适可而止

小帆在读书期间就是一个聪明的学生,由于观察力强,他经常能帮老师出谋划策,因此深得学校老师的喜欢。后来他在某机关工作,依旧处处揣摩上司的心思。开始时领导似乎很认可,夸他脑子转得快,有眼力。于是他变本加厉,经常与身边的同事交流领导的想法,预测领导下一个行动,并提前做好准备。但结果出人意料,他逐渐发现领导对自己越来越冷淡,不但不再夸奖,而且经常挑刺,过了没多久,他被领导随便找了理由,就给打发到了一个"空闲"的职位上去了。他很困惑,不是职场里都教人要懂得揣摩上司意图,提前做好准备,以得上司欢心吗?

案例评析:小帆有很强的观察力,这本来在职场上是一个生存的法宝。但是他缺少内敛,不知道什么事情该说,什么事情不该说,总是忍不住揣摩上司的心思,甚至还和同事预测上司的行动。殊不知,上司是最痛恨这种下属的,会让他觉得自己的一举一动都被人洞悉了。这种人在身边就像一颗定时炸弹一样,不知道什么时候就爆炸,所以最好送到远离自己的地方去。

还有一种情况,那就是当上司问到你某个问题的时候,你确实不知道该怎么办时,千万不要脱口而出说:"不知道",这会让上司觉得你平时对待工作问题不认真。如果多次这样,可能你在上司心目中的形象就是你这个人没什么用,那么到公司裁员的时候,第一批被想到的人可能就有你。那么这个时候该如何去应对呢?比较好的方法是,你稍微思考一下,然后说:"这个问题我也考虑了一下,但是思路上不是很清晰,让我整理一下之后给您答复好吗?"这样上司可能会认为你在这件事情上很用心,只是在短暂的时间内用言语表达不出来。那么下来之后,你马上努力地去查查资料,争取能尽早地向上司汇报。

3. 保持中立,避免参与争斗

在职场中,难免会遇到上司之间的争斗。这个时候作为下属,一定要保持中立,一视同仁,不能有意偏向某一边。如果是你帮助的那个上司占了上风,固然能对你的职业生涯有所帮助。但如果是另一方得势,那么你作为他的对立面,则会有吃不尽的苦头。而这个时候如果你倒戈相向,不仅原来的那个上司一方会疏远你,新投靠的这边说不定也会对你嗤之以鼻。

案例欣赏

如何面对上司的分歧

小爱非常幸运,刚毕业就找到了一份待遇不错的工作。由于她年轻肯干,工作能力强,得到了老总和副总的喜爱,他们都在有意无意间对小爱表示了栽培之意。可小爱却听说老总和副总不合,有同事就问小爱到底站在哪一边,这让小爱非常为难。

案例评析:遇到这种情况,小爱应该保持中立。因为只要你中立的身份被表明之后,两边的上司都不会故意冷落你,因为这样只会将你推向他的对立方。所以只要干好本职工作,就不会有人故意来挑刺。

4. 难得糊涂,避免越描越黑

一般来说,上司也会有自己的上司,那么当工作上出现了问题,上面怪罪下来,有可能你就会帮自己的上司承担一些责任。在这个时候,千万不要觉得愤愤不平,据理力争,一定要求一个公平。俗话说,难得糊涂,要知道你在这个时候平心静气地接受一次不公平的待遇,也许就是吃小亏占大便宜。而如果你试图争辩,也许能还自己一个公平,但你在上司那里就再也得不到器重。

📀 案例欣赏

李梦的选择

李梦刚到一家公司上班 1 个月,平日里难免有些小马虎,丢三落四。当一份重要文件丢失的时候,所有的人都觉得,应该是李梦弄丢的。而李梦却清楚地记得,这份文件非常重要,因此拿到文件之后,她只是签收了,然后马上转给了上司。所以她向其他同事解释这件事,结果没人相信她。李梦觉得不应该由自己来承担,因为不是自己闯下的祸,因此又跑去跟老总说这件事。老总听了之后,不但没有调查事情的原委,反而认定文件就是在自己这里弄丢的,这让李梦非常气愤。

案例评析:作为新人,再加上又有"前科",被人怀疑是自己弄丢了文件,也是情有可原的。李梦此时应该积极地帮助寻找文件,而不是为自己所受的冤枉气找公平。老总就算相信李梦没有弄丢文件,权衡她和上司的轻重,也会让李梦继续承担这个责任。在公司里,如果你越过直接领导去找他的上级,或许会弄巧成拙。如果你对更高一级领导斥责自己的直接上司,或许这个上司就是更高一级领导所提拔的,这无异于打了他一记耳光。

(二)尊重平等,让"下级"心悦诚服

1. 体验疾苦,避免高高挂起

我们在这里讲"下级",对于即将走入社会的大家来说,刚到一个单位工作,一般不会遇到下级。所以我们这里谈到的"下级"除了是一般意义上的下级之外,还指那些在工作单位中比自己的岗位差一些的人。我们的一些同学,特别是一些女孩子,往往都想到公司里面去当白领。觉得自己生来就是应该在办公室里优雅地工作着,而对一些体力活的工种,往往看不起。比如说保安、保洁人员、打杂或食堂师傅等。在享受着他们的工作给自己带来的便利的时候,心安理得,更不会对他们一视同仁。如果是这样的态度对待职位比自己低的人,那么永远都不可能成为一个好的上司。因此,当在公司里遇到职位比自己低的人时,更应该主动和他们交谈,并对他们的工作给自己带来的便利表示真诚的感谢。这样无疑会让你在公司里有一个很好的人缘,让大家都觉得你是一个平易近人的人。

📀 案例欣赏

尊重每一个人的劳动成果

一个公司新上任了一位老总,据说他对下属非常严厉,职员们都纷纷猜测。老总上任后,在公司里仔细观察了一段时间,发现清洁工打扫厕所打扫得非常认真仔细。于是一次在开会的时候说:"我们公司的厕所是我使用过的最干净的公用厕所,由此可见,清洁工们工作得非常认真,我认为,应该对他们予以奖励。"然后给清洁工们一人一个红包,后来老总又说:"在座的各位,你们的工作表现我也都看在眼里,只要是努力工作的,都会得到相应的报酬。我平等地对待每一个员工,并尊重每一个人的劳动成果。"于是,士气大振,公司的业绩也越来越好。

2. 掌握分寸,避免过度亲近

在与下属相处的过程中,最应该防止的就是公私不分。很多上司为了让下属"听话",往往喜欢给下属一点小恩小惠,或者是和下属称兄道弟,希望能通过人情让自己的工作好开展一些,但是如果没有拿捏住一个度,往往会事与愿违。那要怎样才能既让下属觉得自己比较亲切,同时又树立起威信来呢?最重要的就是要公私分明。在工作中一定要一丝不苟,拿出当领导的魄力来,不能什么都依从自己的下属。但是在生活中,和下属就可以亲近一些,关心他们,或者关心他们的家人,都会让下属感觉到温暖。

案例欣赏

双管齐下,公私分明

张磊硕士毕业后,为了学到更多的经验,选择到一家小公司上班,由于学历高,老总让他当了一个部门经理,手下带了几个业务员。刚一上任,张磊就感觉到几个工作几年的下属都有些不服气,工作上老是推诿,有时直接撂挑子。于是张磊私下请下属吃了几顿饭,与他们关系混熟了一点,知道老蒋是大家都非常尊敬的老大哥,便有意与老蒋拉近关系,让其他下属感觉张磊也是他们的哥们,亲近感油然而生。但在工作中却非常严厉,雷厉风行,又凭借自己学习到的知识做了几起成功的单子,让下属们佩服不已,张磊的领导威信马上就树立起来了。

案例评析:张磊年纪轻轻就领导了几个在岗位上摸爬滚打了几年的"老油条",被下属看轻是在所难免的。而张磊一方面在私下里注意和几个同事打成一片,并成功地抓住了他们中说话比较有分量的人物。另一方面迅速在工作中做出成绩,让下属知道自己是有真本事的,跟着自己是能在工作中有所收获的,这样就能让不听话的下属对自己心服口服。

3. 及时表扬,避免言语伤害

在某些方面,对待下属就如同老师对待学生一样。任何人都是喜欢听到自己被别人承认,而且越是表扬,他的干劲就越大。所以在对待自己的下属时,一定要适当地表扬,这样才能激发他的积极性,对工作更加认真。同时,即使下属在某些事情上不能达到预期的效果,也不能对其过分责备。毕竟上级和下级只是在工作级别上的分别,在做人上是平等的,特别是不能伤害下属的自尊心,不能说出诸如"你怎么这么笨""活该你一辈子在最低的岗位上做"此类的话语。

4. 仔细聆听,避免扩大事态

要做一名好的上司,有一个最重要的条件就是,一定要会听取下属的抱怨,有的人用

"垃圾桶"来形容上司的作用,上司的工作有一部分就是听取员工的不满,并将这些不满带来的伤害减到最低。的确,在现在这个社会,每个公司肯定都会有让员工不满意的地方,如果不让员工将这些不满发泄出来,很可能就会影响他们的工作态度。同时,如果当一个员工已经向自己的上司抱怨某些事情了,那就证明他忍耐的极限已经到了。这个时候,上司一定要认真聆听员工抱怨的内容和原因。如果真的是因为公司的制度上有不合理的地方,上司一方面要安慰下属,让工作能够继续开展下去。另一方面也要积极地反映这些情况,让问题得以解决。如果问题暂时无法解决,也应该告知员工,公司对此进行了讨论,让员工觉得,自己的意见能引起上级的注意,心中的不快也会减轻很多。

案例欣赏

女职工的抱怨

孙铭是一家纺织厂的副厂长,主管人事。有一天,一名女员工气冲冲地来到他的办公室,说自己家里有个1岁多的小孩,但是最近一季度的倒班出来之后,她发现自己全是夜班。并且整个车间只有她一个女员工是这样的,其他女员工都只有部分时候是夜班,她觉得很不公平。孙铭立即安慰这个员工:"你放心,按照厂里的规定,对家里有3岁以下小孩的女员工都有照顾的。你千万不要着急,我马上查查看是怎么回事。现在还是工作时间,你如果现在不在岗,会被记旷工。你先回去上班,这个事情我一定解决。"女员工听后,心里踏实了不少,想到孙铭说得也有道理,就马上回车间上班了。孙铭仔细地询问了情况,才知道原来办公室新来了一个秘书,对厂里的职工还不是很熟悉,这个女员工的名字比较中性,新秘书以为她是男工,所以就都排成了夜班。孙铭了解原因后,马上让新秘书调整了班次,并亲自通知那位女员工她的新班次。这让所有的员工都觉得孙铭是一个为员工考虑的好厂长。

三、课堂实战训练

【训练一】 请运用上下级沟通技巧评析下列案例,谈谈你从中受到的启发。

(1)李艳是著名服装设计学院服装设计专业毕业的,思维活跃,构思新奇,每一位教过她的老师都认为她是一个很有灵性的学生,以后肯定会创做出很多高水平的作品。毕业之后,李艳进入了一家大型的服装公司。原本以为,这里薪水高,而且设计团队强大,一定能干出一番成就来。但是才工作没多久,李艳就发现她的部门主管不但专业水平差,而且人品也很差,经常借机训斥下属,对上司却奴颜媚骨。

之后有一次,李艳把自己的一份设计样稿拿给主管,希望能得到一些建议,不料主管却把这份设计样稿拿给了老板,并说是他自己设计的作品。李艳知道后难忍心中怒火,直冲主管的办公室责问他。主管说:"我之所以对老板说这是我的设计样稿,是因为这样说老板比较容易采纳。"李艳说:"好,我就去确认一下老板是不是这么没水准的人。"从主管办公室出来后,李艳就直接去了老总办公室。老总听她说完后,笑了笑,说:"我知道了,我很欣赏你的设计构思。不过,你应该学会尊重你的部门主管。"李艳顿时愣住了,难道反而是自己错了吗?

（2）有家杂志社给王洁作专访，出刊后，先送了一本给她，因为写得相当好，图片和编排也很讲究，王洁心想可以送一本给朋友，再多带一本回老家。就打电话给杂志社主编，请她多给自己两本。主编不在，是一位女员工接的。"麻烦你转告主编，我希望多要两本这期的杂志。"王洁对她说。"这个啊，没问题！您派个人过来拿就成了。"女员工爽快地说。王洁立刻派人过去，把杂志拿回来。可是，跟着就接到主编的电话："对不起！王女士，您来电话的时候我不在，杂志收到了吧？我特别多送了两本，一共四本。"停了一下，他又说："可是，对不起啊！我想知道是我们公司的哪位女员工，说您可以立刻派人过来拿。"王洁愣了一下，说："有问题吗？""当然没问题，您要10本都没问题，我只是对工作流程的一种考核。"王洁没有告诉他是谁，据说他还是查出来并给予该员工一个处分。

（3）销售员刘刚刚办一个业务回到公司，就被主管叫到了他的办公室。"小刘，今天的业务顺利吗？""很顺利，今天见了一个大客户，我给他详细介绍了公司产品的性能，并与同类产品的价格对比之后，他爽快地买了50台机器。"刘刚掩饰不住内心的欢喜，兴奋地对主管说道。"不错，但是你觉得客户是否已经完全了解了产品的情况？会不会出现反复呢？要是退货的话，就会极大地影响我们部的士气。""我调查得很清楚，事先我在网上和他已经沟通了一段时间了，对他们公司的情况也非常了解，我还给他发了很多我们产品的数据资料，对方也比较满意，然后我才打电话和他见面的。对了，我去之前还给你说过这个事情呢！"刘刚有点儿不服气地回答道。主管说："别激动，我只是出于关心这件事才多问几句。要知道不怕一万就怕万一啊。""关心，你是对我不放心吧。"刘刚小声地嘀咕着，刚才兴奋的表情荡然无存，取而代之的是满脸的不高兴。

（4）美国知名主持人林克莱特一天访问一名小朋友，问他说："你长大后想要当什么呀？"小朋友天真地回答："嗯……我要当飞机的驾驶员！"林克莱特接着问："如果有一天，你的飞机飞到太平洋上空所有引擎都熄火了，你会怎么办？"小朋友想了想："我会先告诉坐在飞机上的人绑好安全带，然后我挂上我的降落伞跳出去。"当在现场的观众笑得东倒西歪时，林克莱特继续注视着这孩子，想看他是不是自作聪明的家伙。没想到，接着孩子的两行热泪夺眶而出，这才使得林克莱特发觉这孩子的悲悯之情远非笔墨所能形容。于是林克莱特问他说："为什么要这么做？"小朋友的答案透露出一个孩子真挚的想法："我要去拿燃料，我还要回来！"

【训练二】 情景应对训练。

（1）"糟了！糟了！"王经理放下电话，就叫了起来："那家便宜的东西，根本不合规格，还是原来林老板的好。"他狠狠捶了一下桌子："可是我写了一封信，告诉林老板说我们以后再也不用他家的货了，这下麻烦了！""是啊！"秘书张小姐转身站起来："我那时候不是说吗？要您先冷静一下再写信，您不听啊！""都怪我在气头上，想这小子过去一定骗了我，要不然别人怎么那样便宜。"王经理来回踱着步子，指了指电话："把电话告诉我，我亲自打过去道歉！"

秘书一笑，走到王经理桌前："不用了！告诉您，那封信我根本没寄。""没寄？""对！"张小姐笑吟吟地说。"嗯……"王经理坐了下来，如释重负，停了半晌，又突然抬头："可是我当时不是叫你立刻发出去吗？""是啊！但我猜到您会后悔，所以压下了。"张小姐转过身，歪着头笑笑。"压了3个礼拜？""对！您没想到吧？""我是没想到。"王经理低下头去，翻记事本:"可是,我叫你发,你怎么能压? 那么最近发南美的那几封信,你也压了?""我没压。"张小姐脸上更加容光焕发了:"我知道什么该发,什么不该发……""你做主,还是我做主?"没想到王经理居然"嚯"地站起来,低声问。

张小姐呆住了,眼眶一下湿了,两行泪水滚落。颤抖着、哭着喊:"我,我做错了吗?""你做错了!"王经理斩钉截铁地说。张小姐被记了一个小过,是偷偷记的,公司里没人知道。但是好心没好报,一肚子委屈的张小姐,再也不愿意伺候这位"是非不分"的主管。她跑去孙经理的办公室诉苦,希望调到孙经理的部门。"不急! 不急!"孙经理笑笑:"我会处理。"隔两天,果然做了处理,张小姐一大早就接到一份解雇通知。

问题:张小姐在这里哪些方面做得不对? 如果你是张小姐,应该如何去处理这些事情呢?

（2）公司为了奖励市场部的员工,制订了一项海南旅游计划,名额限定为 10 个人。可是 13 名员工都想去,部门经理需要再向上级领导申请 3 个名额,于是他向上级领导说:"朱总,我们部门 13 个人都想去海南,可只有 10 个名额,剩余的 3 个人会有意见,能不能再给 3 个名额?"朱总说:"筛选一下不就完了吗? 公司能拿出 10 个名额就花费不少了,你们怎么不多为公司考虑? 你们呀,就是得寸进尺,不让你们去旅游就好了,谁也没意见。我看这样吧,你们 3 个做部门经理的,姿态高一点,明年再去,这不就解决了吗?"

问题:如果你是部门经理,你会如何与上级领导沟通以达到自己的目的呢?

（3）小安的顶头上司陆勇刚好是比自己大一届的师兄。当年在学校里的时候,小安和陆勇就是学校里的风云人物,他们经常都会在学生会里一起共事。如今又在一家公司里上班,小安自然就觉得特别的亲切。见了陆勇也还是像在学校里一样称兄道弟,说话的时候也不太注意分寸,经常开一些不太符合上下级关系的玩笑。陆勇也并未表现出不高兴,还是和小安说说笑笑。但小安慢慢发现,陆勇明知自己能胜任一些重要工作,却不交给自己,而是交给了同时来的另一位同事。

问题:小安为何没有把握住与上司之间的有利关系,反而还因此受到了排挤?

（4）露露出生在一个军人家庭,从小性格就比较直爽,做事非常讲原则,说一不二。大学毕业后到了一家杂志社工作,主要是编写副刊的内容。这天早上露露照旧提前来到单位,想要再整理一下昨天写完的稿子,今天准备拿去刊印。这个时候,总编一脸疲倦地从自己的办公室里走出来,看样子是熬了一个通宵。总编看看周围,发现只有露露在,便让她去帮自己买杯咖啡,顺便带点早餐上来。露露认为自己在做正事,而且并没有给总编买东西的义务,所以她回答让总编等秘书来了再帮他买。总编的脸色变得很难看,正要说什么,幸好秘书赶到,化解了这次小冲突。

问题:露露应该如何做才会更恰当一些?

（5）志敏从国外名牌大学留学回来,应聘到一家民营制药公司做高级技术员,目前负责公司药品的技术鉴定和新产品的开发。最近他们公司计划投入一笔巨资开发一种新型的药品。但他根据自己在国外了解到的最新行内资料显示,目前市场上同类的药品就有 200 种之多,已经处于饱和的状态。如果这时买地建房,扩充设备,再开发这类的药品无疑属于盲目投资。作为新产品的技术员,他及时地向上司讲明了自己的意见。志敏的上司是在这个行业内有 10 年从业经验的专家,却不认同他的观点,坚持认为这个项目还有利可图。志敏看到公司里为这个新项目的开展忙个不停，企业即将处在亏损的状态，常常着急上火。他这时面临着一个两难的境地：上司决定着自己的工作职位和收入高低，而生意的成功与否与他的利益也息息相关。如果他的意见得到上司的认同，处理得好，避免了公司的损失，就会受到上司的赏识；如果继续没日没夜地就这件事跟上司争论，得罪了他，处理不好，可能就会丢掉许多利益，甚至既有的饭碗。

问题：请帮志敏想一个两全其美的方法处理这次危机。

【训练三】 请同学分别扮演以下两人，并自行设计对话。

冷科长：公司财务科科长，男，40岁，工作认真，性格内向。

牛先生：公司财务科科员，男，28岁，业务能力强，脾气倔强。

公司老板在中午快下班时打电话向冷科长布置了一项紧急任务，要求在下午2点前办好。冷科长于是拦住了正要去吃饭的牛先生，让他利用中午休息时间将工作赶出来。虽然工作并不复杂，对业务熟手来说，用一点时间就可以完成，可是牛先生拒绝了。理由是午休是职工应享有的权利，况且自己中午还有点私事要办。

问题：

(1) 如果你是冷科长，上任之初应怎样做？面对目前的僵局，冷科长应该怎样扭转局面？

(2) 如果你是牛先生，怎样说才能让冷科长同意自己的观点，同时又不得罪他？

第三节　平级沟通口才

一、教学案例导入

林语堂的西服

有一次，有人邀请林语堂参加一个万人演讲，为了有一个好的形象，林语堂特地去服装厂定做了一套3万元纯白色的西服。这套西服在演讲前一个下午赶送过来了。当天下午，林语堂试穿了这套西服，非常好，十分合身，唯一美中不足的是裤子的右裤脚比左裤脚短了一厘米左右。当时有3个人在场，都注意到这点，这3个人就是林语堂的老母亲、妻子、16岁的女儿。西服再改是来不及了，林语堂无所谓地把西服放进了更衣室的衣柜。

当晚林语堂的老母亲总是睡不着，心想自己的儿子那么有名望，怎么可以穿一个裤脚长、一个裤脚短的西服去演讲呢？于是她起身来到了更衣室，为了不影响儿子休息，她摸黑把左裤脚剪了一厘米，并缝好熨好，安心睡觉去了；林语堂的妻子想到自己英俊潇洒的丈夫要穿一个裤脚长、一个裤脚短的西服去演讲，怎么也睡不着，到了午夜，再也忍不住就起身前往了更衣室，为了不影响丈夫休息，她摸黑把左裤脚剪了一厘米，并缝好熨好，悄悄回房安稳睡觉；黎明就要破晓时分，林语堂的女儿醒了，实话说，她没睡好，一晚上爸爸的高大形象总与一个裤脚长、一个裤脚短的画面联系在一起，于是她也来到更衣室，摸黑把左裤脚剪了一厘米，并缝好熨好后回房小睡了一下。

林语堂一大早起床后就洗脸、刷牙，然后换西服，3个女人不约而同站在更衣室门口等待林语堂的夸奖,但林语堂出来后,大家傻眼了,昨天明明右裤脚短了一厘米左右,今天,怎么反而左裤脚短了这么多? 林语堂依旧穿着这条裤子去参加演讲。在主持人介绍后,林语堂慢慢走上了讲台,台下掌声如雷,但林语堂隐约听到如雷的掌声中夹着笑声。于是,林语堂就把昨天发生的事与大家讲了一遍,最后还补充了两句:"世界上最真、最纯洁、最伟大的爱都会出现沟通障碍;世界上最真、最纯洁、最伟大的爱都需要良好的沟通。"

案例评析:从这里我们可以看出一点,亲人之间缺乏沟通,都会出现大的失误,更何况是办公室里的同事呢? 所以,平级之间的沟通是必不可少的。那么是不是凡事都说,就是最好的沟通呢? 答案是否定的,平级的沟通,同样讲究口才,如果认为同事之间的关系不如上下级关系那么重要,那就大错特错了。

二、本节知识要点

(一)幽默语言,创造和谐氛围

1. 融入环境,避免三缄其口

对于每天在同一个屋檐下共事的同事来说,彼此相处的时间甚至超过了家人。在这样的环境下,如果办公室里的任何话题你都不参与,不仅别人会觉得你是一个性格孤僻的人,就连你自己也会觉得憋得难受。刚进入社会的大学生,有的时候往往不屑于和办公室里的那些七大姑八大姨一类的中年人聊天,觉得他们的话题离自己太远,不是说说东家长西家短,就是聊自己的儿女家人,而且话语中往往会有一种炫耀的口气。因此,初入社会的人会表现出明显的两面性,在自己的朋友或家人面前,口若悬河,滔滔不绝,而在同事面前,却三缄其口,从不参与办公室里的话题。或者还有一种人就是觉得,不知道怎么插办公室里其他人的话,只有默默地在一边看着别人讲得眉飞色舞。这样的后果就只能让自己脱离办公室这个小团体,成为游离于别人之外的人。久而久之,办公室里的什么活动都不会邀请你,你就如同一个局外人一般。

案例欣赏

偷斧子的人

从前有一个乡下人丢了一把斧子,他以为是邻居家的儿子偷去了。于是,他处处注意那人的一言一行、一举一动,觉得那人走路的样子像是偷斧子的;看那人的脸色、表情,也像是偷斧子的;听他的言谈话语,更像是偷斧子的。后来,丢斧子的这个人找到了斧子,原来是前几天他上山砍柴时,一时疏忽丢落在山谷里了。他找到斧子以后,又碰到了邻居家的儿子,再留心看看他,就觉得他那走路的样子不像是偷斧子的;看那人的脸色、表情,也不像是偷斧子的;听他的言谈话语,更不像是偷斧子的了。

案例评析:很多同事之间由于缺乏沟通而引起互相猜疑,就如同这个故事中的乡下人一般。在现代职场中,同事之间以邻为壑,缺少必要的沟通交流,因而相互猜疑或者互挖墙脚。这是因为同事之间都过高看重自己的价值,而忽视其他人的价值;有的是人性的弱点,尽可能把责任推给别人;还有的是利益冲突,唯恐别人比自己强,甚至有的是对他人的优点产生了嫉妒心理,这些都会成为平级沟通的障碍。

2. 适当幽默，避免过分玩笑

在办公室里每天都一起共事，不能三缄其口，死气沉沉。偶尔开点玩笑可以放松心情，更能拉近距离。但是在这个无风还起三尺浪的地方要注意开玩笑的艺术，哪怕是最轻松的玩笑话，都要注意掌握分寸。如果不注意的话，很有可能就会产生"说者无心，听者有意"的后果。在办公室里开玩笑，最好注意以下3点。

首先，不要以同事缺点开玩笑。你以为你很熟悉对方，随意取笑对方的缺点，但这些玩笑话却容易被对方觉得你是在冷嘲热讽，倘若对方又是个比较敏感的人，你会因一句无心的话而触怒他，以致毁了两个人之间的友谊，或使同事关系变得紧张。

其次，和异性同事开玩笑别过分。年轻人一般喜欢和异性开玩笑，在无伤大雅的情况下，与异性之间的玩笑不仅可以调节紧张工作的气氛，还能拉近相互的距离。但切记异性之间开玩笑不可过分，尤其是不能在异性面前说黄色笑话，否则就会让气氛尴尬，而且会降低自己的人格。

最后，千万别把捉弄人当作开玩笑。捉弄别人是对别人的不尊重，会让人认为你是恶意的，而且事后也很难解释。它绝不在开玩笑的范畴之内，是不可以随意乱做乱说的。轻者会伤及你和同事之间的感情，重者会危及你的饭碗。

（二）化解误会，避免内部冲突

1. 巧妙回绝，避免两头受气

在办公室里，往往有这么一种情况，由于新人刚去，所以资格老一点的员工，往往会把本属于自己的工作让新人来做，还巧立名目是"锻炼"新人。而上司对这一点往往不易察觉，一旦出现问题，新人就会受到批评。这会让刚步入职场的新人们感觉很郁闷，甚至会想要离开这家公司。那么出现这样的情况，应该怎么处理呢？一般来说，可以用以下几步来进行。首先，事先把你要做的工作做一个列表。如有同事把他们的工作交给你做，你可以把你的工作列表给他们看一下，表明自己确实有事情要处理。同时不要忘记委婉地表示："如果你的工作不急的话，你就放这里吧，我做完了自己的再帮你做。"一般来说，同事不会再那么不明事理。其次，让你的老板知道你所做的情况，即使你帮同事做了事情，也要适时在老板面前表现。老板不是傻瓜，他当然就知道了你帮其他人做事的情况。最后，适当的时候可以拿老板当盾牌。比如，有同事要你帮忙，你可以说："老板要我处理的文件非常紧急，我去问问他能否缓一下先帮你处理文件……"同事当然会知难而退了。

📖 案例欣赏

蔡骏的妙计

蔡骏是刚刚到公司的大学生，刚去了1个月，稍微熟悉一点业务之后，他就发现办公室里的事情基本上都是自己在做。即使是领导分配给其他同事的工作，他们也会叫自己来做，而且还美其名曰："你做得又快又好！"一次两次，蔡骏碍于面子都答应下来了。但是他发现这种情况越来越变本加厉，更过分的是帮同事做事的时候，他们有的居然在打游戏。而做完之后，如果出现问题，同事还会责备蔡骏几句。有了功劳，领导却只表扬其他人。蔡骏觉得，长期这样下去不是办法，因此，他想了几条妙计来应付这件事。

当又有一位同事来找他做事时，蔡骏爽快地答应了，做完之后，他假装发现了小问题的样子，拿着自己的文件和同事要他帮着做的文件一起到上司那里，指着其中一处说道："我在帮他们处理文件时，发现和我的文件数据有些出入，您看看是怎么回事呢？"上司虽然表面上不动声色，回答了蔡骏的问题。过了几天，开例会的时候，上司含蓄地说起这件事，并要求一定要本人亲自处理自己的工作。渐渐地，再也没有人找蔡骏帮忙做事了。

2. 考虑他人，避免敏感话题

在办公室里人多嘴杂，说话的时候一定要注意不要说到别人比较敏感的字眼。就如同古代皇帝的名字是忌讳一样，同事在意的字眼或话题一定不要提起，否则就会让自己非常尴尬。如果有的人身体上有某些缺陷，那么在话语中就不要表露出来，比如肥胖、腋臭、口吃、矮子等。还有一些就是别人很忌讳说起的字眼，比如有的从农村出来的人，忌讳说农民；有的人家里比较穷，就忌讳说穷人等。

🎙 案例欣赏

不要说不吉利的词语

部门开会，阿简在介绍上周的工作情况，说到和某某的合作时，她本来想幽默一下，就说："上周本来某某有个策划，很不错，可惜因为某些原因，最后还是流产了。"没想到，她的话音一落，立即引起其他同事的"群起而攻之"，纷纷谴责阿简"不会说话"。原来，公司里的一位女同事刚刚一周前宣布自己怀孕了，目前正处于怀孕的敏感期。而这时，阿简偏偏用"流产"这样的敏感字眼来说某某，难怪会引起大家的"公愤"。

（三）职场升迁，学习他人经验

1. 平息妒火，做好分内自己

初到职场，和你一同进入的新人，在晋升这条道路上有快有慢，如果别人比你升得快，你一定要学会接受这个事实。如果更不巧的是，升职的那个人居然是你的顶头上司，你就更应该平息妒火了。因为要知道，心里的不舒服，永远不会对对方造成任何影响，而你自己可能会受到更多的伤害。遇到这种问题，首先要安慰自己："还好，他是和我一起来公司的，好歹我们的私交比其他人好，那么在工作中出现的问题也好商量。"如此一来，自己心里的不舒服就会减轻几分，也不会对已经升职的同事板着脸。让对方察觉出自己的不满，使得今后的工作更难开展。其次应该将自己的本职工作干得更好，要知道，更高一级的领导都在看着呢，你做得怎么样，他们都是心里有数的，如果仅仅因为别人的升职就让你连本职工作都做得不好了，那么你将是更大的输家。

🎙 案例欣赏

变妒忌为激励

鑫鑫到一家大型公司当秘书已经一年了，在今年年初时，和她一同进入公司的肖玲突然升职，做了办公室主任，刚好是自己的顶头上司。当听到这个消息的时候，鑫鑫感觉到很难过，老是在想为什么不是自己而是别人升职。不自觉地就经常在工作中甩担子，将一些界限不太分明的工作甩给肖玲做。同时，她把心中的不快告诉了自己的母亲。母亲听完之后，告诫鑫鑫说："肖玲能够升职，证明她有自己的优点，任何一个老板都不可能养一个吃闲饭的人。如果你继续妒忌肖玲而耽误了自己的工作，那么你将会再次失败。"鑫鑫仔细思考过后，觉得母亲说得有道理，她不仅改变了对肖玲的态度，以真正的下属对上司的方式对待她，而且更努力地做好自己的本职工作。而当第二年的年初鑫鑫续签合同的时候，发现公司任命她为分部的经理，这让鑫鑫喜出望外。

2. 虚心学习，总结成败经验

当同事有职场上的升迁的时候，除了首先要让自己冷静下来，平息妒火之外，还应该要虚心地向别人学习，及时地总结经验，为什么他可以升迁？是能力特别强，还是口才比较好，或者是综合素质比较好？总结了别人升职的原因，才能学习对方的经验，为自己以后的升职打下基础。同时，当自己的同事升迁时，能做到笑颜面对，不仅能缓和同事之间的关系，也能让上司觉得你拥有虚心的美德，这也许会为你以后的晋升加上一分。

案例欣赏

聪明的赞赏

小王上学时就很爱钻研，进入单位上班后工作上更是积极进取。他在自己的工作岗位上干了一段时间后，想出了一个连公司领导都赞不绝口的绝妙设计，同事小刘对此十分羡慕，心中也不免有几分嫉妒。不过他转念一想，与其板着面孔暗自悲伤，不如替他美言几句，沾他些光。于是，他就趁着领导夸奖小王的时候，趁机赞美道："小王的主意真不错，看来我应该多向他学习一下啊！"果然，领导对小刘有了好的印象，认为在职场这个群雄逐鹿、人人都想出人头地的地方，小刘能做到心地宽阔，是非常富有团队精神的。在日后的工作中，总会拿一些比较重要的工作让小刘做，久而久之，小刘在单位里的地位就树立起来了，升职也就成了理所当然的事了。

三、课堂实战训练

【训练一】 请运用上下级沟通技巧评析下列案例，谈谈你从中受到的启发。

（1）办公室的小李看了《阿凡达》后，兴致勃勃地对同事老杨说："《阿凡达》你看了？"老杨摇摇头。小李说："赶紧去看，好片子，简直棒极了。"老杨淡然一笑，未置可否，低头又忙手上的事。小李意犹未尽，"你应该去看一看。你的生活太单调了。"老杨说："我不喜欢。"小李好像不能理解，语气不恭地说："别人都喜欢，怎么就你不喜欢？你好像和别人不大一样。"老杨听了不大高兴，"是吗，别人都喜欢？那你有没有问过他们为什么喜欢呀？"小李愣在那里，无言以对。

（2）小林和小竹是两个同时进入公司的女孩，业绩都不错，两人能力各有千秋。一年之后，公司领导决定在两人中提升一人。而至于升谁却一直没有定，说两人要升职的传闻都有。所以她们都做好了准备，连下一年度的工作计划都提前做好了。结果最后升职的是小林，领导对小竹表示，她同样也非常优秀，以后升职的机会还会有的。但小竹年轻气盛，一时间心中不服就冲动地辞职了。后来，小竹进入了另一家公司，干得也很不错，但是由于到了一个新的环境，一切都重新开始，费了一番周折才升职。这么算来，比她当时留在原公司花费的功夫更多，如果她不走，在原有的基础之上，升职到另一个部门做出更大的成绩是完全没问题的。

（3）某次饭局，十几个同事一起聚餐，A君不在，同部门的B君说起A君，说A君有一次喝酒喝醉了，后来还要家人去接。本来这也没什么，A君好酒，这是所有人都知道的事情。可是，这时也是同部门的C君想调侃一下A君，就自己接了一句："是喝酒喝多了要家人去接，还是摔了个四脚朝天爬不起来要家人去接啊？哈哈哈。"然后大家都笑了。这明明是句玩笑话，可是这酒桌上偏偏有的人已经喝得有点高了，对这段对话听得不清不楚，当晚就把这段话当作笑话讲给了别的同事听。可是讲的时候已经变了味道。结果第二天，公司里就传开了A君"摔了个四脚朝天爬不起来要家人去接"的谣言。而且都听说是"A君部门的同事说的"，更加增加了可信度。结果，这件事给A君造成很大的不快。虽然查来查去，后来弄清楚这是一次酒桌上的玩笑话。可是从此，A君和B君、C君的关系是彻底闹翻了。

（4）"一个胖子，从20楼跳下来，会变成什么？"大家纷纷猜不中，讲笑话的人最后调侃道："会变成死胖子！"大家一阵哄笑。本来，这只是一个笑话，肥仔K一到比较紧张的场合，想要活跃一下气氛的时候，就喜欢讲这个笑话，因为肥仔K从来都是讲笑话和听笑话的人里面最胖的那一个。所以，每次大家听完，都会当作是肥仔K的自嘲。有一天，公司的大领导到肥仔K的部门小坐，同事们都不敢说话，气氛比较紧张，这时，肥仔K就想到了这个笑话。可是，这次他讲完之后，居然没人笑，气氛更加尴尬！这时他才发现，原来大领导来了之后，最胖的人已经不是他自己了。明白过来之后，肥仔K不知有多后悔！

【训练二】 情景应对训练。

（1）谢小姐大学毕业后不久在某公司就职，她性格开朗、活泼，朋友非常多。朋友多，电话自然也很多。谢小姐上班时总要接一些私人电话。接到朋友的电话，谢小姐总是很高兴，她常常旁若无人地与朋友谈笑风生，似乎总有说不完的话。可是，她没有察觉到周围同事们那带有责备的目光。

问题：谢小姐应如何改善与同事的关系？

（2）任灵初到一家公司，办公室里有一位黄小姐，经理吩咐她多指导指导任灵。可是，黄小姐当着经理的面，就表现出对任灵的关怀，好像很照顾她的样子。私下却经常指使她做这做那，并故意不让任灵学习公司里的相关文件，害得她有几次都做错了事。后来听其他同事说，黄小姐是办公室里资历最老的办事员了，很有希望升职，她见经理那么关照任灵，以为经理和任灵是熟人，有可能会抢了她的位子，所以对任灵非常敌视。

问题：请帮任灵想想应该如何化解这个误会。

【训练三】 公司里有一个喜欢探听别人隐私的妇女，每次和你见面，都要问你"年龄几何""收入多少""夫妻感情如何"等让人厌恶回答的话题。这种人虽然伶牙俐齿，巧舌如簧，但却不知谈话的要领忌讳。针对下面的问题，请做出相应的回答，既不能当面得罪这位同事，又不能让对方得逞，知道问题的真正答案。

（1）张经理好像和你关系很好是吗？

（2）你每个月的奖金是多少？

（3）你和单位里的×××好像不和？

（4）我看你最近和销售部的××走得很近，你们是不是在谈恋爱啊？

（5）听说你们办公室的小王离婚了，怎么这么保密哦。财产怎么分的，小孩归谁？

参考文献

[1] 关彤. 大学生口才实训教程[M]. 北京：北京师范大学出版社，2010.

[2] 关彤. 大学生就业指导[M]. 北京：清华大学出版社，2010.

[3] 陈雷. 口才改变人生[M]. 北京：新世界出版社，2009.

[4] 黄伯荣. 现代汉语[M]. 北京：清华大学出版社，2008.

[5] 任崇芬. 普通话训练教程[M]. 重庆：西南师范大学出版社，2009.

[6] 张春莉. 学会思维[M]. 北京：中央译稿出版社，2010.

[7] 才永发. 思维风暴[M]. 北京：中国华侨出版社，2010.

[8] 维尔德伯. 演讲的艺术[M]. 曲思伟，等，译. 北京：清华大学出版社，2008.

[9] 金和. 实用口才必读大全[M]. 北京：企业管理出版社，2006.

[10] 李永利. 口才能影响你的一生[M]. 北京：中国纺织出版社，2007.

[11] 陈书凯. 能说会道成大事[M]. 北京：蓝天出版社，2008.

[12] 丁慧中. 我就是口才高手[M]. 北京：蓝天出版社，2005.

[13] 吴金法. 改变思路 改变出路[M]. 大连：东北财经大学出版社，2002.

[14] 王伟峰. 能说会道[M]. 重庆：重庆出版社，2007.

[15] 周兴旺. 成功人士 10 种说话技巧[M]. 北京：海潮出版社，2005.

[16] 周海涛. 商务谈判成功技巧[M]. 北京：中国纺织出版社，2006.

[17] 郭千水. 实用口才训练教程[M]. 2 版. 北京：清华大学出版社，2008.

[18] 周彬琳. 实用口才艺术[M]. 大连：东北财经大学出版社，2009.

[19] 张世欣. 鬼谷先生与说服技巧[M]. 北京：中国青年出版社，1992.

[20] 帕罗斯. 口才训练手册[M]. 张晋莲，译. 北京：中央编译出版社，2002.

[21] 库什纳. 公众演讲[M]. 廉莉莉，等，译. 北京：机械工业出版社，2003.

[22] 布齐. 说服力[M]. 庄齐明，刘辉，译. 北京：中国大百科全书出版社，2004.

[23] 李强. 魅力口才[M]. 北京：中国华侨出版社，2005.

[24] 吴洪林. 主持人艺术[M]. 上海：三联书店，2008.

[25] 翟杰. 口才是练出来的[M]. 北京：新华出版社，2006.

[26] 晨曦. 青年求职面试实用指南[M]. 北京：中国国际广播出版社，2002.

[27] 周久云，张静. 实用口才训练[M]. 上海：东华大学出版社，2008.

[28] 魏南江. 节目主持艺术学[M]. 北京：中国广播电视出版社，2006.

[29] 王光华. 口才训练教程[M]. 北京：机械工业出版社，2008.

[30] 刘贵海. 新闻采访教程[M]. 上海：复旦大学出版社，2005.

[31] 王晓东，汪玮琳. 跟我学交际口才[M]. 北京：中国经济出版社，2009.

[32] 霍奇森. 面试中的 248 个问题及回答技巧[M]. 张晓林，孙琴，李勤，译. 北京：中国市场出版社，2009.

[33] 北京纽约哈斯国际教育咨询有限公司. 求职快车面试篇[M]. 北京：群言出版社，2009.

[34] 徐平华，孙竹. 你的职场口才价值百万[M]. 北京：石油工业出版社，2006.

[35] 左夫. 换位思考[M]. 北京：海潮出版社，2008.

[36] 博文. 有话要会说——职场生存必需的说话术[M]. 北京：北京工业大学出版社，2009.

[37] 曹希波. 金口才（职场卷）[M]. 北京：中国致公出版社，2007.

[38] 关彤. 大学生实用礼仪[M]. 北京：北京理工大学出版社,2009.

[39] 关彤. 社交礼仪[M]. 3 版. 海口：南海出版公司,2010.

[40] 关彤. 现代社交礼仪[M]. 北京：中国社会出版社,2004.

[41] 关彤. 现代实用交际礼仪[M]. 北京：中华工商联合出版社,2007.

[42] 应天常,王婷. 主持人即兴口语训练[M]. 北京：中国传媒大学出版社,2009.

[43] 柴璠. 播音语言表达技巧[M]. 北京：中国广播电视出版社,2002.

[44] 钱明. 成功主持典范[M]. 北京：中国广播电视出版社,2003.

[45] 蒋育秀. 主持人形象塑造艺术[M]. 北京：中国广播电视出版社,2003.

[46] 俞虹. 节目主持人通论[M]. 北京：中国广播电视出版社,2004.

[47] 刘创成. 庆典联谊类文字材料写作范本[M]. 北京：蓝天出版社,2010.

[48] 吴文铭. 受益一生的心理学启示[M]. 北京：中国纺织出版社,2008.

[49] 岳海翔. 主持词写作要领与范文[M]. 北京：中国言实出版社,2009.